# PARTITA POUR GLENN GOULD

ML
417
.G69
L47
2007

GEORGES LEROUX

# Partita
# pour Glenn Gould

## Musique et forme de vie

Les Presses de l'Université de Montréal

Catalogage avant publication de Bibliothèque et Archives nationales du Québec
et Bibliothèque et Archives Canada

Leroux, Georges, 1945-

Partita pour Glenn Gould. Musique et forme de vie

ISBN 978-2-7606-2061-2

1. Gould, Glenn, 1932-1982. 2. Musique - Esthétique.
3. Musique - Publics. I. Titre.

ML417.G69L47 2007    786.2092    C2007-941646-2

Dépôt légal: 3ᵉ trimestre 2007
Bibliothèque et Archives nationales du Québec
© Les Presses de l'Université de Montréal, 2007

Les Presses de l'Université de Montréal reconnaissent l'aide financière du gouvernement du
Canada par l'entremise du Programme d'aide au développement de l'industrie de l'édition (PADIÉ)
pour leurs activités d'édition.

Les Presses de l'Université de Montréal remercient de leur soutien financier le Conseil des Arts du
Canada et la Société de développement des entreprises culturelles du Québec (SODEC).

IMPRIMÉ AU CANADA EN SEPTEMBRE 2007

Le prix de la revue *Études françaises* a été créé en 1967, à l'initiative du directeur de la revue, M. Georges-André Vachon, et grâce à la générosité d'un imprimeur montréalais, M. Alex-J. Therrien. Il a été décerné de façon irrégulière, entre 1968 et 1980, à des auteurs du Québec ou de la francophonie. Des œuvres romanesques, des recueils de poésie et des essais ont été couronnés durant cette période. Après une interruption d'une quinzaine d'années, le prix a été relancé et redéfini en 1995, et il est désormais décerné tous les deux ans à un auteur québécois ou à un auteur étranger francophone, pour un essai inédit. Ces dernières années, les Presses de l'Université de Montréal ont pu compter sur le précieux partenariat établi avec Imprimeries Transcontinental pour la publication et la diffusion de l'ouvrage primé.

La revue *Études françaises* et les Presses de l'Université de Montréal désirent souligner par ce prix la contribution d'un auteur important à la réflexion sur la littérature et sur l'écriture de langue française dans le contexte de la culture contemporaine. Le prix est accordé pour un manuscrit demandé à un auteur sélectionné par un jury et il est d'une valeur de 5000 $. Cette année, ce jury était constitué des personnes suivantes : Pierre Nepveu, Monique Moser, Jean Cléo Godin, Lucie Bourassa, actuelle directrice de la revue, et Benoît Melançon, directeur scientifique des Presses de l'Université de Montréal.

# Remerciements

Q UAND J'AI COMMENCÉ à écrire sur Glenn Gould en
1987, j'étais loin de penser que je ne m'en détacherais
quasi jamais. À vrai dire, il m'a toujours occupé, et une des
raisons en est que je n'ai pas été souvent seul dans l'admiration dont le présent essai veut témoigner. Plusieurs personnes
partageaient cette admiration avec moi, et je voudrais les
remercier. Je souhaite d'abord remercier Ghyslaine Guertin,
dont le travail infatigable d'édition et de traduction a beaucoup contribué à la connaissance de l'art de Gould. Les deux
colloques qu'elle a organisés, à Montréal en 1987 et à Paris en
2003, ont été l'occasion de très riches discussions, elle n'a
jamais cessé d'animer notre petite communauté des
« gouldiens » de langue française. Jean-Jacques Nattiez est
depuis longtemps un fin connaisseur de Gould interprète,
tout autant que de son esthétique, et je lui suis particulièrement reconnaissant. Nos échanges m'ont beaucoup apporté.

Je dois aussi à Pierre Jasmin, artiste engagé, un regard irremplaçable sur l'œuvre de Bach et sur l'art du pianiste. Je n'ai pas eu le plaisir de rencontrer le biographe de Gould, Kevin Bazzana, mais la lecture de ses travaux m'a amené à prendre contact avec lui et il s'est montré un interlocuteur généreux et enthousiaste. Sans l'aide et le soutien que m'a apportés Ginette Michaud dans la préparation du texte de cet essai, je ne pense pas que j'aurais pu le mener à terme. Non seulement elle a corrigé ce qui devait l'être, mais elle m'a convaincu de vivre avec mes doutes et mes inquiétudes, et je m'y suis efforcé. Je lui dois beaucoup. Je voudrais enfin nommer Thierry Hentsch, décédé le 7 juillet 2005. Sa conversation, quand elle se portait vers la musique de Bach et vers l'art de Gould, était lumineuse. J'aurais aimé lui présenter ces réflexions, où il est partout présent.

# Ouverture

*Partita n° 1, en si bémol majeur*

La solitude est la condition préalable de l'expérience de l'extase, et tout particulièrement de cette expérience qu'apprécie tant l'artiste post-wagnérien, l'existence héroïque. Personne ne peut se sentir héroïque sans avoir été d'abord rejeté par le monde ou peut-être sans avoir accompli soi-même cette exclusion.

*The Age of Ecstasy*, 1974

L'ART DE GLENN GOULD a été très tôt lié au regard porté sur sa vie. Plus exactement sur la forme particulière de sa vie. Tous ceux qui ont reconnu son art ont voulu, dans le même moment, reconnaître aussi son engagement d'artiste, son ascèse particulière, son éthique. Ce n'est pas tant sa biographie, en effet, qui a reçu l'attention de ceux qui se sont efforcés de pénétrer le monde de sa pensée et sa conception de l'art – car cette biographie manifeste une absorption entière de la vie dans l'art –, que la radicalité de sa consécration à la musique. Cette dévotion a commandé, depuis son enfance jusqu'à sa mort, un engagement et une ascèse d'une telle intensité que nous ne pouvons pas éviter d'interroger, pour en comprendre la nature autant que les dimensions les plus intérieures, les liens de cette dévotion avec l'art que nous recevons de l'interprète.

Nous savons sans doute de plus en plus de choses sur la vie de Glenn Gould, les témoignages et les biographies se sont multipliés et nous ne nous lassons pas d'en apprendre, mais ce que nous lisons révèle une exceptionnelle constance : si on met à part la décision, prise en 1964 et à tous égards déterminante pour la suite, de quitter la salle de concert, rien dans la vie de Gould ne ressemble à un événement. Toute sa vie constitue au contraire la recherche du seul événement de la musique, exigeant en quelque sorte la disparition de l'artiste comme personne privée, sa fusion dans l'art. Les conversations de Gould, ses rapports avec ses producteurs, ses collaborateurs et ses amis, sa correspondance souvent ironique avec des interlocuteurs très divers et pour la plupart assez distants, la chronique de ses enregistrements, tout cela livre un portrait identique : celui d'une forme de vie dans laquelle le renoncement à la vie est devenu la condition même de l'art. Cette manière de dire les choses n'a rien d'énigmatique, même si elle met à nu un paradoxe qui ne laisse d'insister : vivre sans vivre, est-ce encore vivre, ou n'est-ce pas vivre autrement ? Et qui pourrait dire ce qu'est la vie s'il n'a pas accès à l'essence de la vie, déterminée dans l'art comme forme libre et souveraine ? Tout se passe en effet comme si cette forme de vie était devenue indispensable pour accéder à la musique elle-même, ce qui explique peut-être qu'on ne cesse d'en éprouver la fascination. Ce qu'est une forme de vie, et ce que toute forme de vie engage sur le registre de l'éthique, il faudra y revenir. Il suffit de savoir pour commencer que c'est Gould lui-même qui s'exprimait ainsi.

Les sources de cette fascination sont nombreuses, elles se nourrissent pour une large part de tous les traits de la personnalité de Glenn Gould qui peuvent nous aider à comprendre son génie : les questions les plus importantes ici sont celles du style et de tout ce qui dans le travail de l'interprète est commandé par une vision du monde dont la singularité le distingue de tous les autres. Le lien du style à la vie, si on doit pouvoir l'exprimer, exige un langage où les descriptions morales de la transparence et de la pureté, pour nous en tenir aux approches les plus immédiates de son jeu, trouvent un écho dans une manière de vivre et d'entrer en relation avec le monde qui puisse leur correspondre. En quoi, voudrait-on demander, la pureté du jeu éclaire-t-elle ce qui se donne comme la pureté de la vie ? En quoi la pureté de la vie éclaire-t-elle à son tour, ne serait-ce qu'en nous en fournissant le langage, ce que nous admirons dans son art ? Dans leur parfaite réciprocité, ces questions se nourrissent également des faits d'une vie vécue d'une manière si particulière, et si entièrement commandée en retour par la souveraineté de l'art, qu'on peut se demander s'il est légitime de chercher chez Gould autre chose qu'une coïncidence pure entre l'art et la vie. Toute la vie est dans l'art, tout l'art est dans la vie. Si nous ne connaissions pas Gould, si même nous ne possédions aucune image de lui jouant, si nous n'avions pas les merveilleux films de Bruno Monsaingeon, notre écoute de son art serait-elle différente, en serait-elle appauvrie ? Comment expliquer que nous soyons éblouis et émus au plus profond par ses gestes et le ravissement de son visage transporté, qu'on regarde les images de son adolescence ou celles de sa maturité, sinon parce que nous pensons que nous pouvons nous engager sur le même chemin que lui ? Pourquoi même sommes-nous si intéressés par tant de traits et de manies, que les biographes nous présentent le plus souvent comme des aspects névrotiques ou narcissiques, si ce n'est parce que nous pressentons que la source de l'art de Gould s'expose dans sa vie comme dans son style ? Pourquoi enfin, et cette question est aussi insistante que les autres, acceptons-nous de lui ce que nous refusons à la plupart des artistes, un intérêt pour la somme des propos, souvent chaotiques et péremptoires, qu'il n'a cessé de disséminer partout ? Leur caractère parfois rebutant ne nous arrête pas, nous y voyons au contraire le langage de l'exception et nous en attendons une vérité sur l'œuvre provenant de la même intelligence que le jeu.

L'essai qu'on va lire s'adresse d'abord à ceux que l'art de Glenn Gould intéresse assez pour qu'ils éprouvent le désir d'aller au-delà des figures stéréotypées de ce paradoxe de l'art et de la vie : l'artiste ascétique et maniaque, l'ermite

insondable et provocateur, le prédicateur doctrinaire et
facétieux. Derrière ces images d'un artiste captif à la fois de
ses excès et de son langage se tient un homme qui a choisi de
vivre autrement. Réfléchir sur l'exception, comme je propose
de le faire, n'est sans doute qu'une manière détournée pour
comprendre comment la liberté de l'artiste est possible et ce
qu'elle peut apprendre à ceux qui n'ont pas reçu le don de
l'art, mais qui n'en éprouvent pas moins le désir d'en accueillir
le bienfait. Pas seulement comme offrande de la beauté, mais
dans leur vie même. Cet art m'a accompagné toute ma vie,
depuis ces jours bénis de mon adolescence où un ami de col-
lège me fit cadeau du premier enregistrement des *Variations
Goldberg* de Bach. Nous étions en 1960, cinq ans après que
Gould a joué ces *Variations* à Montréal, le 7 novembre 1955,
cinq ans après la sortie de ce disque éblouissant qui le rendit
célèbre, et quatre ans avant qu'il n'abandonne le concert
en 1964, après ses derniers récitals de Chicago et de Los
Angeles. J'ai remarqué que tous ceux qui aiment Gould de
manière déraisonnable, c'est-à-dire avec une admiration qui
les engage au-delà de ce qu'on réserve ordinairement à un
artiste et qui peut les porter à beaucoup d'excès, ont à cœur
de situer le moment de son arrivée dans leur vie, comme
s'il s'agissait d'une rencontre irremplaçable. Je me reconnais
dans cette admiration, j'appartiens à cette catégorie. Je peux
dater ma première écoute, je peux aussi nommer mon premier regard, puisque, comme je m'appliquerai à le dire ici,
le regard devient, le concernant, indissociable de l'écoute. Je

peux surtout dire, même si ce sentiment devrait, s'agissant de Gould, demeurer inavouable, le regret irréparable de ne l'avoir jamais entendu en concert. Il joua souvent à Montréal et cela aurait été possible.

Inséparables de l'enregistrement des *Inventions* et des *Partitas*, et de tous ceux qui suivirent, ces musiques devinrent pour moi une sorte de partition unique, un contrepoint ininterrompu dont chaque segment représentait un mouvement unique de l'émotion, une contraction et une dilatation, une anxiété et une joie, le seuil toujours à franchir d'un monde ouvert par une seule phrase, toujours la même : la cantilène, *Aria da capo*, qui ouvre et qui clôt les *Variations Goldberg*. Comme un voyageur atteignant ce qu'il croit être la crête et qui découvre qu'un autre chemin s'ouvre et le mènera plus haut et plus loin, je me suis engagé sur cette route, sans savoir où elle me mènerait. Sur ce seuil, devant cet horizon transparent, j'ai trouvé chaque fois une structure en équilibre, une harmonie qui appelle et fait signe, mais aussi une histoire. J'essaierai de dire laquelle. Un de mes frères suivait des cours de piano et, dans le sous-sol de notre maison, je l'écoutais reprendre inlassablement le *Concerto italien*. Combien de fois, alors que je m'escrimais avec les vers d'Homère décrivant les funérailles de Patrocle ou l'accueil de Calypso, et lui avec les difficultés insondables du dernier mouvement, me suis-je demandé pourquoi cet apprentissage précieux ne m'avait pas été offert à moi aussi ? Mais combien de fois aussi dans le silence de mon étude, alors que le mouvement lent de ce concerto émergeait de notre vieux Willis, ai-je supplié mon frère de le reprendre et, bien des années après, ma fille cadette qui le jouait avec tant de grâce?

Ne vaut-il pas la peine, me suis-je demandé, d'éclairer ne serait-ce qu'un bref instant cette petite parcelle de mon admiration, une admiration absolue et presque libérée de son objet, et ce qu'elle doit à Gould? Je ne comprenais certes pas la nature de mon propre effort, dans ce monde de la philosophie en apparence si différent de celui de la musique, encore moins ce qu'il devait aux figures que j'admirais. Je trouvai bien sûr des explications rationnelles, et même historiques, par exemple quand je lus que la théorie du contrepoint reprenait le projet néoplatonicien d'une doctrine de l'harmonie universelle. Traversant Plotin, saint Augustin et Boèce, cette idée imprégnait les prédécesseurs de Bach. Mais là n'était pas, je le savais, l'essentiel. Je mis beaucoup de temps, plusieurs dizaines d'années, à comprendre que cette admiration était inséparable d'une fascination pour la forme de sa vie. J'ai lu Gould autant que j'ai pu, je me suis accroché à son discours moderniste et crispé, qui ressemble beaucoup à une théologie tant les certitudes y sont nombreuses et rares les inquiétudes: le renoncement à la présence, le passage à la nouvelle ère médiatique ne correspondaient pas à mes convictions, mais je m'en accommodais, une voix au fond ne cessait de me parler. Je n'ai cessé de l'écouter, je me suis mis sur sa trace. Plus j'apprenais à la reconnaître, plus son art s'ouvrait pour moi, plus je me sentais en harmonie avec

ce que je croyais en comprendre. J'en vins à me demander :
« Si tu ne savais rien de lui, si tu ne connaissais pas son
esthétique, si même tu ne connaissais pas son image, aurais-
tu de son art la même appréciation ? »

Je trouvai plus tard une remarque de Wittgenstein qui
me semblait s'approcher au plus près de cette question, elle
provient de ses *Remarques mêlées* de 1931 :

> Suivre une phrase musicale en la comprenant, en quoi cela
> consiste-t-il ? Est-ce observer un visage en étant sensible
> à son expression ? Est-ce s'imprégner de l'expression de
> ce visage ? [...] Ou encore, la jouer en la comprenant ? Ne
> regarde pas en toi-même. Demande-toi plutôt ce qui te
> fait dire qu'un autre le fait. Et qu'est-ce qui t'autorise à dire
> que cet autre fait une expérience vécue ?

Je me suis souvent demandé s'il était nécessaire de jouer
pour comprendre, mais je n'avais pas réfléchi à ce qui peut
être dit de la compréhension. Peut-être la formulation même
de la question de Wittgenstein est-elle erronée ? Une phrase
musicale est-elle vraiment une phrase ? Il me semble impossible d'en douter si nous pensons au *cantus firmus* du contrepoint, et pourtant. L'analogie du regard sur un visage mériterait une longue méditation, qui pourrait nous conduire,
entre autres, à l'importance de regarder celui qui joue et vit.
Plus exactement d'écouter dans le regard, comme si l'analogie proposée par Wittgenstein entre le visage et la phrase
musicale invitait déjà à dépasser l'écoute. Ne pas regarder
en soi-même, n'est-ce pas au premier abord une demande

inquiétante ? Je me souviens d'une conversation avec mon ami Thierry Hentsch, lui-même pianiste et dont la mémoire m'a accompagné tout au long de cet essai, après un concert de Piotr Anderszewski qui venait de jouer la sixième *Partita* : nous nous demandions si la limite est parfois atteinte dans l'interprétation d'une œuvre. Après Gould, qui pouvait espérer renouveler la sixième *Partita* ? Il me répondit : « La limite n'est pas atteinte pour lui, pour toi non plus. » L'écoute montre la vérité de sa réponse : l'interprétation n'est jamais qu'un moment sur un chemin, un regard sur un visage qui ne cesse jamais d'être mobile.

La méditation de l'écoute conduit en effet à la considération de la forme de la vie. L'œuvre est insaisissable du seul fait de son ouverture infinie, elle ne cesse de s'inscrire dans le présent de l'interprétation, et ce présent met en présence de la vie. Comme dans toute méditation, le silence est toujours menacé, en particulier par la pensée qui vient brouiller l'art, qui vient faire écran à l'accueil de la vie. La musique n'est jamais proposée dans un vide, elle intervient au cœur de notre souci, de notre pensée, même quand c'est nous qui la sollicitons. Personne ne dispose de cette commande céleste qui purifierait notre espace intérieur pour recevoir l'œuvre dans le silence qu'elle exige et mérite. Chaque fois, c'est l'objet d'un effort et presque d'un travail. Il m'arrive souvent de me demander ce que serait une écoute parfaite, et je pense que ce serait comme une plante qui reçoit de la lumière. Ah, les encombrements de la pensée quand on veut que la machine change de régime et qu'on n'y parvient pas! On oublie que les spirituels mettent des années à maîtriser cette liberté de la pause, de l'arrêt sur un fond, et on voudrait qu'une œuvre nous y conduise instantanément, au seul commandement de notre volonté. Donne-moi cette *Partita* et conduis-moi vers le dieu qui m'attend. Mais cette pensée, toute pensée, fait entrave et ne perd son pouvoir de dissipation que si elle se laisse reconduire à la forme de la vie: puis-je devenir meilleur par la musique? La beauté n'est-elle que contemplée, n'a-t-elle pas, dans la contemplation même, des effets moraux? Cela semble indubitable, à commencer par la réconciliation avec la détresse du temps: pour la paix, on refoulera l'égoïsme et la violence et si la musique donne accès à la joie, notre confiance dans le temps se trouvera renforcée. La connaissance de celui qui donne est-elle indifférente à la fécondité de son don? Non, parce que c'est lui qui nous donne cette confiance qu'il a d'abord lui-même conquise dans l'art. Il y a donc un premier seuil à la contemplation, une sorte de portique, un exercice d'accueil: c'est le moment où on s'aperçoit que nous ne serions pas si troublés si le trouble ne trouvait en nous-mêmes le milieu pour l'accueillir. La musique n'est-elle pas le premier antidote à ce trouble, le premier moment de cette recherche de la sérénité?

Je m'aperçus que je ne pouvais répondre simplement à ces questions, même si Gould avait lui-même proposé ses propres réponses. Déjà l'examen de son répertoire révèle ce qu'il privilégiait, mais Gould se montra également on ne peut plus clair sur l'histoire de la musique et sur sa finalité spirituelle intrinsèque. Suivre la filière Bach – Schoenberg, c'est parcourir presque la totalité du trajet sur le chemin le plus haut. Mais ce chemin n'est-il prescrit que parce qu'il restitue une histoire de la sublimité, n'expose-t-il pas aussi quelque chose de ceux qui l'empruntent et s'en trouvent transformés ? Je m'aperçus également que dans mon accueil de son art j'avais développé un lien inavouable, inexprimable à son exemple, puisqu'il y était question d'amour et que l'amour est insondable. Je ne fais pas pour autant de ce principe une limite à l'effort de compréhension, puisque je maintiens ces questions, je veux les pousser aussi loin que possible. Je sais seulement que si ces questions doivent trouver réponse, elles ne pourront le faire que dans un espace qui sera plus vaste que celui de l'esthétique. La doctrine de la beauté plonge loin ses racines dans la tradition philosophique et il y a de bonnes raisons de s'y intéresser, mais la compréhension de la vie sublime en est inséparable. Le présent essai est la réponse, très imparfaite, à laquelle je suis parvenu. Il convient de n'y rechercher rien d'autre qu'une méditation personnelle et, en son fond, un exercice d'admiration. Des questions plus générales, comme le rôle de l'artiste dans la société et, plus profondément, la place de l'artiste au rang des modèles de vie, pourront peut-être s'en trouver éclairées, mais je n'y prétends pas. Je m'adresse simplement à la figure de Glenn Gould et je tente de réfléchir sur son art à partir de cette énigme du retrait et de la communication, de l'art et de la vie, du style et de l'éthique. J'essaie de lire son art dans sa vie.

Les biographes de Gould, les théoriciens, les critiques ne trouveront sans doute ici rien de neuf; c'est moi au contraire qui leur suis redevable de tout ce que j'ai appris en les lisant. Chacun reconnaîtra ici l'ampleur de ma dette, je veux leur exprimer d'emblée ma reconnaissance. Je leur donne sans hésiter toute permission de dire que j'ai écrit ici un essai philosophique et, à leurs yeux, probablement redondant et peu utile, même si je ne suis pas certain qu'il s'agisse bien de philosophie: car dans l'écart qui sépare la méditation sur la forme de la vie, et sur l'authenticité qui en est la face cachée, et la recherche esthétique des raisons de la beauté, il y a un espace abyssal que je désignerai comme l'espace du transfert. Cet espace n'est pas celui de la philosophie qui s'estime toujours déjà au-delà de l'affect et qui nourrit une forte résistance à l'idéalisation des figures aimées. Je ne discute pas cette différence qui sépare presque les philosophes en deux groupes très différents: ceux pour qui la pensée est une analyse interminable qui doit se soutenir dans le transfert pour se développer, et ceux qui sont toujours au-delà de leur souffrance, parce qu'elle leur semble faire échec à leur recherche de vérité. Je revendique ici une forme de pathos explicite, je l'inscris dans une réflexion et j'assume ce transfert, je fais miennes toutes ses exigences et toutes ses incertitudes et, si cela est encore possible après lui, j'interprète à mon tour.

Une vie ne suffit pas à mesurer cet espace, du seul fait qu'il peut s'étendre infiniment dans la répétition : contrairement à l'amitié d'une conversation, chaque fois unique et qui ne peut jamais être reproduite, l'écoute de la musique semble souvent emportée par un désir de retrouver et de reproduire l'émotion parfaite, d'aller au fond comme si l'œuvre pouvait être possédée, absorbée et comme si elle pouvait ouvrir le chemin de l'éternité. C'est une illusion bien connue de tous les amateurs de musique, chaque jour plus embarrassés de dire s'ils connaissent mieux l'œuvre qu'ils déclarent aimer ou s'ils n'ont fait que retrouver un paysage de leur enfance, un moment de leur histoire. Paradoxe supplémentaire, dans la mesure où chaque écoute possède son unicité, en même temps qu'elle reproduit toutes les autres. S'il est vrai que l'amitié est un entretien infini qui confie au temps le soin de s'approfondir en se dépassant, il n'appartient qu'à l'amour de transcender le temps. La musique, pourrions-nous penser, autant l'œuvre que l'interprète, se déploie sur les deux registres, elle peut l'un et l'autre. Elle permet l'accès chaque fois unique et différent à la beauté, mais comme nous souhaitons échapper au temps et que c'est cela que nous attendons le plus de l'art, il n'est pas surprenant que nous attachions de l'importance à la répétition et au retour de l'émotion. Nous ne nous en croyons que plus facilement détachés et éternels.

Si de surcroît un artiste d'exception semble s'adresser à nous pour nous dire que ce détachement est possible et que sa vie en témoigne, alors nous n'avons que le désir de le suivre toujours : il n'est pas seulement un ami que nous espérons retrouver, il est un amour qui sauve de la détresse du temps. L'attachement à une figure idéalisée engendre ses propres modèles ; par son ascèse particulière elle justifie notre vie du seul fait que nous voudrons en imiter tout ce qui sera possible. Et même si nous ne pouvons rien en imiter, parce que nous n'en avons ni le courage ni les ressources, le seul fait de pouvoir y prétendre suffit à nous rassurer, cet espace est ouvert pour nous, il ne se refermera jamais. Il n'est jamais simple de se dégager d'une fascination que nous voudrions parfois regarder de loin, surtout si la raison doit en être que nous recherchons une forme de vérité, une position de surplomb ou une explication, comme on en trouve le projet toujours risqué chez les savants qui s'approchent de l'art et ne peuvent faire autrement. On peut les comprendre, mais il arrive qu'on veuille préférer l'humilité d'admirer au projet de dominer ou de comprendre. À cette vérité de la biographie ou du portrait, celle qui expliquerait, celle qui rendrait raison de toute l'archive, de tout le témoignage, je crois utile d'y insister, je ne prétends pas. Même si, ou peut-être plus justement parce que j'accepte de suivre cette pensée dans le transfert, je renonce même à capturer le personnage, je ne propose pas un portrait de Gould. Cela, ses biographes s'y essaient, chacun à sa manière. Je les ai lus, aucun n'est entièrement vrai, aucun ne pourra jamais l'être. J'ai apprécié autant ceux qui se sont montrés distants que ceux qui ont pratiqué la proximité et j'ai appris de chacun.

La recherche de la nuance m'a parfois autant apporté que l'expression de la candeur. La vie cependant échappe toujours, les raisons autant que la vérité, et j'ai choisi d'écrire ce que je présente aujourd'hui dans le mouvement même de cet échappement. Je regarde plutôt la forme de la vie qui se dégage de tant de gestes et de propos, je la considère dans l'art même de la musique et je tente de mesurer d'abord sa générosité, puisque c'est ce qui m'atteint le plus. Je présente donc plutôt un ensemble de perspectives sur un artiste qui n'a cessé de m'accompagner. Aucun autre n'a pris sa place, une telle place, ce qui ne signifie pas que je n'en admire et n'aime aucun autre : j'en admire plusieurs autres, et je pourrais les nommer. On s'apercevrait probablement qu'ils ont avec Gould, pour reprendre une autre image de Wittgenstein, un « air de famille ». Mais je n'en ai jamais admiré et aimé un comme lui, c'est-à-dire pour plus que ce que j'entends, plus que ce que je vois : pour ce que je crois reconnaître du choix de la forme de la vie, pour l'éthique et ultimement pour ce « devenir philosophe » dont Gould avait fait, reprenant la formule à David Thoreau, l'idéal de souveraineté des solitaires.

Au sein de cet espace, puis-je me prémunir contre les objections de ceux qui diraient que je me trompe ou que j'exagère ? De fait, je voudrais proposer cette méditation comme un exercice qui se dérobe, sans s'y soustraire entièrement, aux exigences de la vérité. Je parlerai notamment de choses dont je ne sais, avec la certitude qu'il conviendrait pourtant de posséder s'agissant de questions qui ont leur gravité, à proprement parler pas grand-chose, mais je demande simplement que cela soit reçu comme une adresse pensée dans le transfert, dans une idéalisation dont je cherche moins à me distancier – pourquoi le ferais-je, puisqu'elle m'a tant apporté? – qu'à saisir le ressort, les raisons, le langage. Si l'artiste expose, dans une vulnérabilité absolue, la forme de sa vie et s'il le fait avec une générosité et une naïveté où on ne peut soupçonner aucune réserve, aucun camouflage, mais au contraire un désir incessant de vivre cet affrontement avec l'œuvre et avec le monde, que voudrait-on reprocher à celui qui voudra émuler cette générosité sans réserve dans le seul but d'en accueillir toutes les vertus de bonté et de paix? Je demande pour ces pensées une forme d'hospitalité et j'offre en retour un regard qui avec le temps est devenu une inspiration, un appel à poursuivre chacun pour soi son propre pèlerinage. Si donc le fait de parler de philosophie peut me protéger, notamment en prévenant par avance des excès que cet appel rend presque nécessaires, alors j'y consens. Disons que je veux pratiquer, s'agissant d'une réflexion sur l'art de Gould, la même éthique de lecture que celle dont il fit sa règle pour tout ce qu'il approcha.

◆ ◆ ◆

J'ai choisi de donner à cette réflexion la forme d'une partition, une forme qui sans être complètement imaginaire n'en appartient pas moins à une sorte de fiction: j'en ai fait une

*Partita*, la septième, qu'un chercheur découvrira peut-être un jour dans une malle oubliée du Cantor. Les six *Partitas* (*BWV 825-830*) de Bach, des suites pour clavier qu'il présenta comme la première partie de la *Clavierübung* et auxquelles il donna la première place en les titrant *Opus 1*, appartiennent en fait aux dernières étapes de son écriture, elles en recueillent toutes les leçons. Quand Bach les écrivit, le genre de la suite, d'abord limité chez les maîtres du Nord au prélude, à l'allemande, à la courante et à la sarabande, s'était ouvert à d'autres danses venues d'ailleurs, comme le passepied ou la gigue. Il les intégra à son tour, de la manière la plus inventive. Les *Partitas* sont en effet des œuvres imposantes, composées chacune de six ou sept pièces, mais aucune ne possède tout à fait la même structure, ni les mêmes morceaux. Leur unité comme leur similitude proviennent de cet assemblage de parties aux rythmes variés. Chaque *Partita* est écrite dans une tonalité particulière et Bach s'est astreint à une règle : pour chacune, toutes les pièces doivent être dans la même tonalité. À la différence des *Inventions* et des *Variations*, les *Partitas* ne sont pas d'abord des exercices de style, on y reconnaît déjà la volonté de présenter une figure unifiée, une œuvre. Ceux qui comme David W. Beach en ont étudié les structures nous ont révélé leur complexité, surtout faite de variations dans la répétition de motifs. Leur mystère est que, derrière leur apparente galanterie, qui commande leur légèreté et leur grâce, elles puissent être si graves et conduire si loin.

Dans un entretien imaginaire avec un certain David Johnson, dont il fit le texte de présentation d'un enregistrement des *Partitas* en 1963, Glenn Gould reconnaissait que chacune avait sa couleur et son parfum. Il en connaissait tous les détails et il admirait leur «fermeté contrapuntique immaculée». Peut-être Gould voulait-il surtout évoquer leur rigueur, mais on pourrait méditer longtemps cette association du ferme et de l'immaculé, autant dire de ce qui est tenu comme une parfaite promesse et ne fait aucun compromis. Ne parle-t-on pas déjà, chez les prédécesseurs de Bach, du contrepoint sévère comme d'une pratique de la mort? J'y reviendrai. Au cours de cet entretien, Gould s'adresse à lui-même la question suivante: la succession de danses dont chaque suite est constituée représente-t-elle une unité de conception immuable, notamment en raison de l'unité de tonalité, et ne pourrait-on envisager de jouer une *Partita* inédite, qui combinerait des mouvements repris des unes et des autres? «J'adorerais le faire, c'est une idée merveilleuse», répond-il spontanément, mais ce serait à la condition de maintenir l'unité de la tonalité, et surtout de respecter l'expression et le rythme de l'enchaînement qui résulteraient de cette combinaison nouvelle. Chaque *Partita* est en effet comme une série de personnages, ou d'épisodes, qui interviennent sur une scène, chacune possède une identité qui correspond au rythme de la séquence, à son déploiement dans le contrepoint: Gould évoque la richesse des modulations, et l'idée d'interpoler les airs pourrait être, pense-t-il, féconde. Les durées, l'ampleur relative, tout cela peut en effet être redistribué avec autant de liberté que les *tempi* lents ou rapides, voire l'exécution des reprises. On peut y reconnaître des séquences et des motifs, et toutes les pièces sont portées par une allure qui est propre aux *Partitas* : c'est celle d'une avancée pure sur la ligne du temps, un développement dans le mouvement qui préfigure la sonate. La succession n'en est ni arbitraire ni parfaitement réglée, puisque l'écoute nous permet de restituer pour chacune le récit qui correspond à son développement, en même temps qu'elle laisse se déployer entre chaque partie des libertés insoupçonnées. Il est question de passages dans les successions des pièces et Gould pensait que chaque morceau contraignait sur plusieurs aspects la forme du suivant, en particulier pour l'amplitude et l'expression. Mais pas entièrement, car tout peut s'ouvrir. Parce que la plupart des pièces ne sont pas fuguées, on pourrait penser que les *Partitas* n'ont pas la gravité ou l'austérité des enchaînements de préludes et fugues du *Clavier bien tempéré*. Ce serait à mes yeux une erreur, car le fait de constituer des suites ouvertes libère en elles leur accès à des moments d'émotion et de pensée que Gould pouvait qualifier de manière expressive, par exemple en disant d'une courante qu'elle est aérienne et tournoyante, d'une sarabande qu'elle est élégante et parfumée. À la blague, il affirma que s'il devait présenter en concert une *Partita* imaginaire, les critiques ne s'en apercevraient pas. De sa discussion, je retiens deux choses : la rigueur de la suite, la possibilité de la fantaisie.

J'ai donc pris cette idée au sérieux, dans la mesure où elle me permet d'associer chacune des réflexions qu'on va lire à un mouvement particulier, selon une séquence qui ne correspond à aucune *Partita* existante, mais qui les respecte toutes. J'ai choisi de construire cette *Partita* dans une tonalité mineure, mais, comme Gould le suggérait, il faudrait prévoir les transpositions nécessaires pour chaque morceau si elle devait un jour être jouée. J'ai investi les titres de chaque pièce, leurs formes et jusqu'à leur tonalité pour les relier à mon propos, et je me suis autorisé à présenter certaines reprises thématiques avec quelques variations. Pensant à la nécessité où je me place de méditer sur la forme de la vie et sur la musique, je n'ai trouvé rien de mieux que d'associer, en reconstituant une partition pour Gould, les moments essentiels d'une autre *Partita*, celle qui serait dans l'écriture la partition même de son art et de sa vie.

J'ai divisé cette *Partita* en sept pièces, chacune reprise d'une *Partita* existante et intimement raccordée par l'expression et par le style à cette pièce. La présente ouverture pourrait constituer une sorte de préambule, comme le *Præludium*, repris de la première *Partita, en si bémol majeur*; j'expose ma question, c'est une annonce porteuse de quelques thèmes, c'est aussi l'énoncé de quelques inquiétudes que je voudrais garder présentes tout au long de la lecture: marcher sur la crête, ne pas engager l'esthétique philosophique autrement que comme un horizon pour la forme de la vie, ne pas résister à une idéalisation qui doit nous conduire à la question du don. Pour la première pièce, j'ai choisi la *Toccate*, de la sixième *Partita, en mi mineur*, j'en fais une proposition attentive aux difficultés du parcours, en particulier aux paradoxes du retrait et de l'authenticité, mais on n'y appréhende encore aucune réponse, on se tient sur le seuil d'une partition qui offre le tout de la vie, dans ses énigmes et ses inquiétudes particulières. La tonalité mineure convient à cette première pièce, où l'intériorité de la question cherche un équilibre difficile avec tout ce qui assaille l'artiste de l'extérieur et conduit au retrait.

L'*Allemande*, reprise de la troisième *Partita, en la mineur*, traite de la question du génie et se propose comme un approfondissement du paradoxe de l'art et de l'expression. Parce que ce concept romantique a tant sollicité la lecture que Gould faisait de l'histoire du répertoire, d'abord pour l'en exclure, on ne peut éviter de chercher à comprendre comment il en recevait pour lui-même l'injonction. Contrairement au saint, le génie ne peut être émulé, il ne peut être qu'admiré.

Pour la troisième pièce, j'ai associé une réflexion sur le jeu de Gould, et plus particulièrement sur ses mains, ses bras et ses épaules, à la *Courante* de la sixième *Partita, en mi mineur* : je souhaiterais que cette proximité avec le corps de l'interprète retienne du mode mineur la distance et l'inquiétude où il se tenait lui-même par rapport aux autres, mais aussi sa propre détresse d'être dans un corps si souvent indocile. Cette méditation concerne en effet la distance et la proximité, mais elle aborde aussi la place inaliénable du corps dans la musique.

De l'*Air* et de la *Sarabande* de la sixième *Partita, en do mineur*, que je donne de manière enchaînée, j'ai surtout retenu ce que chacun attend d'une sarabande, une forme de mouvement qui accompagnant la course du monde parvient à en épouser le rythme et les échanges simples. J'y reviens à la question des raisons et de l'esthétique, dans la compagnie de Natsume Sōseki et de George Santayana, qui nous permettent d'approcher Gould lecteur. Comme les paravents peints qui glissent pour ouvrir sur d'autres scènes, j'essaie d'entendre ici les préférences de Gould à l'extérieur de la musique comme des préférences qui nous éclairent sur l'intérieur.

La cinquième partie est une *Sinfonia*, reprise de la deuxième *Partita, en do mineur*, un morceau où la richesse des voix est reconnue et proposée comme modèle d'une solitude assumée et partagée, d'un espace habité par une communauté. Je confie à cette *Sinfonia* le soin d'accompagner la *Trilogie de la solitude*, un triptyque radiophonique qui recueille la méditation de Gould sur les communautés éloignées du Canada. Ce chef-d'œuvre est non seulement un hymne à l'espace nordique, il est aussi une éthique religieuse qui cherche une juste distance entre la nostalgie de la communauté et l'accueil du monde de l'individu dans la modernité.

Avec le *Scherzo*, repris de la troisième *Partita, en la mineur*, je reviens à Gould dans sa retraite, dans son retrait.

J'interroge cette solitude et cette forme de la vie, où je cherche à lire, jusque dans le choix de l'ascèse et de la virginité, une décision joyeuse, et non l'effet d'un traumatisme ou d'une pathologie.

Je termine, comme dans toutes les *Partitas*, avec une *Gigue*, reprise de la sixième *Partita, en mi mineur.* Je souhaite évoquer ici l'espace réel du paysage de Gould, un espace qu'il habita depuis sa jeunesse et qui forme dès le début la matière de son rêve. Dans cet espace, quelques voix, comme celle de Petula Clark ; quelques images, quelques portraits, en particulier celui que Gould préférait aux autres et qui le montre emmitouflé dans son manteau d'hiver avec sa casquette. On voit ce portrait sur le disque de son enregistrement des sonates célèbres de Beethoven, et François Girard l'a recréé dans un de ses films brefs. S'éloigne-t-il, comme il s'éloigna en ce jour fatidique du 4 octobre 1982, ou au contraire vient-il vers nous, infiniment, comme il m'arrive de le reconnaître, solitaire, dans la foule la plus ordinaire ? Cette *Partita* imaginaire est écrite, vingt-cinq ans plus tard, pour saluer sa disparition, mais elle n'a de sens que si elle peut encore et toujours être jouée pour signaler son arrivée.

# I

*Toccate*

# L'art et la forme de la vie

*Partita n° 6, en mi mineur*

L A VÉRITÉ DE L'ARTISTE est la vérité de l'art : aucune œuvre ne peut excéder dans sa portée ce que l'artiste lui impose comme limites à compter de sa propre expérience, aucune ne peut atteindre ces limites si l'expérience de l'artiste ne les a elle-même conquises. Un artiste qui se risquerait à mentir, en revêtant par exemple un masque qui travestirait son rapport au monde, ne pourrait que proposer un art inauthentique, un simulacre. Rien de plus visible que l'émotion surfaite, le bricolage, la répétition de la recette. Même si l'authenticité contient sa part de pièges, en commençant par l'impossibilité d'une connaissance de soi qui puisse garantir sans faille la transparence du désir de vérité et de beauté, elle demeure un horizon plus fiable que tous les cynismes qui invitent à la soupçonner. Personne ne prétendrait pouvoir la mesurer, et pourtant chacun la revendique comme la seule mesure véritable. Si l'art doit exposer la profondeur d'une blessure, s'il doit mettre à nu l'émotion même du monde, l'artiste ne peut certes maîtriser la souffrance que cette blessure lui cause, et encore moins la jouissance de ce qu'il contemple, mais s'il travaille à les défigurer en les exagérant, ou au contraire en en réduisant l'importance, cette abstraction finira par atteindre la vérité même de son art, et c'est lui qui sera défiguré. De même, si l'art doit redonner le moment d'une joie ou d'une fusion absolue et si l'artiste croit la posséder au lieu d'être possédé par elle, il déformera cela même qu'il veut transmettre.

Ce principe de l'authenticité serait limpide et pourrait s'imposer s'il ne se heurtait si souvent à l'opacité des raisons qui guident l'artiste vers l'expression et à l'impossibilité de les maîtriser toutes. Tous ceux qui ont fait l'effort de les exprimer, comme si le projet de l'art s'identifiait au projet de comprendre les raisons qui y conduisent, se sont trouvés devant le paradoxe de leur désir de vérité : travailler à dire ce qu'on veut réussir, et pour quelle raison on tente d'y parvenir, ce ne peut jamais être la même chose que d'élaborer une esthétique, et pourtant la distance n'est jamais grande entre ces deux efforts. On la voit en effet souvent franchie sans grave déclaration et en général sans philosophie. Tel qui croyait s'efforcer de mettre au jour le tracé de son seul désir se voit sans transition apparente engagé dans un discours où il a commencé de conseiller et de prescrire : il croit qu'il a atteint une position universelle, il méconnaît ses limites, il a oublié qu'il n'était que lui-même. Tel autre qui pensait n'éclairer que la circonstance de son émotion s'engage sans hésiter dans la promotion d'une expérience dont il ne pourra pourtant faire un critère. S'il poursuit, il voudra bientôt reprendre les *Observations sur le sentiment du beau et du sublime*, oubliant que l'authenticité de ses raisons pourrait l'amener à prendre parti contre elles et à choisir le chaos en s'y abandonnant. Kant pensait que le sublime est le domaine de l'émotion grave, et la beauté celui du charme souriant, mais quel artiste peut rendre raison clairement pour lui-même d'une distinction en apparence si évidente? Aucun ne veut se contenter de divertir ou charmer, chacun pense que toute sa vie est engagée dans son œuvre. Les artistes sont à la fois prisonniers de leur expérience et contraints d'en dépasser la singularité.

Tout se passe comme si plusieurs registres concurrents pouvaient se déployer pour accueillir la vérité de l'art. Le plus obscur est celui qui se constitue de la vie de l'artiste, et son obscurité vient de la difficulté de comprendre ce qui, au sein même de l'existence singulière, conduit à la décision d'être un artiste. Tout le poids de la vie se porte dans une direction qui transcende les peines et les incertitudes, les plans et les calculs, un chemin est frayé vers le nouveau qui se nourrit à rebours de la matière de la vie, de ses souffrances, de ses joies. Entrer dans l'atelier, disposer la table de l'écriture, accorder l'instrument, c'est reprendre chaque jour un chemin ouvert par la décision de faire sa vie dans l'art, de faire de sa vie un art. Cette décision, qui est celle de créer, ne cesse de se renouveler en donnant à l'œuvre son authenticité : on ne peut la prendre comme si toute la vie ne devait s'y accorder. Les penseurs grecs qui ont fait du choix de la vie bonne un concept central de leur éthique ont paradoxalement négligé les artistes : sans doute, s'ils leur avaient accordé de l'importance, les auraient-ils placés au même rang que tous les contemplatifs, ceux qui engagent leur vie dans la *theoria*. Mais la poursuite de l'œuvre les en empêchait, car ils plaçaient au plus haut la vie sans œuvre et ils n'allaient pas ranger les artistes, qu'ils concevaient d'abord comme des producteurs, avec les politiques ou les économiques. La forme de la vie, le *bios*, nous est cependant restée, pour exprimer ce choix de ce qui doit gouverner la vie, sa finalité la plus déterminante. Même si l'œuvre demeure en suspens, dans une attente qui pourrait être infinie, la forme de la vie n'en subsiste pas moins, car elle est cette attente, cette résolution d'accueillir ce qui doit résulter du travail. Un artiste sans œuvre n'est pas une impossibilité, c'est une forme de vie qui convient à l'éthique même de la création ; une œuvre sans artiste, en revanche, est une absurdité. De la forme de la vie, nous attendons qu'elle nous aide à penser l'authentique et l'inauthentique.

Mais il faut aussi compter, sur un autre registre, avec l'expression des raisons, et ultimement avec la rationalité de l'art que produit l'esthétique. La décision de la vie est ici moins importante que l'accès à des principes auxquels on n'a jamais fini de se conformer. Il ne suffit pas d'être authentique, c'est-à-dire d'être résolu et sincère dans la décision de l'art, il faut aussi parvenir à clarifier, à mettre au jour ce qui dans l'expérience de l'art contribue à une finalité, quelle qu'elle soit. Tous les artistes ne s'engagent pas de la même manière sur ce chemin des raisons, tous savent néanmoins que, si leur art est authentique, ces raisons existent pour eux et qu'un nouveau travail, souvent consenti par d'autres, peut parvenir à les formuler. Aucun artiste ne dira : « Mon art est sans raisons, je ne connais pas son site, je ne m'inquiète pas de sa vérité, je suis indifférent à sa destination. » Il dira plutôt : « Mon art est sincère, j'en poursuis les fins sans relâche et bien que je n'en connaisse pas l'horizon ultime, je serais désireux d'y accéder et reconnaissant à l'endroit de ceux qui pourraient m'en suggérer le langage. Au sein de l'obscurité et de la contrainte, mon seul souci est de ne pas quitter ce chemin, de ne pas abandonner l'œuvre. »

Dans son roman *L'oreiller d'herbes*, un récit que Glenn Gould plaçait parmi les plus importants pour lui et pour toute l'époque de la modernité dont il épousait le projet de création, l'écrivain japonais Natsumé Sōseki présente la méditation d'un artiste qui poursuit une œuvre qui se dérobe et ne cesse de lui échapper : aucune n'est adéquate pour la perfection de la circonstance, aucune ne se laisse saisir dans le moment où elle pourrait venir combler la recherche de la beauté. Hors d'atteinte, l'œuvre renvoie l'artiste à sa décision, elle le replie sur sa pensée, elle met à l'épreuve sa résolution de vivre dans l'art et pour l'art ; il doit reconnaître qu'il ne poursuit pas tant l'œuvre, qui lui apparaît presque comme le résultat indifférent de sa pensée, que les raisons qui rendent l'œuvre possible. Cherchant à comprendre pourquoi il désire peindre un paysage particulier, cet artiste méditant est ramené, presque de force, à l'épreuve de la pensée qu'est pour lui son rapport extatique au monde et à son désir, toujours fragile et précaire, d'accéder à un univers autre que celui des soucis et de la peine du quotidien. Tenté un instant par la distinction présentée par Lessing dans son *Laocoon* pour définir, en se fondant sur le critère de l'espace et du temps, la peinture et la poésie, il oublie le temps particulier qui lui a permis de traverser les apparences, il se laisse séduire par l'esthétique, et il perd du même coup à chaque fois l'occasion de faire l'œuvre. Mais il est récompensé par la certitude de se trouver sur le bon chemin : c'est seulement dans ce rapport extatique que l'œuvre sera pour lui authentique et de cette authenticité il fait pour lui-même une éthique, la seule qui puisse soutenir la forme de vie qu'il a résolu de suivre, quoi qu'il en coûte. Dans son pèlerinage, il découvre que l'art recouvre pour lui l'ensemble de ces registres et qu'il pourrait, c'est un paradoxe extrême, ne pas peindre et continuer néanmoins de vivre dans la forme de vie de l'artiste.

Glenn Gould avait pour ce roman une sorte de vénération et, si on cherche à en comprendre les raisons, on les trouvera sans doute assez facilement dans la distinction que je viens d'esquisser : la quête de l'artiste occupe toute sa vie et même si elle peut trouver dans l'énoncé de principes les fondements, ou les instruments de la connaissance de soi-même, qui seule peut révéler ce qui rend l'art nécessaire pour certaines vies et pas pour toutes, ces principes ne sont pas pour lui l'essentiel de ce qui est mis en jeu. Ils viennent en second, car c'est la vie de l'artiste qui est exposée dans son art, à commencer par la décision de s'y engager de manière absolue. L'artiste est d'abord cette décision de la sublimité, il n'est que cela : il n'y a pas d'artiste à temps partiel, il n'y a pas d'artiste qui renonce à la souveraineté de l'art sur sa vie, il n'y a qu'un engagement sans repos à la recherche de cet état d'émerveillement, « *a state of wonder* », dont Gould a fait le cœur de son expérience et de sa pensée.

◆ ◈ ◆

Glenn Gould est né le 25 septembre 1932, dans un quartier tranquille de la grande ville de Toronto nommé The Beach, du fait de sa proximité avec le lac Ontario. Son père, Russell Herbert Gould, et sa mère, Florence Emma Greig, s'étaient connus dans la campagne d'Uxbridge et s'étaient installés à Toronto après leur mariage en 1925. Dans ce milieu traditionnel, les valeurs protestantes de l'austérité, de l'effort et de la bienveillance imprégnaient toute l'existence et se trouvaient au cœur de l'éducation. Quand il vanta plus tard les mérites du grand roman initiatique du philosophe George Santayana, *Le dernier puritain*, Gould voulut sans doute y retrouver cette éthique de la rigueur et de la droiture qui est la marque du protestantisme de son enfance, mais aussi cette forme très particulière de méfiance à l'égard de l'émotion et cette réserve conventionnelle qu'on associe traditionnellement au puritanisme. Le héros de Santayana n'était certes pas un artiste, mais comme homme il représentait cette dévotion à la communauté et ce sacrifice de l'intérêt personnel, y compris de tous les plaisirs si cela était nécessaire, que Gould admirait chez ses parents. Il avait fait le choix d'une vie de service, le puritanisme en était l'éthique fondamentale. En faisant l'éloge de ce modèle, Gould pouvait faire revivre les figures de son enfance et il reconnaissait qu'elles l'avaient accompagné toute sa vie.

La jeunesse de Glenn Gould reçut de ce modèle une marque profonde, et pourtant son éducation ne peut s'y identifier entièrement. Pieux, il le fut certes autant que ses parents, tous deux très fervents, mais pas de la même manière. Dans des fragments de Mémoires rédigés à la fin de sa vie, il évoque les sentiments qu'il éprouvait le dimanche dans l'église de la paroisse, alors qu'il assistait au service religieux. Il se rappelle la lumière du soir filtrant à travers les vitraux et il note : « Ces moments passés dans le sanctuaire du dimanche soir acquirent une grande signification pour moi ; ils signifiaient qu'on pouvait trouver la tranquillité même au cœur de la cité, mais seulement si on choisissait de s'en exclure. » La nécessité de ce retrait tout autant que le fait de l'avoir trouvé si tôt dans le sanctuaire sont peut-être la raison qu'il ne se révolta jamais contre le puritanisme de son éducation : là où tant d'autres auraient été amenés à rejeter d'abord ces contraintes austères, il les accepta si profondément qu'elles n'entrèrent jamais en conflit avec les exigences de son art. Elles semblent au contraire, en fournissant un cadre à son désir de solitude, l'avoir nourri de la manière la plus vitale. Le choix de la forme de sa vie s'était imposé à lui très jeune, il en assuma toutes les rigueurs et tous les devoirs.

Lorsque nous lisons les témoignages recueillis par ses biographes, nous ne pouvons manquer de noter comment cette éducation, malgré que rien ne parût devoir y prédisposer, laissa toute la place et la liberté la plus entière à la considération de son génie. Car c'est très précocement que ses proches virent que Glenn non seulement avait un talent exceptionnel pour le piano, mais qu'il n'était pas un enfant comme les autres. La cour d'école ne le trouvait ni batailleur ni conformiste, et il n'aimait rien moins que les gestes et les paroles violents. Il en fut retiré très vite et l'histoire de sa formation musicale, d'abord avec sa mère, qui était elle-même musicienne, ensuite auprès de maîtres de Toronto, nous met en présence d'un équilibre rare entre les contraintes d'un milieu peu disposé à accueillir l'exception et les exigences d'un talent tel qu'il s'imposa auprès de tous très rapidement. N'est-il pas nécessaire que nous cherchions à comprendre comment une telle liberté a pu émerger d'un monde si rempli de conventions? Car le génie de Gould n'est pas d'abord, et ne peut être limité à ce qui serait un talent exceptionnel au clavier – cela, il le possède en commun avec d'autres –, mais il est plutôt une capacité de franchir les limites, d'avoir l'audace d'une recherche qui, en son point extrême, peut se transformer en quête radicale de nouveauté.

Gould sut donc très jeune qu'il était un artiste et il assuma très tôt les conséquences d'un choix qui engageait toute sa vie. Il sut aussi très jeune quel cadre il souhaitait donner, dans sa vie, à l'expérience de l'art. Parce qu'il était doué – il résista toujours à l'idée qu'il était un enfant prodige –, il connut dès l'âge de quinze ans les contraintes du concert et les rituels de la performance en public. Son premier récital professionnel eut lieu le 20 octobre 1947 à l'Auditorium Eaton de Toronto, mais il avait été précédé par plusieurs récitals et concerts, notamment au Conservatoire. Sans doute sut-il aussi dès sa jeunesse que cette vie n'était pas pour lui, mais il fallut plusieurs années pour qu'il comprenne qu'il était nécessaire de l'interrompre. C'est dans un texte de 1962, «Let's Ban Applause», où il critique la théâtralité du concert et revendique le droit au silence, que nous trouvons l'expression la plus forte de ce qui deviendra son éthique de l'art. Je voudrais citer cette phrase en son entier, j'y reviendrai souvent, je la considère comme une sorte de déclaration qui se maintiendra en arrière-plan dans toute son esthétique:

> Si je suis porté à penser de cette manière, c'est parce que je crois que la justification de l'art est cet embrasement intérieur que l'art enflamme dans le cœur des hommes, et non pas ses manifestations sans profondeur, extérieures, publiques. La fin de l'art n'est pas la libération d'une

sécrétion momentanée d'adrénaline, elle constitue plutôt l'édification progressive, au cours d'une vie entière, d'un état d'émerveillement et de sérénité. Grâce au ministère de la radio et du phonographe, nous apprenons rapidement, et il est bien qu'il en soit ainsi, à apprécier les éléments du narcissisme esthétique – et j'emploie ce terme dans son sens le plus élevé – et nous prenons conscience du défi pour chaque homme de créer par la contemplation sa propre divinité.

Ne nous dépêchons pas de traduire cet état d'émerveille-ment par la forme de l'extase que Gould évoquera souvent ailleurs, car ce qui se tient dans ce « *wonder* » appartient autant à la contemplation extatique qu'à la perplexité de celui qui s'étonne et questionne au contact de la beauté : un suspens hors de la vie ordinaire du souci et du calcul, une transition vers un au-delà de l'expérience qui la transforme. Cette phrase souvent citée, je me contente ici de l'évoquer pour m'approcher de cette finalité de l'art, « *wonder* », mais j'en ferai le thème de toutes les variations qui vont suivre. Tous les mots de cette déclaration sont importants, essen-tiels, vitaux. Que signifie ce « narcissisme esthétique », un idéal dont Gould prend la précaution de souligner le « sens le plus élevé » ? Dans ce retrait et ce retournement sur soi-même, sur l'horizon d'une divinisation, on peut entendre le même énoncé que celui qui imprègne toute l'esthétique de Sōseki. Je voudrai aussi revenir plus loin sur cet écrivain énigmatique, et sur son esthétique de séparation, où Gould

trouva sans doute l'illustration la plus parfaite de cette esthétique de l'intériorité; je le ferai dans la partie que j'associe à
l'*Air* et à la *Sarabande*. Il y aurait aussi quelque chose à dire
de ce paradoxe du retrait d'élite et du consentement à la
modernité, où Gould ne pouvait pas ne pas reconnaître une
forme de vie ouverte et généreuse.

Dans cet essai, je veux m'interroger sur le sens de cet
émerveillement et de cette souveraineté de la vie dans l'art,
et aussi sur les limites qui en découpent l'expérience. Je
veux aussi m'interroger sur la transcendance de l'œuvre qui
détermine la vie, même si sans cesse elle échappe. Je fais la
supposition que ces limites sont chaque jour poussées plus
loin, et je suis invité à le penser par l'exemple comparable de
la sainteté. Je ne reculerais pas devant l'expression de la sainteté de l'art, si par là on tentait de dire cette dévotion absolue
à une forme de vie sans compromis. Nous n'aurions aucune
raison de vénérer un saint dont nous découvririons qu'il se
réservait, pas plus que nous n'aurions de raison d'admirer un
artiste dont nous saurions qu'il ne prend aucun risque. Les
exigences de l'art sont telles que l'art réclame la totalité de
la vie, et que l'authenticité est à ce prix. On n'y trouve plus
aucun intérêt personnel, aucun calcul et l'authenticité coïncide avec une forme de vie pure et parfaite. Pureté et perfection s'entendent ici non pas tant de l'œuvre que de la résolution de vivre d'une certaine manière, et la vie de chaque
artiste montre qu'il doit mener les combats les plus terribles
pour maintenir sa rigueur. Comme le saint, il ne connaît que

trop la réalité et le prix de ses faiblesses, mais il ne mesure pas l'œuvre autrement qu'en fonction de ses propres exigences. Le monde de la vie ordinaire ne cesse pas pour autant de réclamer lui aussi son tribut et si les raisons que peut avoir un artiste de choisir la vie de l'art devaient se révéler d'abord des raisons de fuir le monde, de s'en abstraire pour cesser d'en éprouver les limites ou la souffrance, il pourrait se retrouver comme le saint transporté dans une sphère où il aura perdu l'essentiel. Ce risque est pourtant le moindre de tous, car l'art qui se présente en apparence comme un retrait est d'abord un don, pas seulement ni même d'abord une jouissance à l'écart. Cela, Gould pouvait le lire dans le récit initiatique de Sōseki, mais il pouvait aussi en faire l'épreuve dans son art.

Comme pour le choix de la vie sainte, l'art peut se fonder sur de mauvaises raisons, qui peuvent faire écran sur son altruisme fondamental : telles sont les limites de l'authenticité pour ceux qui n'ont pas la résolution de s'y maintenir. Ces limites concernent la possibilité du retrait, la réalité de la séparation, les mirages du narcissisme, tous obstacles qui se dressent sur le chemin du génie. Laissons de côté la recherche du gain, le désir de la gloire, qui peuvent corrompre même les meilleurs : ces diables vulgaires peuvent faire pourrir les volontés les plus pures, les artistes les plus généreux et je ne n'admirerais pas de la même manière un artiste si je découvrais qu'il est lâche ou vaniteux. Mon admiration de son œuvre ne s'inscrirait pas comme une admiration de l'artiste, elle n'accueillerait pas les vertus de l'art offertes dans la forme même de la vie. Il se pourrait même que l'œuvre soit touchée, mais cette question est difficile et je suggère de la garder dans la marge, puisque rien chez Gould ne la sollicite. Je préférerai toujours au contraire admirer un artiste dont la vie est engagée dans son œuvre au point d'en devenir inséparable, un artiste qui pousse sa résolution au-delà de ces limites. Comprendre les œuvres de Joseph Beuys, et saisir la résolution de pauvreté et l'engagement pour la démocratisation de l'art. Lire les *Feuillets d'Hypnos* et admirer René Char, essentielle liaison de la beauté et de la rigueur politique. Je parle ici de l'artiste comme présentation d'un monde dans sa totalité et comme réponse à l'exigence morale du monde. « Le génie, écrit Max Scheler, vit dans son œuvre de manière active. » Rien ne semble plus vrai, rien n'a autant de conséquences dans l'approche de l'art pour celui qui souhaite en recevoir le bienfait et c'est la raison pour laquelle je n'ai aucune hésitation à parler d'une sainteté de l'art.

Cette résolution de l'artiste ne trouve nulle part une consolation et surtout pas dans le retrait où on voudrait, comme pour le saint, le croire tranquille et en repos. C'est faire peu de cas du tribut réclamé par le monde à ceux qui veulent s'en extraire pour des raisons qui n'appartiennent pas au monde et qu'ils acceptent de placer au cœur de leur ascèse. Même dans sa cellule, l'orant qui a cru d'abord choisir la séparation retrouve la communauté de tous ceux que l'emprise de l'agitation maintient dans la privation de la solitude et, à cette seule pensée, sa prière veut les y inclure. Il n'est jamais seul, et son oraison devient une bénédiction pour tous ceux qui l'accompagnent dans sa retraite. Il n'est pas nécessaire qu'il se dépense auprès des lépreux, leurs civières puantes sont déjà dans son oratoire. La violence de toutes les guerres l'atteint alors même que dans le silence de sa prière matinale, pacifiant son propre cœur, il travaille pour la paix de tous. Ce mystère paraît si lointain qu'il est devenu une sorte de folie pour le monde, et pourtant est-il si différent de celui qui anime toute la vie de l'artiste? N'est-ce pas de la même manière, en effet, que l'artiste peut croire, erroné-ment, que la décision de la solitude est la condition unique et définitive d'une forme de vie fondée sur le retrait et que l'œu-vre en sera l'achèvement? N'est-ce pas de la même manière qu'il découvre que cette solitude est habitée depuis le début par ceux qui mériteraient que l'art franchisse la barrière de leur détresse et que la décision d'y contribuer fait partie de l'essence de l'art autant que la résolution de créer?

Un des traits les plus vifs de l'art et de la vie de Glenn Gould est justement cet engagement absolu dans la vie de l'art et cette reconnaissance des limites de la forme de vie de l'art. Plus justement peut-être, de l'essentielle unité du retrait et du don, car plus la retraite s'accomplit, plus elle ouvre sur une générosité à l'égard de tous ceux dont on croyait vouloir se séparer. On peut y voir un paradoxe éprouvant, qu'on pourrait appeler celui de l'ermite prédicateur, de l'artiste rhé-teur ou médiatique: harassé par les contraintes du concert et de la vie de tournée, le pianiste déjà au sommet de sa gloire renonce à jouer en public. Il n'y a pas, parmi les musiciens de son siècle, d'autre exemple de ce renoncement ascétique à cette ivresse de la renommée et à la frénésie de la présence. Gould s'est expliqué des dizaines de fois sur cette décision, mais il se lassait vite qu'on en fasse l'essentiel de son esthétique. Dans une conversation célèbre avec Yehudi Menuhin, qui lui rappelle la joie de la présence, et presque sa nécessité, il se montre certain de pouvoir en révéler l'artifice et prompt à la dénoncer comme une illusion, autant pour l'artiste que pour l'auditeur. Cette décision, dans sa singularité, n'en demeure pas moins une sorte de mystère. N'était-elle pour lui que la solution à une série de malaises, la promesse d'une guérison ? Elle n'appartient qu'à lui, elle porte son nom. Gould, comme refus du concert, Gould comme renoncement à la présence, résistance au compromis.

La banaliser nous priverait de comprendre le paradoxe ultime auquel elle a conduit. Non pas parce que les raisons mises de l'avant par Gould devraient être soupçonnées d'inauthenticité, mais bien plutôt parce qu'elles étaient pour lui justement si claires et si certaines. Gould renonça au concert d'abord parce qu'il en souffrait. Nous ne devons pas dire qu'il renonça à la jouissance du public, comme s'il l'éprouvait sans y résister. Le concert le rendait malade, et il s'en éloigna ; mais il y renonça aussi parce qu'il pensait que le public transformait l'artiste en animal de cirque et que si l'expérience de la musique doit être quelque chose d'authentique, elle doit se situer à grande distance du spectacle de la virtuosité. Cette première raison, qui est pour l'essentiel une critique du spectacle, demeure cependant assez superficielle. On ne comprend la décision de Gould que si on se déplace vers des raisons plus fondamentales : d'une part, la recherche pour l'artiste d'un espace, d'un milieu que la rumeur du monde ne puisse troubler ; d'autre part, la possibilité, les conditions d'une générosité qui accomplit le retrait en l'inversant. Ces raisons sont celles qui guident l'ascète vers la perfection, perfection de l'art, perfection de la vie. Les biographes ont décrit la simplicité des lieux où il avait choisi de vivre, le désordre de ses papiers et de ses livres, ses partitions griffonnées, et plus nous lisons leurs descriptions, plus nous voyons que Gould, où qu'il ait été, avait choisi de vivre dans un studio. Peut-être même dans une cabine insonorisée, comme celle d'où il observa à Berlin un concert dirigé par Herbert von Karajan, alors qu'il aurait pu se joindre au public dans la salle. De ce concert, il dit pourtant avoir conservé un souvenir indélébile.

Dans une interview de 1980, Gould déclarait : « Je dois dire honnêtement que je ne peux pas me souvenir m'être mieux senti au sujet de la qualité d'une interprétation à cause de la présence d'un auditoire. » Cette déclaration n'a rien d'égoïste et si elle semble disqualifier l'auditoire, dans sa capacité même de susciter l'interprétation juste ou belle, c'est parce qu'elle vise d'abord une capacité supérieure, qui est celle d'un autre auditoire, virtuel, universel, moral. C'est le même artiste, qui déclarait détester les auditoires et refuser de se sentir happé par le public, qui va consacrer sa vie à produire des enregistrements et à préparer pour lui des émissions de radio et de télévision. La vie du concert est d'abord la recherche de la performance, mais la performance n'a rien en commun avec la vie de l'art. Cette exigence de solitude ressemble au pèlerinage du peintre de Sōseki : il y est question de quitter d'abord pour rompre, pour se retirer d'un monde de contingences qui se présente comme obstacle et limite au désir de sérénité, condition de l'authenticité de l'œuvre. Mais cette exigence demeurerait un projet égoïste qui ne saurait être relevé par aucune éthique s'il devait être maintenu et poursuivi seulement pour lui-même. Il apparaîtrait alors comme la recherche d'une pure jouissance et se disqualifierait. Cette première exigence doit donc être relayée par une autre, qui est, celle du don véritable : la vie de Gould est l'exemple de ce don.

Glenn Gould n'a cessé de revenir sur les conditions de ce don particulier. Comment le comprendre ? Le don de l'art est la conversion d'un regard abîmé un temps en soi-même vers une communauté. Parce qu'il ne parvient jamais à une transparence qui l'annule au point d'oublier les autres, tous les autres, ce regard se transforme en générosité. Le personnage d'un artiste reclus, cherchant l'œuvre dans son propre désœuvrement, semble aussi absurde que celui d'un saint dont l'œuvre de sanctification n'ouvrirait sur aucune charité : ce serait un artiste désœuvré absolument et privé de grâce. L'œuvre n'est certes jamais la propriété de l'artiste et pourrait même ne jamais porter sa signature, car elle est produite dans une adresse infinie, qui est la direction pure de l'autre. Il y a donc un sens à évoquer une forme de désœuvrement qui contraint l'artiste à un renoncement, à un abandon répété, infini. L'artiste partage avec le saint ce renoncement à l'œuvre, puisque la quête de l'œuvre est d'emblée portée par le don. Inachevable, interminable, l'œuvre brise ses attaches et devient un don pur : dès qu'elle existe, et cette existence compte parmi les énigmes les plus résistantes de la vie de l'art, l'œuvre réamorce le cycle de la solitude et du retrait, en même temps qu'elle s'adresse à tous ceux qui l'attendent et à qui elle se destine. L'ermite se fait prédicateur dans l'instant où, mesurant le prix de l'œuvre, il s'éprouve capable d'y renoncer : ce qu'il a atteint, il n'a de cesse que le chemin en soit frayé aussi pour d'autres.

Gould lui-même, dans le fameux entretien de Gould par Gould rédigé pour la revue *High Fidelity* en 1974, dix ans après l'abandon du concert, est revenu sur la priorité de l'expérience intérieure de la musique. L'humeur est légère, proche du cabotinage, Gould joue avec son propre stéréotype : à celui qui voudrait lui parler de musique, il répond qu'il aimerait discuter de la situation politique du Labrador ou des droits des autochtones. Pressé d'expliquer sa pensée du retrait, il se montre réticent à considérer sa décision comme un geste « radical » : ce n'était, dit-il, qu'une tentative pour résoudre un problème. Gould se fait alors à lui-même l'objection suivante : et si cette décision n'avait été que l'effet d'un narcissisme impénitent, ne serait-elle pas criticable? N'entrerait-elle pas en contradiction avec les raisons morales qu'il en donne habituellement? Pourquoi en effet sacrifier la gratification individuelle du contact avec un auditoire si ce n'est parce qu'elle n'est obtenue que comme un effet de pouvoir? Il s'objecte alors à lui-même que ce renoncement moral le prive de l'expérience «du fait nu que son humanité est exposée, non éditée et sans ornements». Gould était donc pleinement conscient de cette critique de la présence et du retrait du corps comme corps de l'artiste offert au public. Il était aussi conscient qu'un narcissisme sophistiqué peut en contredire un autre, perçu comme banal. Gould, c'est bien connu, n'aimait vraiment pas Horowitz, il avait développé à son endroit une sorte de compétition hargneuse assez rare chez lui, mais on peut penser qu'il détestait surtout l'amour qu'Horowitz avait du concert. Que revendique-t-il à la place? Sa réponse mérite d'être citée en entier:

> Je crois tout simplement que l'artiste a droit à l'anonymat, et cela autant pour lui-même que pour son public, et laissez-moi affirmer publiquement que je ne m'accommode pas du tout de mots comme «public» et «artiste»; que je n'apprécie pas les implications hiérarchiques de cette forme de terminologie. L'artiste devrait pouvoir travailler en secret, si on peut dire, sans se soucier, ou mieux encore sans avoir conscience des attentes présumées du marché, toutes ces demandes qui, si un nombre suffisant d'artistes devaient leur devenir indifférents, disparaîtraient tout simplement. Et prenant acte de cette disparition, l'artiste

renoncerait à ce sentiment fallacieux d'une responsabilité
« publique », et son « public » abandonnerait son rôle de
dépendance servile.

Briser ce pacte conventionnel du concert, c'est donc
d'abord libérer l'artiste des contraintes du public, mais c'est
peut-être retourner ce public vers lui-même, lui donner à
lui aussi une liberté inédite, un espace où il ne subira plus
les volontés narcissiques de l'artiste spectaculaire, autoritaire, dictatorial. Car l'artiste, dans le pacte conventionnel,
« si bienveillant soit-il, demeure un dictateur social » : c'est
lui qui donne et fournit, l'auditoire ne fait que recevoir et
absorber. Cette dynamique peut-elle être renversée ? Gould
le pensait. Il aimait parler d'un auditoire « créateur ». Mais
il ne renonça pas pour autant à cette responsabilité qu'une
part de lui-même considérait comme fallacieuse, si elle pouvait être à son tour transformée en mission vers un public
ouvert et responsable. Cette mission, Gould n'était aucunement réticent à l'exprimer moralement : d'abord comme
non-conformisme, ensuite comme éthique. L'art doit com-
porter un élément rédempteur, même s'il est aussi parfois
destructeur. L'enjeu de l'art contemporain est de substituer
à cette violence interne une force susceptible de compenser
sa propre « obsolescence » : face à la violence de l'histoire,
l'art ne peut que rechercher les sources de son bienfait. Où
les trouver sinon dans la forme de vie, dans le retrait ? Tant
que le monde ne comprendra pas que toutes les formes de
violence sont une seule et même violence, l'artiste a droit

à ce retrait où il médite la bonté de l'art, sa résistance, son prodige spirituel. Il lui arrivera de s'inquiéter, de chercher une réponse à ceux qui lui demanderont de revenir. Même s'il s'en est extrait pour se libérer de la souffrance du monde, l'artiste doit-il y retourner comme le philosophe dans la caverne de Platon? Cela pourrait le mener à une forme de martyre, et Gould l'affronte sereinement: s'il devait envisager de retourner dans la fosse aux lions du concert, se dit-il à lui-même, « il n'y aurait pas de meilleur moyen de discipliner la chair, de proclamer le pouvoir de l'esprit, et pas de mise en scène plus suggestive métaphoriquement pour mettre en relief votre style de vie hermétique, et aussi pour définir autobiographiquement votre recherche du martyre [...] ». Mais le vrai Gould ne se sent pas prêt pour cela, la retraite du studio a trop d'avantages.

Gould n'avait pas sitôt déserté la salle de concert qu'il entreprit, ensemble et d'une même volonté, la recherche de cette perfection de l'interprétation qui était son œuvre et la communication sous toutes ses formes de ce qu'il atteignait au fur et à mesure. Toutes les formes, cela veut d'abord bien sûr dire la musique enregistrée, mais aussi les émissions de radio et de télévision, les écrits variés, tout ce qu'il multiplia dans son désir de briser, après les avoir érigées, les parois de ce studio étanche qu'il avait élu comme forme parfaite de son retrait. Séparé du monde par un vitrage, il pouvait recueillir les effets de son isolement: pas seulement de cette privation des stimulations du monde extérieur, mais surtout de cette séparation morale qui libère le désir pour l'engager vers de nouveaux objets. Un critique comme Charles Riley a proposé de voir dans cette ascèse du studio le goût d'un environnement technique commun à plusieurs artistes ascétiques de la modernité, comme John Cage s'emprisonnant dans sa cellule de silence, un artiste que, ironiquement, Gould n'aimait pas beaucoup, ou Jasper Johns. Idéalisant la clarté et la structure, ces artistes s'engagent dans une vie ascétique et ils en assument les origines religieuses, parfois même l'héritage monastique. Le dépouillement est le trait qui permet de les rapprocher, et même si plusieurs refuseraient de voir cette retraite de la vie comme une violence contre la vie, ils recherchent d'abord la difficulté et la complexité, et cela parfois jusqu'à la torture. Leur corps peut disparaître, tellement il doit se soumettre aux impératifs du renoncement. Je ne sais pas si cette description convient à tous les artistes en qui Riley propose de voir les saints modernes ; je pense cependant que Gould ne l'aurait pas refusée.

Les témoignages ne manquent pas, ni dans une direction ni dans l'autre : ceux qui l'ont connu et aimé ont cherché à donner un portrait juste de cette tension entre un retrait marqué par une abondance de manies et de traits idiosyncratiques parfois éprouvants pour les autres, et une communication prolixe, prête à explorer toutes les ressources de la technologie pour diffuser non seulement les œuvres, mais aussi la pensée sur les œuvres. L'excentricité de ses manières ne lui a jamais été vraiment reprochée que par ceux qui n'aimaient pas son art et il faudra revenir sur cette générosité de l'amour qui seule permet de dépasser la fascination pour la manie; au contraire, elle s'est imposée avec le temps comme la preuve de l'authenticité de sa recherche d'une forme de vie pure et non conventionnelle. Il m'arrivera d'en parler comme d'une forme de souveraineté; c'est en effet par sa liberté qu'elle s'est le mieux communiquée. De même, son engagement au service de la communication, un engagement servi par une énergie et un humour hors du commun, n'a irrité que ceux qui n'ont pas su y reconnaître les premiers signes d'une nouvelle culture des médias. Lui que les tournées fatiguaient au point de stimuler chez lui la dépression et la maladie trouva dans cette nouvelle culture une énergie en apparence inépuisable.

Le moment clef de ce retournement mérite d'être rappelé. Toute la saison 1957-1958 fut marquée par des difficultés de santé sérieuses et Gould annula un nombre très important de concerts. La chronique de ces difficultés, et en particulier la correspondance avec son imprésario où toutes les maladies sont notées et décrites, livre le portrait d'un homme malheureux dans cette vie qui ne lui laissait aucun répit et qui surtout le privait de ce qu'il recherchait le plus, le calme de l'œuvre, la sérénité de l'art. Gould n'éprouvait aucune jouissance de sa renommée, encore moins des plaisirs du voyage et des rencontres. Le fait même de se déplacer lui apparut avec le temps comme une contrainte insupportable, peut-être même pire encore que celle de jouer devant des auditoires distraits ou bruyants. La dépression l'attendait au tournant, il le savait, même si plusieurs de ces concerts, comme ceux de Londres avec Josef Krips, étaient l'occasion de retrouver un artiste avec lequel il partageait une esthétique de l'intériorité.

De retour au Canada, il fut invité par deux réalisateurs de l'Office national du film à réaliser deux portraits documentaires. *Glenn Gould Off the Record* et *Glenn Gould On the Record* furent diffusés en 1960 et ils constituent des témoignages exceptionnels et à plusieurs égards bouleversants du changement qui s'annonçait : Gould s'y révèle étonnamment heureux, détendu. On le voit se promenant au lac Simcoe, on le voit aussi jouer le *Concerto italien* de Bach comme s'il était seul. Dans une lettre à Gladys Shenner, une journaliste qui avait écrit un reportage intéressant sur lui, il écrit : « Ce travail cinématographique a plus contribué à mon moral et en fait à ma joie de vivre en général que quoi que ce soit d'autre dont je puisse me souvenir. » Si on rapporte cette déclaration à celle que j'ai citée plus haut concernant l'auditoire, on ne peut que constater une chose simple : Gould attendait un autre auditoire, il voulait donner autrement. Il ne voulait pas se retirer pour se retirer, ce que par ailleurs il aurait pu faire de manière parfaitement légitime. Or, en septembre 1959, il devait retourner en Europe pour une nouvelle tournée qui s'amorçait à Salzbourg : comme de juste, il tomba malade et il dut annuler ses engagements. Il reporta les concerts deux semaines plus tard, après deux récitals enregistrés pour la radio britannique. Toujours souffrant, il était très fiévreux quand il joua le *Concerto en ré mineur* de Bach sous la direction de Herbert von Karajan. Il annula la suite, revint au Canada et ne quitta jamais par la suite l'Amérique. Entre le premier récital à l'étranger, celui de Washington le 2 janvier 1955, et l'ultime concert de 1964, il n'y a que neuf années, au cours desquelles on ne compte que deux cent cinquante-six concerts, un nombre bien modeste si on le compare au calendrier des artistes de sa catégorie. Le contraste entre les souffrances de la vie de concert, si perceptibles dans sa correspondance pour les années où il fut en tournée, et la joie du travail dans les médias me semble livrer l'essentiel : quatre années allaient encore s'écouler avant le dernier concert de Los Angeles, mais la question était claire et la décision n'était désormais qu'une affaire de temps. Si, en 1974, il parlait encore de Salzbourg, comme d'un martyre, c'est que le souvenir en était demeuré douloureux longtemps.

Dans un cas comme dans l'autre, retrait et communication, l'énigme demeure cependant entière : on ne connaît à Glenn Gould aucun émule, personne n'est allé aussi loin que lui sur ce chemin, son engagement fut radical, malgré qu'il n'ait pas aimé le mot. Le personnage traditionnel du pianiste de concert, figure d'élite d'un public conventionnel, est tenu de se conformer à certaines règles, autant pour ce qui concerne le jeu que pour le reste. Les remarques très dures d'Alfred Brendel à l'égard de Gould révèlent la vraie nature de l'enjeu : le pianiste, écrit-il, ne doit pas se mettre dans une position où il pourrait faire écran à l'œuvre, il doit servir et s'effacer, mais, en même temps, il doit se prêter au jeu du concert, il doit accepter de se livrer en pâture aux spectateurs. Pour Brendel, en se réfugiant loin de la scène, Gould ne faisait que se mettre en scène lui-même. Au lieu d'atteindre l'anonymat qu'il proclamait nécessaire pour son art, il aurait gonflé à l'hélium son personnage public et en aurait fait une figure plus tyrannique que les virtuoses qu'il dénonçait. Mais la recherche de Gould ne faisait pas grand cas de cette critique, car pour lui la prestation virtuose était d'abord une performance, un rituel qui exige un sacrifice exorbitant. Brendel pensait que l'artiste doit accepter ce sacrifice : l'auditeur prend plaisir à noter les fautes, les hésitations, qu'il attend presque, mais en même temps il soutient son héros par ses encouragements muets avant de l'applaudir. Brendel est l'exemple même du modèle qu'il préconise : grand mozartien, artiste bourgeois, sévère mais ironique, posant volontiers dans son manoir de campagne, mais très discret et, pour tout dire, parfaitement terne et soumis à son public de festivals.

Pour Gould au contraire, comme l'a si justement remarqué Kevin Bazzana, ses interprétations ne constituaient pas seulement des lectures des œuvres, mais des témoignages relatifs à sa vision du monde et cette vision implique une mission morale, un service de l'humanité dans et par l'art. L'artiste doit s'effacer certes, mais il est le relais de l'œuvre et son travail passe par ce qui est inséparable de l'interprétation : une appropriation de l'œuvre qui porte sa signature, un engagement qui découle d'une expérience authentique de l'art, une forme de vie. Gould fut en quelque sorte piégé par sa décision de se retirer : il ne pouvait prévoir qu'elle toucherait d'aussi près l'aporie du concert classique, en mettant à nu le caractère inexorable de son déclin qui s'accomplit sous nos yeux aujourd'hui. Il ne pouvait prévoir qu'il se transformerait lui-même en héros d'une nouvelle culture et qu'il ne pourrait échapper au culte qui déjà se développait à son endroit. Aucun pianiste n'a suivi l'exemple extraordinaire de Gould : aucun ne s'est affranchi si complètement des conventions, aucun ne s'est retiré avec une telle rigueur, aucun ne s'est adressé au public avec autant d'amitié et d'intelligence que l'homme que nous voyons dans les films de Bruno Monsaingeon. Aucun ne fut si fidèle aux préceptes qu'il avait formulés dans le choix de sa forme de vie, aucun ne se tint si loin de tout compromis. Aucun, enfin, ne fut autant capable d'exercer à l'égard de lui-même une critique aussi franche et joyeuse, comme en témoigne l'entretien de 1974. Il fut donc le seul, il demeure le seul.

Cette singularité n'a rien de banal : elle peut en effet engendrer un culte, et cela n'a pas manqué de se produire, mais elle a surtout pour effet de décourager les imitateurs. Gould n'avait pas vraiment d'interlocuteurs et son échange avec Yehudi Menuhin, malgré le fait qu'il repose sur une indubitable amitié et qu'il ait mis en présence dans un réel dialogue des points de vue diamétralement opposés, montre d'abord tout ce qui sépare l'artiste qui joue la partie de celui qui veut s'en séparer. Quand on écoute cette conversation filmée en juin 1978, quand on relit le scénario qui en a été publié par John P. L. Roberts dans son anthologie, sous le titre *Duo with Yehudi Menuhin*, on sent bien que Gould souhaiterait de tout son cœur que Menuhin partage non seulement son amour de la musique des dodécaphonistes viennois, mais aussi sa passion de la communication et son choix d'une vie retirée. On ne peut éviter cependant de noter qu'il parle seul, de plus en plus seul. Cet isolement est le prix de ses convictions autant que de son génie et il confère à sa présence une qualité qui le sépare de tous : c'est la force de sa résolution, son obstination, son refus des compromis. Par comparaison avec la solitude du saint, qui s'impose par ses actions et ses vertus, celle de l'artiste ne se comprend que par sa détermination à mener jusqu'au bout une forme de vie, que l'œuvre surgisse ou non.

Friedrich Schiller distinguait l'âme noble de l'âme ordinaire en disant que seule elle tient compte de ce qu'elle est, et non de ce qu'elle fait. Cette distinction pourrait ne pas suffire à rendre compte de ce qui sépare l'artiste des autres formes de vie absolues, car le saint lui aussi ne s'impose finalement que par ce qu'il est. La perfection de la vertu est intrinsèque, elle pourrait être privée de l'occasion de s'exercer. Que peut saint Vincent de Paul dans une société où tout le monde est riche ? Il ne demeure pas moins l'âme charitable dont il a poursuivi toute sa vie la réalisation et construit les conditions. La vraie différence n'est-elle pas justement, comme l'avait perçu Max Scheler, dans la solitude de l'artiste, et non dans l'œuvre, puisque le saint peut aussi se trouver désœuvré? Le saint n'est jamais absolument seul, il dépend de son action sur les autres et pour les autres, il prend corps dans une communauté de personnes spirituelles qui veulent l'imiter et qui se souviennent de lui dans le sentiment mystique d'un modèle à aimer. L'artiste peut ne voir jamais son œuvre reconnue, et la résolution qui est l'objet de toute son énergie peut constituer le secret le plus opaque de son existence; elle n'en sera pas moins réelle pour autant. Même sa générosité, fût-elle aussi absolue que sa résolution à conduire sa vie librement, pourrait demeurer invisible à tout autre qu'à lui. Il ne peut proposer cette résolution comme modèle à personne, et on voit bien dans cette conversation de Gould avec Menuhin comment ces deux géants ne peuvent sur ce registre que s'observer en solitaires séparés par la vie qu'ils ont choisi de mener. Il n'y avait entre eux qu'une admiration réciproque, une perplexité peut-être chez Menuhin au contact d'une forme de vie si radicalement marginale, une déception peut-être chez Gould devant un respect aussi frileux des conventions.

Aux yeux de plusieurs, un tempérament aussi singulier ne pouvait être que la marque d'une sorte de folie. Légère certes, mais folie tout de même. Peter F. Ostwald, un ami très proche de Gould et qui était à la fois musicien et psychiatre, a écrit sur lui un livre rempli d'affection et d'admiration. Il a rappelé que Gould avait traversé des épisodes critiques vers la fin de l'année 1959. Il entendait des voix et pensait qu'on l'espionnait. Il se pourrait, pense Ostwald, que ces signes de paranoïa aient été causés par un abus de médicaments, puisqu'ils ne se manifestèrent plus jamais ensuite : la solitude de Gould, extrême quand on pense à l'austérité de sa vie matérielle, mais peut-être surtout à la rigueur de son choix de vie, aurait pu le mener sur des chemins plus difficiles, plus dangereux. Cela lui fut épargné, contrairement aux malaises physiques de toute nature, réels et imaginaires, qui l'accablèrent et dont je reparlerai plus loin. Ostwald évoqua néanmoins, le premier, la possibilité qu'il ait souffert d'une forme d'autisme, le syndrome d'Asperger, une idée reprise par un autre psychiatre plus récemment, I. M. James. La peur de certains objets, un défaut d'empathie, un isolement exagéré et en général un comportement obsédé par le contrôle et les rites, tout cela ferait partie du syndrome. Je ne m'aventurerai pas sur ce terrain, il ne m'intéresse pas vraiment de choisir une pathologie pour désigner ce qui me semble un choix de vie radical qui sépare et protège à la fois.

Que Gould ait eu des dispositions à une sorte de repli autiste, cela ne saurait exclure qu'il ait recherché cette séparation et cette protection pour des raisons plus fondamentales. Les aspects dépressifs de sa personnalité, certes moins observés que les traits maniaques, ne sont-ils pas les traits les plus constants de la mélancolie des artistes ? Le regard de l'ange sur le monde est toujours celui dessiné par Dürer et, comme le sentiment du sublime, il atteint d'abord le grave et l'essentiel. Inutile donc de recourir, même légèrement, à une maladie, le regard sur sa vie suffit : Gould fut d'abord un solitaire, mais un homme que sa solitude n'a cessé de nourrir en direction de l'œuvre. Si quelque chose dans sa vie devait être décrit comme un symptôme, ce ne serait pas l'isolement ou la manie, mais la compulsion à travailler, à jouer, à enregistrer. Je parlerais donc plutôt d'une folie de l'œuvre au sein d'un désœuvrement absolu. Jamais il ne semble avoir traversé un désert de l'œuvre, une de ces phases critiques où le vide menace et que décrivent tous les mystiques, une perte de la présence, un désaveu de tout langage. Le peintre de Sōseki ne l'aura touché que par la constance de sa quête, et non par l'angoisse de la perte de l'œuvre, le désespoir de l'atteindre. Même quand il traverse cette crise difficile de 1977-1978, dont il tint la chronique dans un journal dont je reparlerai, ses activités ne diminuèrent pas, ses projets encore moins. Gould était toujours dans l'œuvre à faire, dans l'urgence de produire.

Parler de génie est une autre manière de tenter d'approcher la personnalité de Gould, même s'il faut pour cela introduire un concept dont le romantisme lui aurait sans doute déplu. Le génie aussi se retire, il est d'abord celui qui ne dépend d'aucune règle, qui les transgresse toutes ; cette remarque nous vient de Kant dans sa *Critique de la faculté de juger*, qui voit surtout dans le génie le refus de l'imitation. Tout ce qui peut être appris ne saurait prétendre au génie, par essence il se situe au-delà. « Le génie est le talent qui donne à l'art ses règles. » Il s'accompagne d'un autre trait substantiel : l'obsession de la mort, car le génie n'a jamais le temps et se trouve confronté à chaque instant à la finitude de l'œuvre. Décrire la vie de Gould du point de vue du génie, c'est en ce sens insister sur l'exception, sur la solitude de l'exception, et surtout peut-être sur la liberté qui la rend possible. C'est aussi réfléchir sur le sentiment d'urgence qui la caractérise : n'avait-il pas fixé à la date anniversaire de ses cinquante ans la limite de sa carrière de pianiste ? Il mourut dans la semaine qui suivit. Un interprète peut-il être un génie, de la même manière qu'un peintre ou un compositeur ? Kant refusait de dire qu'un philosophe peut être un génie, justement parce qu'il ne crée pas d'œuvre ou de connaissance, il ne cherche que les conditions de la connaissance, il n'en transgresse pas les limites. L'interprète crée-t-il, a-t-il une œuvre ? Je répondrais à cette question en invoquant une fois de plus la solitude de l'artiste : c'est le choix de cette forme de vie qui lui confère sa pure individualité, peut-être plus encore que l'œuvre produite. L'interprétation ne diffère aucunement en cela de l'œuvre elle-même, puisqu'elle incorpore l'individualité du choix de la vie qui s'exprime aussi et autrement dans l'œuvre. À ce titre, elle peut être pleinement transgressive et créatrice, à ce titre encore elle donne à l'art ses règles.

Personne ne peut écouter jouer Glenn Gould sans penser au fait que la transcendance de l'œuvre, son abstraction pure, son existence mentale, trouve sous ses doigts une réalisation dont l'individualité la marque d'un sceau unique. Mais personne ne peut douter non plus que Gould ait reconnu que cette unicité, cette individualité de l'interprétation mettait à nu la question de la fidélité : pour lui, la création autorisait à projeter toujours plus loin les limites de l'interprétation et la question n'était jamais celle de la fidélité à l'œuvre historique, mais le déploiement des virtualités de l'œuvre transcendante, idéalisée. Sa lecture des sonates de Mozart n'a convaincu presque personne, et pourtant il a soutenu jusqu'au bout que cette lecture ouvrait un nouvel espace. De même pour son interprétation du *Concerto pour piano, en ré mineur*, de Brahms, joué sous la direction de Leonard Bernstein qui prit la précaution de s'en dissocier publiquement. Gould prétendit plus tard qu'il y avait des raisons musicologiques pour proposer une interprétation aussi lente, mais ces raisons n'étaient pas pour lui l'essentiel : en adoptant ces *tempi* extraordinaires, il voulait encore une fois ouvrir un autre espace pour la signification. Ces questions engagent toute l'esthétique, dans la mesure où elles relancent le débat sur l'autonomie de l'œuvre autant que sur son idéalité. Il n'est pas nécessaire de s'y attarder, sauf pour faire voir comment Gould y trouva l'occasion d'une liberté unique. Aussi unique que celle qui le conduisit au retrait, et pour dire l'essentiel, correspondant à la même forme. C'est en ce sens tout à fait fondamental que nous pouvons parler de son génie et, dans un sens qui l'éclaire, de sa souveraineté.

Gould était persuadé que l'œuvre existe, qu'elle contribue à la réalité spirituelle du monde ; mais il ne pensait pas moins que la grandeur de l'œuvre est de solliciter l'interprétation, et que cette grandeur se perçoit à la capacité de stimuler chez l'interprète une lecture qui ouvre l'œuvre, qui rend possible une lecture ample et qui ajoute au monde connu. Quand on relit ce qu'il a écrit sur Bach ou sur Schoenberg, on voit que pour lui c'est d'abord ce pouvoir de l'œuvre qui fait sa sublimité : la capacité poétique d'ouvrir l'esprit à des significations insoupçonnées. Cette ouverture n'est pas seulement poétique, puisqu'elle possède des dimensions morales essentielles qui s'attachent à sa formalité : l'œuvre contribue à la bonté, elle ne fait pas qu'agrandir l'espace sensible de ce qui est perçu, elle dilate aussi l'espace moral de ce qui émerveille et, comme il l'a écrit, elle libère la part de divinité en chaque être humain. L'esthétique de Gould n'est donc pas hostile au génie et la détermination obstinée qu'il met à argumenter pour la justesse de l'interprétation, ou pour sa liberté – ce qui chez lui pourrait souvent signifier la même chose – constitue la preuve la plus nette de sa croyance dans le pouvoir de l'interprétation de créer, d'ouvrir, de dépasser, et non pas seulement d'imiter ou de reproduire.

Même si les aspects saturniens du tempérament de Gould, et en particulier son obsession de tout maîtriser et de tout expliquer, paraissent en rupture avec la fougue intempestive du génie romantique et avec sa profonde irrationnalité, on aurait tort de renoncer à ce concept pour la seule raison qu'il semble exclure l'intellectualité dont Gould s'est toujours montré si admiratif. C'est au contraire cette intellectualité qui chez lui a déterminé l'œuvre, autant le jeu que le discours. En cela il était plus rigoureux que la plupart, se blâmant exagérément pour tout débordement dans l'expression de l'émotion et poussant l'analyse de toute chose, de ses maladies comme des œuvres du répertoire, jusqu'à des limites étonnantes de rationalité. Qu'il ait élu la musique contrapuntique de Bach comme le sommet de l'art n'est que la confirmation de ce parti esthétique, qui l'amena à critiquer si rudement le romantisme et à privilégier en tout l'harmonie, la clarté, la transparence. Mais on verra que ce parti n'était pas si entier ou si rigide qu'il conduise à exclure le lyrisme : dans les dix émissions qu'il réalisa sur Schoenberg pour la Canadian Broadcasting Corporation (CBC), il navigue entre la formalité de la musique sérielle et les beautés nocturnes de la *Nuit transfigurée*! De toutes les catégories qui servent négativement à penser l'art de Gould, le romantisme est la plus complexe et j'y reviendrai. Il n'est pas si facile en effet, que ce soit ou non à l'occasion d'une réflexion sur le génie, de dire ce qu'est le romantisme, que ce soit dans le lyrisme du jeu ou dans l'esthétique de la création.

Le saturnien est-il d'emblée romantique ? Le solitaire appartient-il par essence à la confrérie, lui qui ne cherche rien autant qu'à se libérer du monde d'ombres et de démons qui l'assaille et qu'il veut d'abord dominer ? La retraite elle-même n'a peut-être rien de romantique, surtout si elle doit, comme ce fut le cas pour Gould, assurer les conditions d'une maîtrise technique de l'œuvre et se projeter dans une communication infinie. Mais on ne se débarrasse pas si aisément d'une description qui atteint tant d'autres aspects de la vie de Gould. On aura raison d'insister sur tout ce qui contredit le romantisme sur le plan de l'œuvre, comme l'importance de la lumière, de la clarté et de la grâce. Mais si cela doit aboutir à voir en lui un artiste froid et technicien, alors l'équilibre est rompu, puisqu'on efface du même coup le lyrisme qui lui est consubstantiel. Pour cet artiste qui trouva, sa vie durant, malgré tant d'obstacles, les moyens d'éviter l'effondrement et sut atteindre cette extase dont il parlait comme si l'accès en était ouvert à tous autant qu'à lui, il fallait à la fois la précision et l'émotion, la technique et le lyrisme. Du fond du studio où il se retira, il s'adressa au monde dans une œuvre parfaitement maîtrisée, rigoureuse, exemplaire et en même temps pleinement livrée à son émotion particulière, à son extase spécifique.

Toutes les représentations dont il s'entoura, et en particulier cet humour hyperbolique, ces personnages drolatiques, ces « *impersonations* » où il rejouait son propre écartèlement montrent la liberté dont il était capable : quel artiste pouvait comme lui prendre le risque de ces déclarations emphatiques et souvent incompréhensibles ? Lui pouvait le faire, et devait même le faire. Il pouvait jouer avec la plus absolue rigueur le répertoire contrapuntique dont il faisait presque une religion, en exposer les principes, en déployer toute la science. Mais il pouvait aussi s'appuyer sur ce foyer parfait, dont la musique irradiait, pour s'abandonner au lyrisme dont ce répertoire est rempli, et il ne faisait aucun mystère du prix qu'il accordait à la sublimité. Son admiration pour Schoenberg, plus encore que son amour de la musique de Bach, illustre ce point d'équilibre où il aimait retrouver la perfection, et chaque fois qu'il défendit Schoenberg, c'était en faisant valoir la densité propre à cette tension. Autrement, il n'aurait sans doute pas permis qu'on diffuse les images de lui que très rapidement on trouva reproduites partout, et où on le voit dans un état de ravissement, d'éblouissement et presque de transe. Sa personne, son corps, tout son être étaient engagés dans cette sublimité.

Mais en même temps, comme s'il désirait donner la preuve qu'il n'était pas seulement l'ange que Jock Carroll avait si admirablement photographié, il multiplia les rôles et se révéla plus social et plus contemporain que les personnages les plus stéréotypés de la société à laquelle il adressait le message de la nouveauté. Dans ses deux entretiens avec Jonathan Cott, d'abord publiés dans le magazine *Rolling Stone* en août 1974, il a expliqué le plaisir qu'il trouvait à ces mises en scène par le fait qu'elles libéraient chez lui une autre parole : « J'étais incapable d'écrire de manière soutenue sur un mode humoristique, jusqu'à ce que je développe une habileté à me représenter sous des pseudonymes. » Cette parole joyeuse et intempestive est celle d'une sorte de *Doppelgänger* qui a accompagné Gould toute sa vie, un rebelle, vaguement anarchiste, joyeux luron, trouble-fête de la scène bourgeoise. La galerie des personnages qu'il mit en scène montre un sens du burlesque hors du commun, en même temps qu'elle témoigne de sa capacité de comprendre les points de vue des autres, y compris de tous ceux dont il ne partageait pas les conceptions esthétiques. Pensons à ses parodies de grands chefs d'orchestre britanniques, comme Thomas Beecham ou Adrian Boult. Mais peut-être aussi au psychiatre, le docteur Wolfgang von Krankmeister, qui lui servit sans doute à exorciser l'autorité, voire la castration, dont on le menaçait si souvent en insinuant qu'il était fou. L'un de ses personnages préférés est un pianiste hippie, Theodore «Teddy» Slotz, dont Gould avait eu l'idée après avoir rencontré un chauffeur de taxi de New York en 1966. Il en fit son critique le plus cabotin, en même temps que le représentant d'une couche de la jeunesse à laquelle il voulait continuer d'appartenir. On n'y trouve aucune dérision, seulement un désir, du fond de la retraite et du studio où il continuait d'œuvrer, de faire partie du monde ordinaire et de parler encore. On imagine à peine ce qu'aurait été sa prolixité s'il avait connu les libertés d'Internet.

Pensons aussi à sa mise en scène du jeune motard, préparée pour annoncer une émission de musique; c'est une des choses les plus drôles que j'aie vues, mais aussi une des plus tragiques: Gould savait que son expérience l'avait conduit à des distances incommensurables de la culture de la rue, et il désirait de toutes ses forces montrer qu'il conservait des liens avec elle. Et que dire de Myron Chianti, ce double de Marlon Brando, un personnage assez brut et puissant, que Gould alla jusqu'à faire s'appuyer sur son piano ? Quand il compara Petula Clark et Webern, il montra jusqu'à quelles extrémités il était prêt à aller pour protéger l'unité de son expérience : son retrait lui avait permis une générosité incomparable. Après tout, ce motard était sans doute dans sa classe à Toronto ; il suffit de lire le témoignage de son ami Robert Fulford sur ses années de jeunesse pour le savoir. Gould fut très rapidement isolé du monde ordinaire, d'abord par sa mère, par ses professeurs et finalement par la vie même qu'il choisit. Les personnages qui l'ont accompagné expriment une sorte de nostalgie d'une société unifiée où l'art pourrait occuper une place simple, sans exposer l'artiste à toute la rigueur du retrait.

Pour moi, ces jeux n'ont rien de trivial ; derrière leur façade clownesque, ils représentent la mise en scène inversée du choix de vie de Gould, tragique et généreux. Alfred Brendel n'y aurait pas consenti, il n'en aurait jamais pris le risque, lui qui prenait le thé dans les salons de Salzbourg et écrivait des poèmes ironiques affligeants où il expose la détresse de l'artiste condamné à la convention et qui s'en extrait par la dérision. L'énergie qui se dégage de ces portraits de Gould n'a rien de factice, elle se nourrit au contraire de ce qui semble avoir été chez lui un rapport à la vie toujours joyeux et moqueur. Quelque chose d'innocent empêche d'y trouver seulement du cabotinage, et tous les témoignages recueillis par ses biographes auprès de ceux qui l'ont fréquenté vont dans cette direction : Gould n'était ni lourd ni morose, il semblait toujours à la recherche de la bonne blague, de l'expression outrageusement absurde. En lui, un adolescent enfoui demandait à chaque instant à se réveiller.

Peut-être cette approche frénétique du rapport humain avait-elle d'abord pour fonction d'éviter un contact plus essentiel, plus direct, plus profond ? Peut-être fallait-il court-circuiter tout ce qui menaçait dans le registre du grave ou de l'intime ? Mais comme je l'ai dit, la réponse à cette question ne peut renvoyer à la marge ce qu'il fut de la manière la plus constante, « *the quintessential nice Canadian boy, at heart a man of decency and integrity* ». Cette description est celle de Kevin Bazzana, elle mérite qu'on s'y attarde un peu. D'abord, par l'expression « *boy* », qui fait de lui un homme éternellement jeune, un être léger, presque désinvolte, comme si Gould était toujours le jeune Glenn de sa jeunesse brillante et si rapidement iconoclaste. Je pense que cette façon de voir est juste. Elle met en relief à la fois la liberté joyeuse, la morgue élégante et la recherche constante de l'approbation. De même pour ce qui est de présenter un Gould par essence « *Canadian* », car cela Gould l'aurait pleinement revendiqué. Gilles Marcotte l'avait noté, il n'aurait pas apprécié que dans le roman de Thomas Bernhard, qui fait de lui un personnage de fiction, il soit présenté comme « canadien-américain », comme s'il ne suffisait pas d'être canadien pour se distinguer franchement de l'Europe. Même si l'écrivain autrichien utilise la figure de Gould comme celle du bon sauvage, seule capable de fournir un antidote à la décadence de Salzbourg, il n'empêche, il ne fut jamais autre chose que Canadien, pas Américain. J'aurai l'occasion de parler de son amour du Canada dans la partie que je consacre à ses documentaires sur la solitude; c'est un Canada bien particulier que Gould aima, bien à son image. Canadien, Gould le fut si absolument qu'il mérita d'avoir son nom gravé sur les trottoirs de Toronto et sa statue fondue à l'entrée du studio qui porte son nom dans les locaux de la CBC. On peut voir cette statue dans le dernier film de Bruno Monsaingeon, *Au-delà du temps*: elle le montre assis sur un banc, avec son pardessus et sa casquette, faisant la conversation avec les passants. Mais qu'est-ce qu'être «*Canadian*», pourrait-on demander? Est-ce d'abord aimer le Canada, son espace, sa liberté, comme il en donna l'exemple et en fit l'apologie dans la *Trilogie de la solitude*? Est-ce se relier à la culture canadienne, comme il le fit si souvent en évoquant la peinture de Jackson ou l'humour de Stephen Leacock qui avait été, sans qu'il puisse le connaître, son voisin au lac Simcoe?

Mon propre sentiment à cet égard est complexe: le Canada qui apparaît dans la personnalité de Glenn Gould est d'abord le territoire immense qui va de l'Ouest des Mennonites à la solitude de Terre-Neuve, et ce pays Gould l'a décrit d'abord comme un espace de communautés solitaires, un espace de solitude où le solitaire pouvait être heureux. Il ne semble pas avoir lu les *Deux Solitudes* de Hugh

MacLennan, un penseur de la Nouvelle-Écosse qui s'était
établi à Montréal: ce livre publié en 1945 lui aurait appris
l'existence d'une autre solitude. Le Canada de Gould est
anglophone, protestant, amérindien, nordique. N'était sa
relation avec Jean Le Moyne, le Québec n'aurait eu aucune
existence pour lui. Il connaissait la vie de Toronto, il avait
même fait une émission sur sa ville, il avait joué à Montréal
et à Québec, à Winnipeg et à Vancouver, mais ce ne sont pas
les villes qui comptent pour lui, c'est l'espace et la liberté, pas
la culture. Dans sa décision de se retirer, il y a aussi une mise
à distance de la métropole et de tout ce qui est «culturel»,
et, même s'il sut exploiter toutes les ressources de la culture
technologique, Gould vécut au Canada comme si le territoire
en était d'abord celui de la *Trilogie de la solitude*. Il l'a décrit
comme un espace de forêts et de lacs, de lumière absolue et
de nuit arctique, et cet espace boréal, par quoi Gould savait
de manière si instinctive le relier à la Finlande de Sibelius,
c'est peut-être le Canada le plus profond de Gould, celui de
la Baie Géorgienne ouvrant sur l'infini du monde glacé.

Quand j'écoute à mon tour la *Cinquième Symphonie* de
Sibelius, que Gould a placée en épilogue du premier volet
de sa trilogie, *The Idea of the North*, je pense souvent qu'il
aurait aimé qu'elle ait été écrite pour le Canada, pour la peinture de Jackson. Il aurait aimé que le pays de solitude où il
avait choisi de se replier, au sein de la métropole de Toronto
qui chaque jour devenait plus froide et plus technique, soit
aussi un pays qui, comme la Finlande, se reconnaît dans une

musique symphonique qui ouvre sa forêt à tous les solitaires et les encourage à poursuivre. Il aurait aimé que, comme la Norvège qui avait trouvé dans la musique d'Edvard Grieg ou de Fartein Vablen l'expression de son génie, le Canada accepte cette identité, en fasse son emblème. N'était-il pas ce jeune pianiste canadien qui avait été capable de tourner le dos si résolument à une carrière américaine et européenne, qui avait renoncé aux joies de Salzbourg et de Carnegie Hall pour se consacrer à une vie de recherche et de musique? Le Canada pouvait être cela, il en était persuadé.

Gould fut une figure d'exception, il fut une figure de solitude dont toute la vie fut commandée par des choix profonds auxquels il demeura toujours fidèle. J'ai essayé de dire, et presque de toucher dans cette *Toccate*, ce que cette figure doit à ces choix, comment elle y puise cette forme d'héroïsme de l'art qui s'accomplit dans une forme de vie. Non exempt de paradoxes, cette vie accepte la tension entre le retrait et la communication, entre l'art et la vie: ni le génie, ni la sainteté n'arrivent à en rendre compte parfaitement, car dans sa radicalité cette forme de vie rendait possible un art exemplaire et c'est de l'art qu'il faut attendre la compréhension qui doit nous occuper maintenant.

# II

*Allemande*

# Les paradoxes du génie

*Partita n° 2, en do mineur*

L A VIE DE GLENN GOULD fut brève, une petite cinquan-
taine d'années. Sa jeunesse est contemporaine de la
Deuxième Guerre mondiale, mais la sérénité de ses premières
années d'apprentissage du piano n'en fut pas troublée. Le
Canada était en guerre, mais le pays priait aussi pour ses sol-
dats et le souvenir que garde le jeune Gould de ces années en
est d'abord un d'éloignement et d'écart. De même, le début de
sa carrière de concertiste coïncide avec les années cinquante,
alors que l'Europe se reconstruit et que l'Amérique connaît un
progrès économique sans précédent. Là aussi, il vit pour ainsi
dire déjà à contre-courant, ne partageant d'aucune manière la
frénésie de l'après-guerre, sauf pour en fuir les excès. Rien qui
ressemble à un fait politique ne filtre dans sa correspondance,
qui est toute tournée vers la mise en forme de la vie qu'il a
choisie. Comme Oliver, le jeune héros du roman de George
Santayana, *Le dernier puritain*, Gould se concentre sur

l'atteinte de finalités spirituelles qui le séparent de la société, tout en demeurant à son service. Ce roman raconte l'histoire morale d'un homme qu'aurait pu devenir Glenn Gould s'il n'avait été l'artiste de génie qu'il découvrit qu'il était, tant il ressemble en tout point au portrait qu'en donne, dès l'ouverture, le philosophe américain :

> Il n'était pas un de ces énergumènes romantiques qui veulent goûter à tout. Il se réservait pour ce qu'il avait de meilleur. Voilà bien pourquoi il était un authentique puritain ! Son puritanisme n'avait jamais été le simple effet d'une timidité ou d'un fanatisme, ou même d'une sorte de dureté calculée ; c'était quelque chose de profond, de réfléchi : la haine de tous les artifices, le mépris des faux-semblants, le plaisir amer et rigoureux des faits. Et cette passion du réel était belle à voir chez lui, parce qu'il y avait tant de choses dans ses dons et dans son milieu pour le séduire et l'enrober dans les conventions de ce monde. [...] C'est pour ces raisons que, vous et moi, nous l'aimions tant. Nous ne sommes pas puritains, et par contraste avec notre désinvolture naturelle, nous ne pouvons éviter d'admirer des personnes plus pures que nous-mêmes, et surtout plus disposées à arracher l'œil qui les offense, même si ce doit être l'œil qui contemple la beauté, et qui sont prêtes à pénétrer tranquilles et sereines dans le monde de la pensée souveraine.

Gould ne pouvait que se reconnaître dans ce portrait, il ne pouvait qu'admirer la constance et le scrupule d'un héros aussi entièrement dévoué à sa communauté. Il n'aimait pas l'austérité pour elle-même, mais pour ce qu'elle permet dans la recherche d'une forme de vie souveraine. J'ai noté qu'il ne se révolta jamais contre le puritanisme de son éducation : ces exigences convenaient à la discipline qu'il attendait de son art et Gould trouva très tôt, bien avant son retrait du concert, une forme de vie solitaire où cette discipline pouvait invisiblement s'exercer, sans qu'il ait à en faire l'objet d'une philosophie. Ce n'est qu'après le retrait de 1964, quand les questions des critiques se multiplièrent, qu'il jugea nécessaire d'appeler « puritanisme », comme dans l'auto-entretien de 1974, l'attitude morale fondamentale qu'il avait élue.

Je reviens donc à la question que je posais : comment comprendre qu'une telle liberté ait pu émerger d'un monde si rempli de conventions, si pénétré de la tradition du protestantisme de la classe moyenne de Toronto ? Si le génie est l'audace et la force de proposer de nouvelles règles, peut-être est-il inexplicable ? Santayana consacre un roman entier à élucider la possibilité même de la vertu au sein du monde de l'hypocrisie et de l'ambition ; il ne considère jamais la pureté de son héros comme hors de tout soupçon, mais plus il s'en approche, plus le fait du puritanisme s'impose à lui comme un fait irrésistible, une sorte de miracle au cœur d'une société où tout *a priori* le rejette. C'est le miracle de la bonté, la grâce de la vertu. Dans un épilogue important, Santayana se fait à lui-même le reproche de l'idéalisation : après tout, son héros ne manquait-il pas de force, de puissance ? Mais il répond en proposant une réponse qui n'aura pas échappé à Gould : s'il semblait mettre du temps à rassembler sa puissance, c'est qu'elle provenait d'un territoire plus vaste que celui qui est donné à chacun de nous. Cette réponse convoque le génie dans le domaine de la morale, une réponse que Gould aurait aimée.

Mais cette réponse est-elle la bonne ? Le génie de Gould est-il explicable ? Et de quoi parlons-nous quand nous évoquons le caractère redoutable de l'exception qu'à tant d'égards il représentait ? Pour aller au fond de ces questions, si cela est même possible, il faut d'abord engager un questionnement sur cette recherche qui fascina Gould lui-même au point de l'obséder, c'est-à-dire sur le génie de l'interprétation, qui est un génie de la perfection. Mais, dans le même moment, il faut rapporter l'interprétation à la représentation que le génie a voulu donner de lui-même : Gould n'a jamais résisté à l'idée qu'il appartenait à la tradition qu'il admirait, qu'il pouvait non seulement la comprendre, mais la révéler et la mener plus loin. Sans doute aurait-il voulu composer, plus que ce qu'il a écrit, mais l'axe sur lequel il avait inscrit sa recherche, un segment de pensée qui conduit de Bach à Schoenberg, était une ligne droite qui ne tolérait pas beaucoup d'excursions latérales. J'aurai l'occasion de parler de son quatuor à cordes, mais très clairement ce n'est pas à la composition qu'il confia d'abord cette recherche de la perfection : il choisit plutôt de la trouver dans la tradition.

Aucun pianiste n'a écrit ou enregistré de commentaires musicaux autant que lui, aucun n'a brisé autant de conventions dans l'analyse et dans le jeu. Depuis son enfance, et malgré ce que le puritanisme aurait dû le conduire à respecter, Gould a multiplié ce qu'on pourrait appeler les excès ou les exagérations. Il n'a cessé d'exposer son génie à des risques de dérapage qui auraient pu le ruiner. S'il n'avait, surtout après sa décision de quitter le concert, mais aussi bien avant, décidé de briser tant de conventions, peut-être son génie ne serait-il pas apparu avec le même relief ou avec la même transparence. Car dans tous ces efforts, et notamment dans les explications constantes et sophistiquées qu'il aimait donner de son répertoire d'élection, Gould a cherché à exprimer le sens d'une recherche et d'un style qui n'auraient pas été lisibles autrement. Son analyse constante et minutieuse de la tradition faisait donc partie de son effort pour briser les conventions, et cela explique qu'elle ait été sujette aux mêmes critiques que son jeu.

Aucun pianiste n'a consenti, en y résistant si peu, à laisser se dresser entre lui-même et son public un tel écran de traits personnels. Gould ne pouvait ignorer que toutes les excentricités qu'il ne cherchait nullement à camoufler défrayaient la chronique, mais il a toujours semblé tout à fait désinvolte à l'égard de ce narcissisme bon enfant dont il s'est amusé depuis le début. Une telle désinvolture reflète une indifférence plus fondamentale à l'endroit de la vie quotidienne, de la routine, des aléas du monde ordinaire : pensons seulement à son habillement étriqué, à la manière dont il s'alimentait, à sa vie nocturne dans le silence de son appartement, au désordre qui lui semblait indispensable à la vie. Pensons aussi à toutes ses phobies et à tout ce qui s'exprimait dans cette forme de vie, dont l'excentricité n'apparaissait souvent aux autres que comme une incapacité de s'ajuster aux exigences les plus triviales. Une sorte de mésadaptation congénitale, celle-là même que le puritain peut se présenter à lui-même comme le refus de la norme.

Et pourtant, Gould n'avait rien d'un mésadapté. Toute sa vie, il a mené de front d'innombrables projets, il a rédigé une volumineuse correspondance, il a multiplié les interventions et il est demeuré fidèle à cette éthique fondamentale de dévotion à son art qu'il avait élue comme forme de sa vie dès sa jeunesse. Il était minutieux et obsessionnel, capable de grande lenteur comme d'une énergie rapidement déployée. Aucune des personnes qui furent appelées à collaborer avec lui, et en particulier aucun de ses techniciens ou producteurs, n'a donné le témoignage d'un homme dysfonctionnel : à quoi s'attache donc cette réputation d'excentricité maladive, sinon à la rigueur de sa décision de vivre une vie libre, parfaitement en harmonie avec ses idéaux d'austérité et de perfection, et sans concession pour la mondanité et l'apparence ? Pour le dire d'un mot : à cette association du puritanisme et du génie qui le sépare de tout autre artiste de son temps. Je reviendrai plus loin sur sa solitude, mais je crois nécessaire de dire tout de suite que l'excentricité est aussi une forme de la solitude, un désir de se protéger des avanies du monde, en dressant entre l'artiste et le monde un écran d'apparences, et de donner ainsi à l'art toute la place.

Cette forme de vie est au cœur de son esthétique. Gould peut écrire: «La solitude nourrit la création, et la camaraderie fraternelle tend à la dissiper [...]. Je me tiens à distance des conceptions conflictuelles et contrastées. La solitude monastique me convient bien.»

Son ami Peter Ostwald a raconté comment cet isolement n'allait pas sans provoquer une détresse passagère, une forme d'abandon qui conduisait Gould à rechercher la conversation d'amis, même éloignés. Lui-même avait fait sa connaissance à la sortie d'un récital à San Francisco, le 28 février 1957 et il avait été étonné que Gould s'attache à lui si rapidement, malgré la distance. De Toronto, Gould l'appelait très souvent et l'entretenait de ses projets et de ses soucis. Nombreux sont ceux qui ont témoigné de ses soliloques téléphoniques en pleine nuit, alors qu'il venait sans doute d'interrompre un travail et voulait parler à quelqu'un. Comme dans ses lettres, sa conversation était amicale et enjouée, et Gould ne se plaignait jamais de rien, sinon de ses innombrables malaises et maux physiques, réels ou imaginaires. Ses excentricités ne sont finalement que les effets d'une forme de souveraineté si inhabituelle qu'on est porté à l'interpréter uniquement comme une sorte de défaut, de manque. C'est le contraire qui est vrai: Gould était un artiste austère, qui faisait en tout le choix de la pauvreté et qui en tirait une liberté supérieure. Kevin Bazzana parle de lui comme d'un spartiate, l'expression est juste même si je pense qu'aucun spartiate n'aurait toléré un tel dérèglement: s'il fut spartiate, ce fut d'abord dans son quotidien car, pour le reste, il était le puritain décrit par Santayana, et rien d'autre.

Peut-être faut-il dès lors reconnaître que la force et la gravité de ses convictions puritaines ont formé le sol à partir duquel tous ces franchissements qui caractérisent le génie furent possibles? Car un des aspects essentiels du puritanisme est la priorité de la justification: le juste, même s'il est si peu conformiste, peut être justifié et Gould conquit très tôt la liberté de parler de ce qu'il croyait, comme s'il avait mission de mettre en place les conditions de réception de ce qu'il créait. Or cette liberté ne fut jamais celle du ressentiment ou de la révolte, et s'il faut parler, concernant ses interprétations, d'un effort de transgresser, ce doit toujours être dans le sens d'aller plus loin, de porter au-delà une requête de rigueur et de pureté que l'art, autant que la vie, dispose comme son exigence propre. Rien ne pouvait être proposé sur la seule base d'une émotion particulière, ou d'un jugement arbitraire, il y avait au contraire des raisons pour chaque modification, des justifications pour la nouveauté. La masse de ses écrits, entretiens et commentaires enregistrés présente le même visage que son jeu: rien n'y est affirmé pour le seul plaisir de la virtuosité ou du goût, tout y est au contraire l'objet d'une discussion où les jugements les plus tranchés cohabitent avec une lecture de l'histoire de la musique d'une rigueur peu commune.

Je me trouve sur ce point en accord fondamental avec Kevin Bazzana quand il note que Glenn Gould présentait, lorsqu'il devint adulte, la figure exagérée des valeurs de ses parents. Pour le dire autrement, il n'en rejeta aucune, il ne fit que les porter à leur limite. Cette formule mérite d'être méditée, tant elle semble juste dans son art comme dans sa vie. Un isolement comme celui qu'il choisit n'avait en effet aucune mesure commune avec la modestie ou la discrétion de la vie de ses parents, et pourtant il s'agit de la même chose à une autre échelle, une forme d'austérité, de sévérité. Pour le comprendre, il faut, en quelque sorte, déposer le génie dans la représentation qu'il construit pour lui-même, c'est-à-dire chercher à lire toutes ces exagérations et ces excentricités comme le langage même par lequel sa recherche pouvait être communiquée. L'obsession de l'interprétation parfaite qui le conduisit, pour ne donner que cet exemple, à une technique très complexe de séquences, d'abord enregistrées séparément et mises ensuite bout à bout par une opération de collage, appartient au même changement de registre : une manie du contrôle peut-être, mais surtout une volonté obstinée de conduire à son terme la recherche d'une rigueur et d'un ordre parfaits. C'est donc un même perfectionnisme, au sens philosophique que ce terme revêt en éthique, qui dirige son art et sa vie : la recherche du bien est fondée sur un objet réel, pas seulement sur une appréciation subjective.

Nous qui disposons de ses enregistrements, et qui pouvons leur associer la somme de ses explications, nous pouvons suivre dans cette voie le parcours prescrit par Gould lui-même. Nous n'avons pas à nous substituer à lui, nous n'avons qu'à nous mettre à l'écoute : très tôt, Gould eut conscience de ses dons, et très tôt aussi, il se mit en quête des conditions pour les accomplir et pour en comprendre les exigences. Puritain, il le fut peut-être surtout dans ce privilège constant donné à la connaissance et à la raison sur ce qu'aurait été autrement une émotion non contrôlée. Notre écoute de son art n'est jamais contredite par ce qu'il travailla à en dire, et inversement, son travail d'explication n'est jamais contredit par son art : on y trouve les mêmes valeurs et une constance exceptionnelle dans le choix du registre pour représenter sa recherche et son expérience. C'est en effet la même structure d'expérience qui permet de penser la représentation du génie et le rapport de l'émerveillement de l'art au langage qui la recueille.

Très jeune, le pianiste sut que son art pouvait le transporter dans un monde rare et réservé. Mais il sut aussi, et avec une égale certitude, que l'artiste peut chercher à exprimer les raisons qui le conduisent vers cet état d'émerveillement et à exposer les critères qui le font reconnaître. La vérité de l'expérience n'appartient qu'à l'artiste seul, car lui seul peut dire où son art l'a conduit, vers quelle séparation, vers quelle sérénité, vers quel absolu. C'est le privilège de son authenticité. S'il prend le risque d'en dire quelque chose, par exemple en associant une forme de sublimité à un prédicat moral comme la rigueur ou la pureté, alors il s'engage sur un chemin dont il ne reviendra jamais. L'extase de l'œuvre, et nous pouvons à ce stade accepter de traduire ainsi ce fragment de la phrase sur la finalité de l'art que j'ai citée dans la première pièce, ce «*state of wonder*» qu'il lui arriva de proposer comme sa fin suprême, n'est possible que dans la vérité dont elle résulte : l'artiste atteint une forme à la fois authentique et véridique de ce qu'il poursuit, il peut en témoigner. De la même manière, il pourra seul prendre le risque de dire la signification d'une œuvre, et attendre de ce langage un supplément de vérité. Je dis bien un «supplément», car pour ce qui est de la vérité de l'œuvre, Gould interprète savait qu'elle résidait d'abord dans l'œuvre transcendante, spirituelle et qu'elle n'était que révélée ou manifestée par l'interprétation. Elle n'était en effet pas plus accessible à la prise du langage qu'à l'interprétation musicale, elle existait au-delà.

C'est ce supplément qu'on trouve disséminé partout dans l'art de Glenn Gould, comme la représentation même du génie qui l'anime et qui est d'abord son jeu. Bien que cette analogie conserve une part d'obscurité, on peut y avoir recours et chercher à traverser l'écran de la représentation pour trouver un nouvel accès à son œuvre d'interprète. Beaucoup de critiques ont trouvé cette représentation verbeuse et insupportable, je suggère plutôt qu'on y reconnaisse la trace la plus profonde de son puritanisme : le sublime n'a rien d'un excès incontrôlé, il peut être exprimé et telle était sa conviction. On peut regretter qu'il n'ait écrit rien de systématique, et qu'il n'ait montré aucun désir de freiner son pouvoir d'associer : ses écrits sont la plupart du temps des parcours très obliques, mais si on y consacre l'attention nécessaire, on y trouvera toujours ce moment dense où Gould exprime le cœur de ses convictions. Ce moment est toujours le même, qu'il s'agisse de l'*Art de la fugue* ou de Richard Strauss, que paradoxalement il aimait aussi beaucoup : c'est celui où la beauté de l'œuvre est exposée comme vertu. Gould n'a eu de cesse de partager ce principe, en recherchant toujours pour lui-même la coïncidence de la perfection d'une interprétation avec une justification d'abord morale.

C'est, en tout cas, la prescription de Gould lui-même, dans un ensemble très diversifié d'écrits où la représentation s'établit sur quantité de registres : jugements esthétiques sur l'histoire de la musique, analyses musicologiques, apophtegmes, consignes d'ascèse, interventions médiatiques, philosophie du concert et de l'écoute. Toutes ces interventions constituent autant de textes dont l'auteur n'a pas d'abord le statut d'un écrivain ou d'un savant, puisqu'il est d'abord un artiste engagé dans l'œuvre et immergé dans la recherche de la sublimité, mais de quelqu'un pour qui l'écriture et la parole entrent dans un rapport de représentation avec une pratique d'interprétation qui fait son génie. Ce que Gould en attendait pour lui-même, mais aussi pour l'auditoire universel auquel il ne cessait de s'adresser, c'est d'abord une clarification des principes et toujours une justification. On ne lui connaît pas d'interlocuteur philosophe et on voit rarement Gould aller vers la dialectique : il est plutôt prompt et toujours décisif. Mais on peut rêver d'une conversation avec un penseur comme Peter Kivy, une réflexion commune sur la musique pure et sur le génie qui rend possible cette pureté. Tout son travail s'orientait en effet vers la formulation d'une esthétique dont il demeure cependant assez éloigné, les circonstances l'empêchant le plus souvent d'aller au-delà de justifications particulières. La plupart du temps, quand il se risque à formuler une généralisation, il exagère, il s'en aperçoit et on l'entend rire sur la page suivante. Ce n'est pas son intuition qui a été prise en défaut, mais sa patience.

Je cherche dès lors ici à penser ce rapport, à l'exprimer, en considérant que l'œuvre de Gould intègre une médiation explicite et travaillée de l'interprétation et de la représentation. La décision de quitter le concert ne serait pas le geste unique qu'elle a été si elle n'avait été aussitôt réinvestie dans le disque et la communication. On ne peut que s'étonner non pas tant du courage que cette décision exigea de lui, puisqu'elle fut une libération, mais de son caractère imparfait ou paradoxal : retiré du concert, Gould se sentit libre de multiplier, et la chronique en serait longue, les interventions où il accepta d'être filmé sous toutes les coutures, de jouer tous les personnages, dont certains comme ceux que j'ai évoqués plus haut sont franchement très drôles, bref de retrouver par la parole publique ce que le public du concert menaçait de lui faire perdre. Mais quoi, au juste ? Je dirais, de manière provisoire et sous réserve de ce que la suite permettra d'ajouter, une manière de maintenir son travail au service d'une certaine idée de la musique. Qu'est-ce, en effet, que justifier ? C'est donner des raisons, les meilleures possibles, pour faire un choix. Gould savait argumenter et ce n'est pas tellement son talent pour le faire qui nous impressionne que l'énergie mise à convaincre : le puritain doute rarement, il est rempli des certitudes qui nourrissent son perfectionnisme. Aimer la musique de Robert Schumann, c'était impossible. Même lorsque Peter Ostwald entreprit de lui consacrer un livre, qui parut en 1985, Gould ne lui prêta aucune attention et voulut au contraire le persuader de s'intéresser à « un musicien plus sérieux ». Ce fut leur dernière rencontre.

Je serais tenté pour pousser cet examen plus loin de restituer la figure du jeune Gould avant 1964, c'est-à-dire alors que les contraintes du concert lui pèsent chaque jour davantage et qu'il peine à maintenir ses engagements, ainsi que sa correspondance en témoigne. On peut le faire notamment en regardant le film qui a été tiré de sa tournée de concerts en Union soviétique : non seulement ces concerts furent-ils des succès sans précédent auprès de publics très exigeants et qui surent reconnaître son génie, mais ils furent aussi l'occasion d'échanges et de conférences où nous entendons déjà cette requête fondamentale de compréhension et de rationalité. Cet exemple compte parmi les plus déterminants d'une forme de réciprocité du jeu et de la pensée dans l'expérience de l'art. Autrement dit, déjà Gould ne pouvait se satisfaire de l'expérience du jeu, de la joie pourtant évidente de la performance : il fallait aller au-delà, exposer, comprendre, justifier. Il fallait penser et expliquer, le succès de l'interprétation n'étant déjà plus important auprès du défi d'éclairer l'histoire de la musique, de la juger à compter de critères aussi austères que moraux, et de s'y maintenir. Tout cela, le puritanisme aide à le comprendre.

Cet effort peut être poursuivi en lisant le roman que l'écrivain autrichien Thomas Bernhard a consacré à cette figure de liberté. Une fiction aussi étrange, en porte-à-faux par rapport à la biographie de Gould, n'en apporte pas moins une part très riche ; elle m'a longuement intrigué dans sa portée narcissique : que cherchait exactement à saisir l'écrivain, lui-même tenté par une éthique de la solitude pure et pas entièrement à l'abri de reproches de provocation ? Peut-être un modèle pour comprendre comment une œuvre pure s'autorise de son génie pour s'engager dans l'excentricité de la représentation. Le goût de la provocation rapproche moins ces deux artistes qu'il ne les sépare, il faut y insister pour prévenir tout malentendu, mais l'obsession d'une expression pure et justifiée leur est commune. Cette fiction est habitée par un personnage de Gould qu'il aurait sans doute apprécié, lui-même s'étant adonné plusieurs fois à ces jeux de rôle destinés à mettre à nu des tempéraments esthétiques et moraux différents, dans lesquels il pouvait exprimer une partie secrète de sa pensée. Mais pas entièrement, car le Gould de Thomas Bernhard a déjà renié trop de ses convictions sociales, il a renoncé à justifier : drapé dans son génie, il domine tristement. Ce récit nous permet de nous réintroduire dans cette représentation même, en quelque sorte pour la dilater, pour la déplier entièrement : rompant avec la forme de vie du pianiste de concert, aussi muet que spectaculaire, Gould devient ici professeur, ce qu'il déclara toujours ne pouvoir ni ne vouloir jamais faire.

Il le fut en un sens pourtant toujours, et dès sa jeunesse, il pouvait entretenir ses auditoires durant des heures sur les subtilités des œuvres qu'il présentait. Dans son roman, *Le naufragé* (*Der Untergeher*), Thomas Bernhard, lui-même fasciné par les exigences du génie, pousse à ses limites les plus extrêmes l'effet du génie musical sur l'expérience et provoque, avec une nécessité à laquelle nul ne peut résister, une analyse de toute vie comme chute et déchéance à partir de la musique. Elle rétablit, en retour, la musique comme rédemption et salut. En construisant sa fiction et en se sauvant par elle, Thomas Bernhard n'a fait que renforcer l'idée selon laquelle Gould n'avait jamais eu besoin d'être sauvé. Il le place dans une position d'authentique souveraineté. Gould y apparaît en effet comme un génie lumineux, mais sa force va briser le destin de deux de ses proches, eux aussi désireux de s'engager dans leur art de musicien. L'un est Wertheimer, qui représente ici la haute figure de Ludwig Wittgenstein, lui aussi musicien; l'autre est le narrateur écrivain, également pianiste d'exception. Après avoir entendu Gould, aucun des deux ne peut prétendre à cet état de grâce inhumaine auquel le jeu de Gould donne accès. Chacun doit donc reconnaître sa propre faiblesse et renoncer. Wertheimer se convertit aux sciences humaines, il ne réussit qu'à rédiger des notes dispersées et finit par se suicider. Gould aussi meurt, de la maladie pulmonaire de Thomas Bernhard, ce qui déjà en dit trop de cette identification dans l'admiration. Le narrateur demeure seul et rédige ce mémorial en forme de roman.

Dans cette représentation du génie, qui trouve beaucoup d'assises dans les écrits de Gould, la transcendance se tient à une telle hauteur qu'elle oublie la distance qui la sépare du reste. Ce reste est livré à son destin d'insensibilité et d'abrutissement – un trait qui sépare résolument Gould de l'écrivain autrichien, car on ne trouvera jamais chez Gould cette sorte de mépris de ceux qui ne parviennent pas à se hisser et qui sont irrémédiablement englués dans leur misère –, et l'artiste en devient-il conscient, il se trouve plongé dans un désespoir suicidaire. Le génie, lui, poursuit sa course solitaire radieuse, dans la joie de ses découvertes et la sérénité de ses jugements. Du génie de Gould, Thomas Bernhard ne retient en fait que les aspects de clôture, d'enfermement et de séparation ; ce sont, en effet, ces aspects saturniens et dominateurs qui recoupent le mieux la narration de son propre fantasme salzbourgeois d'une séparation de l'esprit génial et de la médiocrité sociale. Gould ne se serait pas reconnu dans cette arrogance qui l'excluait des autres, lui qui avait écrit qu'il n'aimait pas la distinction même de l'artiste et du public si elle devait introduire une hiérarchie qui isole l'art dans une position de supériorité. Bien sûr, il aurait applaudi à toutes ces critiques décapantes de la bourgeoisie du Burgtheater, mais il ne les aurait pas exprimées avec autant de sérieux.

Par là même, le roman de Thomas Bernhard recouvre et occulte les aspects d'ouverture de la représentation de Gould, faits de convocation et d'adresse, qui veulent offrir à tous les chemins de la beauté et de la sublimité et qui formulent les arguments justifiant de s'y engager. Même si au bout du compte tous ces efforts se condensent essentiellement dans une profonde invitation à la solitude, ils n'en demeurent pas moins un travail authentique de communication des vertus de l'art et un appel à les partager. Cette communication est en fait presque une exhortation. Dans une lettre de 1971 à John P. L. Roberts, Gould évoque la valeur thérapeutique de l'art, son pouvoir de guérison : « pour moi, écrit-il, toute musique qui échoue à isoler les auditeurs du monde dans lequel ils vivent est intrinsèquement d'une valeur moindre qu'une musique qui peut atteindre ce but ». Un génie solitaire ne l'est donc jamais vraiment, sinon il met en péril l'authenticité même de son projet. Comme le saint, il est également affecté dans sa solitude par le souci de ceux qui souffrent.

Ces paradoxes méritent qu'on tente de les approcher selon cette distinction des motifs et des raisons que j'ai introduite en ouverture. Thomas Bernhard constitue la figure limite de la réception du génie de Gould, celle de l'oppression et de l'exclusion, et je ne crois pas qu'elle soit juste, car elle maintient dans la marge ce que Gould lui-même en était venu à valoriser par-dessus tout, cette ouverture universelle de la quête de sublimité dans la musique. Il n'a certes pas échappé au lecteur que le personnage de Thomas Bernhard constituait une «*impersonation*» de plus dans la vaste galerie de figures que Gould avait créée, et ce génie solitaire, maître arrogant et charismatique, aurait pu en faire partie, mais à une condition essentielle: que Glenn Gould puisse s'en moquer et que ce personnage céleste et souffrant puisse être raillé, par exemple par ce motard à veste de cuir, Myron Chianti, acteur de métier, qu'il mit en scène en 1959 dans une publicité de télévision pour son travail radiophonique. Thomas Bernhard ne l'aurait sans doute ni compris ni accepté, pour la simple raison qu'il fut toujours si sérieux, si dramatique et si souffrant. Ce n'était pas le cas de Glenn Gould. Ceux qui le jugeaient arrogant ont donc tout faux: il était certes un peu autoritaire et pompeux, sérieux au sens moral du terme, mais on ne trouve rien chez lui qui ressemble à du mépris ou de la distance, encore moins du désespoir ou du cynisme. On ne trouve au contraire, comme chez le héros de Santayana, que cette volonté compatissante de faire accéder, de donner pour faire franchir.

Déjà sur ce point, il est loin d'être clair que l'idée même du génie, la plus difficile à circonscrire, ait vraiment convenu à Gould. Que le génie soit la transgression que Kant voyait surtout dans l'art, il était facile de l'accepter, mais si cette transgression doit conduire à une séparation absolue et à l'arrogance, cela deviendra impossible. Tous les modèles que révérait Gould dans la tradition musicale offraient l'exemple de ce don et de cette communauté, à commencer par les maîtres du Nord comme Buxtehude et Sweelinck qu'il admirait particulièrement. Mais il pouvait aussi reconnaître cet idéal moral de la musique chez ces musiciens qu'il aimait par-dessus tout, au premier rang desquels Jean-Sébastien Bach et Arnold Schoenberg, et s'il se montra parfois réticent à parler du génie pour exposer la tradition dont ces musiciens constituaient les sommets, c'est simplement parce que cette idée lui semblait irrémédiablement affligée par le romantisme d'un quotient d'obscurité et d'irrationalité qu'il refusait d'intégrer dans sa conception spirituelle de l'art. Si on refuse cette irrationalité, comme il le fit de manière constante, alors on doit aussi refuser de réamorcer le destin romantique du concept de l'art, c'est-à-dire d'isoler un domaine inexprimable où l'artiste créateur – et l'interprète fait partie de cette catégorie – atteint à la fois un absolu qui transcende la représentation et un pouvoir sur la convention.

De ces deux traits, le premier, la transcendance de la représentation, est le moins visible, mais le plus important, car le génie est incontestable et toutes les justifications que l'artiste s'efforce de produire pour le représenter demeurent incommensurables à l'absolu qu'il atteint. Expliquer, comme Gould le fit, la sublimité de l'*Art de la fugue* est une tâche impossible, même sur l'horizon d'un perfectionnisme affirmé. Y consacrer toute sa vie est pourtant une nécessité. Le génie n'a rien à « exprimer », et pourtant Gould ne cessera d'y prétendre. Le deuxième trait, le pouvoir sur la convention, constitue le signe le plus traditionnel du génie, la possibilité de briser un paradigme conventionnel, de le transfigurer, d'en révéler la normativité instituée en la dépassant (c'est l'argument kantien). Par ce pouvoir, le génie apparaît comme un déplacement sur une limite ; d'être débordée, cette limite est retracée et désignée comme l'en-deçà du génie. Aucun accomplissement, aucune performance n'est requise pour qu'un tel traçage puisse s'effectuer, encore moins de démonstration : le génie peut s'établir sur des signes lacunaires ou manquants, et même précipités, inchoatifs. Suivre Gould sur cette frontière, par exemple quand il déplace absolument l'interprétation des *Variations Goldberg*, c'est à la fois reconnaître l'emprise des conventions et nommer génie le pouvoir de s'en affranchir.

L'étude de son jeu exige certes autre chose que le simple travail des critiques. Kevin Bazzana, qui est non seulement le biographe le plus accompli de Gould, mais aussi le meilleur connaisseur de son travail d'interprète, a multiplié les ouvertures pour amorcer cette étude et éviter qu'elle ne retombe dans les ornières du jugement de goût. De grands critiques, comme on en trouvait au cours de ces années dans plusieurs journaux européens et américains, ont fourni un portrait de Gould qui n'est pas sans mérite, mais le personnage y tient beaucoup de place et le jeu lui-même n'est pas décrit avec toute la rigueur nécessaire. Il faut plus, et ce travail est à venir. Gould a situé lui-même à la bonne hauteur le seuil auquel la discussion devrait parvenir, et la chronique de la réception des concerts et des disques, il faut hélas le reconnaître, sauf de très rares exceptions, n'y satisfait pas. Apprécier, ne pas apprécier, Gould demandait qu'on en dise plus, et il en donna d'abord l'exemple dans la rédaction des notes pour les disques qu'il enregistra à partir de 1955. L'analyse des partitions, le travail sur les rythmes et les timbres, la discussion historique des formes, tout cela mériterait qu'on y consacre, à la suite du riche travail de Kevin Bazzana sur Gould interprète, une étude minutieuse : il suffit de suivre quelques indications pour voir que les interprétations de Gould étaient tout sauf des caprices arbitraires.

Encore ici, l'idéal puritain peut nous guider, dans la mesure où le génie créateur de Gould ne se coupa jamais de cet effort intense de comprendre. Si on le présente comme un rebelle romantique, on perd aussitôt le sens de son invention. J'ai entrepris à l'occasion, dans le seul but de comprendre leur discours, de rassembler le lexique de ses critiques (fascinant, stupéfiant, iconoclaste, brillant, excitant, irritant, génial, etc.) : la liste en est assez longue et redondante, peu de critiques s'étant approchés du discours qui aurait le mieux convenu à Gould, un discours qui aurait été d'abord respectueux de la rigueur de sa recherche. Ses interprétations étaient-elles justes et justifiées, où se situait leur pouvoir de vérité, comment s'établissait ce qu'elles permettaient d'instaurer dans la lecture de l'œuvre ? Même les descriptions morales, qui sont si importantes quand elles associent un idéal de pureté et de transparence à la rigueur du contrepoint, exigent un au-delà de ce rapprochement intuitif. La plupart des critiques ont préféré, et préfèrent toujours, parler du goût. Mais du goût, comme du brio virtuose, Gould n'avait que faire et lui-même n'en parla jamais, même s'il ne ménagea ni les jugements sévères ni les hyperboles. S'il prenait le risque d'un jugement sur la seule base de son appréciation personnelle, il fallait s'attendre ensuite à une longue dissertation sur les formes et les principes, et cela ne manquait jamais de se produire.

Cette manière de poser le problème du génie le ramène à la question de la reconnaissance : qui reconnaît le génie et à quoi le reconnaît-on ? Entièrement pragmatique, ce trait fournit un caractère aussi fondamental que le précédent : le fait de s'imposer et de déborder la démonstration instaure le génie dans un rapport au langage qui découpe de manière beaucoup plus nette sa réalité que son pouvoir transgressif sur les conventions. Le génie n'existe qu'à proportion qu'il m'atteint, encore qu'il faille supposer qu'il s'atteint aussi lui-même et peut faire l'objet d'un travail de connaissance de soi. Ce cœur réflexif où le génie se persuade à la fois de sa propre limite et de son propre absolu engage le modèle de la représentation qu'il offre ensuite de lui-même. Gould donne l'exemple de cette continuité dans la rigueur de ses certitudes, au clavier, dans l'écriture, dans sa correspondance. Il pouvait pour cela s'en remettre à Schoenberg, et même à ce que Thomas Mann en avait présenté comme figure d'autoconnaissance. Je ne crois pas qu'il ait connu les écrits d'Adorno, beaucoup de choses les rapprochaient cependant, même si l'essentiel pour Adorno, une forme de pessimisme tragique quant aux formes, aurait certainement tenu Gould à distance. Il pouvait aussi évoquer le génie de Beethoven, dont il connaissait si bien les sonates et les concertos, mais dont il partageait l'anxiété face à la reconnaissance. Comment ne pas évoquer le *Testament de Heiligenstadt*, une déclaration rédigée par Beethoven en deux moments les 6 et 10 octobre 1802 ? Ce texte constitue en effet, de ce point de vue, un moment unique dans l'histoire de la musique, un moment irréfutable : dans sa solitude, Beethoven se formule pour lui-même une responsabilité de délégation, il s'oblige à la reconnaissance et s'invente un devoir de promulgation qui remplit une fonction pour lui-même : le garder du désespoir, mais d'abord assurer son identité, confirmer son génie. La progression de la surdité le condamne, mais devant Dieu il peut témoigner de la bonté de son cœur et de l'authenticité de son art. Il connaît la force de son talent, il en mesure le destin dans l'isolement qu'impose sa condition tragique.

L'accès au langage, par le moyen d'un testament déchirant, évoque certes un romantisme saturnien et mélancolique, qui est le thème le plus constant de la représentation du génie, surtout dans la tradition romantique, mais l'exemple de Gould montre que ce lien peut être vécu autrement : une certitude extatique absolue n'implique pas nécessairement une représentation saturnienne, elle peut au contraire imposer une communication joyeuse et sereine. Cette possibilité de la reconnaissance demeure essentielle pour la réflexion que je propose autour du génie de Gould, en raison de son propre discours, dans un langage qui n'avait rien de mélancolique, du moins en apparence. Peut-être luttait-il si intensément contre la mélancolie qu'il en purifia jusqu'à la représentation. Cela se vérifierait dans son art, dans le parti délibérément antiromantique de la représentation qu'il donne de ses interprétations; mais celles-ci ne traduisent pas toujours la proposition évoquée à leur sujet, elles sont souvent, par elles-mêmes, tout à fait lyriques. En général, cependant, le plaisir et l'inventivité de son jeu, ses ruptures avec les conventions sont si puissants, si vifs, et surtout si constants, l'exemple le plus abrupt étant la lecture des sonates pour piano de Mozart, que l'idée même du temps, essentielle à la mélancolie, en vient à se dissoudre. Son répertoire de prédilection était par ailleurs très éloigné du romantisme traditionnel, de la grande tradition pianistique. Quand Gould voulait dénigrer une interprétation, à commencer par les siennes, il disait qu'elle était «pianistique». Mais cette remarque ne dispose pas de la question du romantisme en tant que tel, dans son lien indéfectible au lyrisme. Je reviendrai sur ce point en parlant du jeu de Gould.

On s'oblige donc ici à une étude de la convergence entre le parti représenté, composant les raisons et les justifications, et l'interprétation qui nous soumet à une tension, hautement idéalisée, entre un modèle, situé hors du temps, mais investi par le langage de la représentation, et une interprétation chargée d'y conduire, mais engagée dans le temps et décalée de tout langage. Dans cet écart, plus sensible chez Gould qu'on ne le croit d'habitude, se laisse saisir un rapport entre le génie comme volonté et le génie comme absolu.

Cette tension est abstraite, car elle correspond à un schéma transcendant de l'œuvre, que Gould a toujours placée à bonne distance de l'interprétation elle-même ; elle est aussi fluide et mobile, puisque chacune des interprétations pourrait être revue, révisée au sens fort, et dans ce pouvoir incessant de retour se manifeste une sorte de polyglossie qui met en échec l'idée d'une vérité de l'interprétation, et jusqu'à son éternité même. Gould n'enregistrait pas souvent deux fois la même œuvre et quand il le fit, par exemple pour les *Variations Goldberg* en 1955 et en 1981, au début et à la fin de sa carrière, il se sentit tenu de justifier les différences dans le détail. Elles n'avaient rien de spontané, elles n'étaient pas davantage le reflet de quelque maturité naturelle, elles découlaient de décisions réfléchies. La transcendance de l'œuvre à laquelle le génie a accès est d'abord un réservoir infini de significations que lui seul peut déployer ; ce n'est pas une essence figée, si haute soit-elle. Le déplacement d'une convention n'est donc pas le seul signe du génie, mais aussi le fait que ce déplacement apparaisse comme insaisissable et nécessaire dans sa mobilité même. On trouvera peu de chose dans les écrits de Gould pour justifier cette théorie radicale de l'interprétation, saisie comme pouvoir infini du génie de construire et de déconstruire l'œuvre avec la même nécessité, mais la très grande majorité de ses interventions déplacent la vérité, ou l'universalité de l'interprétation dans une incessante fuite en avant. De cette progression vers un infini de perfection, Gould attendait peut-être qu'elle annule jusqu'aux effets du génie, en particulier son emportement arbitraire, ses passions injustifiables, sa fougue irrépressible; dans les faits, elle le rétablit comme la marque absente de tout ce travail en apparence antiromantique. Si, dans les écrits de Gould, l'idée du génie ne joue aucun rôle essentiel, c'est que sa définition romantique l'exclut, et elle se trouve donc refoulée, comme toutes les formes saturniennes qui en permettent traditionnellement l'expression. Elle devient elle-même, en tant qu'idée du génie, une convention de plus, dont la ligne peut être brisée et déplacée par une intelligence poursuivant une autre rigueur.

Le questionnement sur la représentation peut atteindre dès lors le registre même du génie que la raison a ambition de refouler; le parti non mélancolique de Gould, qui s'exprime aussi bien dans ses jugements esthétiques que dans la justification d'interprétations radicales, se pose essentiellement contre la définition romantique du génie qui l'identifie à la puissance. Il se serait, s'il en avait discuté, accordé avec les critères proposés par Kant et surtout avec le projet rationnel de décrire la règle que l'art confère à la nature. Atteindre par ailleurs le statut que procure une victoire sur la mélancolie appartient à un au-delà du génie, et c'est dans ce dépassement absolument transcendant que l'ascèse et la mystique de Gould posent l'idéal de l'art. La sérénité extatique qui en constitue la finalité n'est ni mélancolique ni saturnienne : elle ne subit aucune perte, elle accède au contraire à une plénitude.

Ce point fait ressortir, malgré son incomplétude et sa position en porte-à-faux, la profondeur du portrait de Thomas Bernhard, lui-même invinciblement mélancolique et dépressif, génie aux couleurs obscures et dégradées : en choisissant Gould comme modèle, il le pose à la fois comme oppresseur et libérateur. Le pianiste de génie écrase le musicien médiocre, il le terrasse ; à chacun de nous, il révèle la distance qui nous sépare de cet idéal qui est l'au-delà non romantique du génie. La virtuosité ne peut que tuer, comment en espérerait-on un surcroît de bonté ? Mais dans le même mouvement, il libère de nouvelles formes de représentation, comme l'art du narrateur, devenu « artiste de la représentation du monde ». On sera sensible à cette dispersion du fantasme du génie gouldien, étalé sur trois fictions différenciées, si on se rappelle que Thomas Bernhard fut dans sa jeunesse un musicien virtuose et que toute son œuvre est une traversée en amont de la littérature pour retrouver un état spirituel à la hauteur de la musique de l'enfance, libéré de la bêtise bourgeoise, de la violence du nazisme et de la misère technique.

Dans cette représentation fictive, qu'on peut contraster avec les écrits de Gould, c'est la vérité du refoulement qui surtout me sollicite. La dépression de Thomas Bernhard s'oppose expressément à la joie sereine de Gould, à son assurance, à la certitude de son « dessein spécifique »,

représentée comme délivrée de toute culpabilité. Il suffit
de l'entendre avec Bruno Monsaingeon discuter de l'œuvre
pour s'en persuader. Gould ne croyait pas que son talent le
maintenait dans la réserve infinie d'une séparation oppres-
sante, alors que le narrateur de Thomas Bernhard écrit :
«Quand nous rencontrons le meilleur, nous devons renoncer, pensai-je.» Cette rencontre fictive a lieu à la montagne
du Moine, au lieu dit précisément de la Butte du Juge : dans
cette composition symbolique du génie gouldien, Bernhard
prend le soin de lier le destin ascétique de l'ermite et la sérénité du jugement. En un point obscur donc, la mélancolie
et le travail contre la mélancolie sont une même chose. Ce
paradoxe mérite un effort d'élucidation car, il faut y insister,
Gould ne s'y serait reconnu d'aucune manière.

S'il faut revenir à la représentation du génie de Gould
dans ses écrits, on retrouvera cette même composition d'ascétisme et de jugement serein, analytique et assuré. L'ensemble est élaboré pour faire échec au génie séparé, pour
le garder en contact, pour le dépouiller de toute arrogance :
Gould veut, et cette volonté authentique imprègne tous
ses écrits, que chacun s'approche à travers lui de la sublimité de l'œuvre. C'est ainsi, pour ne donner qu'un exemple,
que j'interprète pour ma part ce que tant de critiques lui
ont reproché : son chant murmuré, alors qu'il exécute une
pièce. Qu'est-ce que ce chant dérangeant, sinon ce reste de
représentation offert comme un signal d'humanité chargé
de garder avec lui ceux qui risqueraient de se sentir exclus ?

On retrouve ici le jeune musicien protestant dans sa paroisse dominicale et son association à une communauté imaginée. Gould lui-même a écrit que le puritanisme tend à concevoir l'art comme «un instrument en vue du salut», mais c'est surtout cette éthique de la communauté qui conférait à son approche cette vocation morale, profondément humaniste. Ne parle-t-il pas de son devoir d'artiste comme d'un «ministère»? Le concept en sera approfondi dans son travail sur les communautés isolées, dans la *Trilogie de la solitude*. Ainsi se révèle, dans son sens le plus ouvert, le puritanisme comme appel de la communauté à une rigueur commune supérieure. Comment comprendre autrement son admiration pour les musiques porteuses d'une injonction morale, d'une capacité d'élévation telle qu'elles rompent, par leur pureté et leur rationalité, tout lien avec la performance et le divertissement? La paix de la communauté est celle que la musique peut offrir à ceux à qui elle procure une forme de sérénité qui n'a rien à voir avec une expressivité incontrôlée: tel est cet idéal puritain, fait à la fois d'un désir de contempler et de partager cette contemplation avec d'autres.

On déformerait mon propos si on cherchait à y voir un exercice de psychanalyse de l'antiromantisme ou du puritanisme, présenté comme une forme de rigorisme sévère. Le génie des interprétations de Gould est indubitable, selon le concept pragmatique du génie qu'on peut opposer à un concept romantique: d'abord, une maîtrise absolue de l'interprétation, faite d'aisance et de fluidité, et aussi un pouvoir de renouvellement assorti d'une souveraineté parfaite sur la convention. Les aspects idiosyncratiques, perçus parfois comme provocateurs, sont absolument secondaires et n'interfèrent aucunement avec l'invention d'une sensibilité possédant ses propres modèles, et d'abord la clarté. Dans cette clarté, qui contient et exprime pratiquement toute son esthétique, les aspects tourmentés du génie romantique sont explicitement retournés sur eux-mêmes : il n'y a plus de trace de complaisance, de simulation, de souffrance feinte, et à la place on trouve la certitude et la netteté, que Gould représentera ailleurs comme un thème ascétique. La transparence se représente donc dans une esthétique d'emblée antiromantique. Le répertoire où ce dépouillement ne pouvait être pratiqué, tout comme celui où le lyrisme était indissociable de la souffrance, comme par exemple Schubert et Schumann, il l'a tout simplement exclu. Que le lyrisme ait conservé une place essentielle dans les œuvres qu'il privilégiait ne contredit en rien cette mise à distance, et telle est en effet ma réponse à l'aporie que j'exposais à l'instant : l'esthétique de la clarté n'exclut aucunement le lyrisme et Gould ne doit qu'à son répertoire d'élection, construit comme un répertoire formel et privilégiant la structure, cette réputation d'être un musicien « intellectuel, cérébral ». S'il s'était mesuré aux *Impromptus* de Schubert, il aurait probablement proposé la même approche que pour les sonates les plus romantiques de Beethoven. Il aurait dégagé, dans un jeu dépouillé, toutes les lignes de structure, mais il n'aurait pas reculé devant le chant.

Tout dans cette représentation que Gould aimait donner de ses choix et de ses raisons travaille contre le romantisme, mais ce que nous aimons surtout chez Gould c'est l'indice qui nous laisse saisir la mélancolie refoulée dans un lyrisme parfait accepté pour lui-même. Nous aimons ce refoulement, nous sommes sensibles à cette résistance au génie romantique, et nous faisons grand cas de tout ce qui peut le rendre trivial, commun, voire banal. Après tout, une part importante de l'iconoclasme de Gould s'est d'abord développée sur ce terrain. Mais nous ne reconnaîtrions pas Gould, comme lui-même n'aurait pas reconnu Schoenberg, s'il avait décidé d'exclure toute espèce de lyrisme au seul profit d'une technique sèche. Ce n'est pas ce que nous entendons quand il joue, ce n'est pas ce que Gould entendait et donnait à entendre chez Schoenberg.

Parmi les facteurs les plus importants de la pensée de Gould, le plus actif à cet égard est certainement la discussion sur l'enregistrement, sur le retrait de la vie de soliste concertiste, sur la valeur de la technologie et sur l'importance des médias. Ce sont toutes des discussions pertinentes, et dont la pertinence est d'abord celle de leur époque. Elles occultent cependant entièrement la banalisation du génie que clairement Gould en attendait, la mise à l'écart de l'artiste romantique et mélancolique. Dans le parti anticoncert de Gould, nous aimons peut-être d'abord la mélancolie du concert cherchant à se vaincre elle-même. Aucune musique mieux que celle de Bach ne pouvait y parvenir. J'essaierai de dire plus loin à quels aspects de la musique de Bach cette conviction se rattache : déjà Philipp Spitta, dans un ouvrage désormais classique, pouvait affirmer que Bach avait purifié la musique des éléments expressifs de la mélodie, pour la ramener à une forme de chasteté austère. Gould n'était pas loin de partager ce jugement qui privilégie la forme sur l'expression, mais il n'aurait jamais conclu de prémisses puritaines que même la mélodie devait être purgée. Un *legato* excessif et inutile, sans aucun doute ; le chant, non.

C'est ainsi en effet que le génie se contraint à faire échec au génie. Si le travail contre la mélancolie finit par devenir l'obsession même de la mélancolie, son symptôme en même temps que son origine, c'est que la mélancolie est inavouable dans le moment même où elle ne peut être dépassée. La démarche de Thomas Bernhard n'est fascinée par l'exemple de Gould que parce qu'elle procède d'une attitude tout à fait contraire : loin de contrer la mélancolie, elle l'investit absolument, elle s'y enfonce jusqu'à la submersion, jusqu'à cette dénonciation du génie qui est au fond de la dépression : paradoxalement, dans ce fond de solitude, Bernhard retrouve une sérénité qui n'appartient en apparence qu'au génie. Tel est peut-être le sens le plus décisif du titre énigmatique de ce roman, *Der Untergeher* : celui qui va au fond, celui qui va dessous l'apparence, et non pas celui qui fait naufrage, celui qui coule. Thomas Bernhard est mort le 12 février 1989, il est mort dans la colère : rien dans la détresse qui l'accablait depuis son enfance de bâtard, son éducation hypocrite à

Vienne, sa maladie pulmonaire, son échec comme musicien et comme acteur, n'avait pu trouver dans l'écriture une consolation. La pratique de la dérision et du cynisme s'était avec le temps retournée contre lui. Si quelque chose de la moralité de l'art ou de son modèle pouvait apparaître, ce serait en imaginant une rencontre de l'écrivain avec le musicien. Je n'évoque aucune réconciliation, seulement la possibilité d'un accueil.

Tous les paradoxes du génie se retrouvent dans cet affrontement qui appartient à la figure de Gould dans la culture européenne. Le portrait de Thomas Bernhard a beaucoup déplu aux amis de Gould, et pourtant il tentait de dire quelque chose de vrai. On ne désamorcera ces paradoxes que si on accepte de serrer de plus près la manière dont la représentation que Gould lui-même mit en œuvre y contribue. C'est la raison pour laquelle tout l'édifice des légitimations et des justifications construit par Gould doit être déconstruit, au sens même où Thomas Bernhard tenta d'isoler le motif de sa puissance : cet édifice appartient de plein droit au travail de l'œuvre et, dans sa tension même avec l'interprétation, il constitue une acceptation de l'art comme forme de vie nécessaire, une position morale et spirituelle. Le pouvoir sur la convention, l'absolu de l'imposition esthétique qui proviennent de la considération du génie peuvent donc être revus dans cette tension même. C'est ce que je voudrais tenter à présent.

Est-il possible de l'exprimer de manière telle qu'on puisse mieux comprendre ce que signifie « représenter » ?

Suivant le rapport qui lie le *Testament* de Beethoven à son œuvre, on peut chercher à saisir la représentation délibérée que donne Gould de son art et de lui-même comme une offrande sans demande. Cette expression appartient à Bruno Monsaingeon, qui la tire de l'auto-entretien de 1974 ; elle est très belle et très juste. Jusque dans ces extraordinaires facéties et comédies de personnages où il se donne en spectacle contre le spectacle et désamorce toute forme de dérision, Gould offre le modèle d'une charité constante de l'intelligence, qui ne s'élève jamais qu'en riant. Rien ne peut l'éloigner davantage du monde de Thomas Bernhard, pour qui le mépris est la première, en même temps que la forme la plus forte du sublime. Cela, paradoxalement encore une fois, peut néanmoins les rapprocher, à la condition de pouvoir isoler une intériorité rare et parfaite, ouverte indifféremment peut-être – et ce sont là deux possibilités qui peuvent être en amitié – sur la compassion et le désir d'élever d'une part, et la dérision et le désir de fuir d'autre part.

L'art de la représentation se donne dans un retrait qui n'est peut-être que provisoire. Quand Gould écrit qu'il a retranché de sa vie musicale « tout ce qui n'était pas cloîtré », il ne fournit pas une affirmation qui contredit sa volonté de donner en rendant l'expérience musicale la plus parfaite et la plus élevée qui soit : sur ce tranchant, la représentation de soi comme offrande répond à l'absence même de la demande, plus exactement à son indifférence. Ce trait, plus que tout autre, sépare la représentation moderne du génie du romantisme. Pour Gould, la plus haute solitude se donne comme garantie de la meilleure communauté. Là donc où le paradoxe de l'art se déconstruit, on pourrait craindre qu'il ne tende à se durcir à nouveau. Les arguments par lesquels Gould a cherché à justifier ce retranchement se rapportent presque tous au bienfait de la technologie, dont on nous dit que l'idée lui en était venue de la lecture de Jean Le Moyne. Il se peut. Tous ces thèmes techniques s'interprètent de manière convergente, dans une direction vers l'auditeur et hors du sujet de l'artiste. Même si on peut parler ici d'une nouvelle « philosophie de la musique », conférant aux techniques de reproduction un pouvoir créateur propre, l'essentiel réside dans cette excentration de l'artiste et de son génie vers la communauté de l'expérience.

Les justifications de la technique opèrent en effet dans deux directions de même portée. La technique protège de la cruauté du concert, elle entoure la vulnérabilité de l'artiste et se présente, pour tout dire, comme une défense. Le studio anonyme isole le génie, il le protège de la foule ; mais dans ce moment même de la technique, cette solitude est ouverte et offerte infiniment dans la reproduction du génie. La plupart des aspects maniaques de Gould, qui se déploient si explicitement contre toute apparence de mélancolie et de dépression, sont à mettre au compte de cette activité paradoxale qui consiste à construire un « écran de communication » : la technique fait écran sur les aspects romantiques du génie, qu'elle refoule délibérément, mais elle ne cherche en fait qu'à en libérer les aspects modernes de diffusion et de communauté renouvelée.

Cette justification s'étend au travail sur le montage des interprétations. En projetant sur l'univers technologique la quête d'une solitude dont la perfection puisse accueillir le génie de l'art, Gould a ouvert la voie à une déconstruction ultime du génie romantique : l'exécution discontinue, hachurée et segmentée, remontée dans une suite de collages s'oppose radicalement à l'exécution virtuose dans un rituel prescrit, sur une scène et dans un temps insécable. Ce dernier refoulement du romantisme est le plus extrême, puisqu'il s'agit d'exclure tout ce qui dans le génie romantique est réaction impulsive à la circonstance, tout ce qui est la fougue du présent et de la présence. Par là, il se rapproche de l'esthétique de Walter Benjamin et de Theodor W. Adorno, dans leur attention à la force du fragment et à la puissance de la parataxe. La juxtaposition intemporelle devient le relais irréductible de la nouvelle création, elle se substitue à un temps contingent et par là projette le génie lui-même dans une forme d'intemporalité qui détruit tout ce qui lui restait de romantique.

Ce qui est frappant dans ces légitimations d'une nouvelle philosophie de la musique, ce n'est pas tant la représentation du génie qu'elles cherchent à construire – pour faire court, le musicien ingénieur/communicateur – que celle qu'elles tendent à recouvrir, comme à dessein de la protéger. J'inscris ici la marque d'un paradoxe supplémentaire : le désir de communiquer et l'impossibilité de communiquer sont la même affirmation, ils expriment la même aporie fondamentale qui résulte du retrait et qui exige du génie une tension absolue entre la certitude de son expérience et le désir de la donner aux autres. Pas seulement de la communiquer, car cela pourrait être une forme moderne de dépasser le paradoxe, mais de donner véritablement, d'offrir. Je reviens à la phrase de Bruno Monsaingeon : une offrande sans demande, une générosité sans conditions et sans attentes.

C'est dans cet effet paradoxal, qui est le fondement même de la manie, que ressurgit le génie refoulé. Ce noyau est central : il concerne les modalités du don de l'art, et, pour faire retour sur cette générosité de l'art, un œuvrement incessant, une mise en acte de la musique dans un réel qui est d'abord une disponibilité, un réservoir, avant d'être une archive de la nouveauté. Aucune formule ne peut serrer d'aussi près la tonalité très particulière des écrits de Gould, dans lesquels il a cherché à la fois à expliquer et à justifier ses partis non conventionnels, et à proposer une expérience évidente de l'art. Sa volonté paraît tendue vers une expression qui ne dépendrait aucunement d'attentes, ce qui déjà la situe par rapport à l'histoire de l'interprétation dans une position apriorique de rupture et d'invention, et coupée de la demande, qui est recherche de reconnaissance et d'exception, désir du spectaculaire et de performance. On voudrait en saisir l'adresse particulière, la tonalité finalement si profondément non allemande qu'on s'en référerait par contraste à l'art de Thomas Bernhard, si tragique dans son constat d'impossibilité. Mais l'*Allemande* de la *Partita n° 2, en do mineur*, sous laquelle je propose cette réflexion sur le génie, indique mon propos et ma lecture : Gould n'a accepté ce destin du génie que dans une figure non romantique, et pour lui ce destin est celui de la tradition à laquelle, au-delà du romantisme, il a choisi de se rattacher, une autre Allemagne, celle qui nourrit Bach et Schoenberg, et qui avec eux proteste contre l'irrationalité et les excès du tempérament. Je voudrais dire aussi qu'elle est à la fois chrétienne et juive, mais je dois me contenter de le noter.

Une telle prodigalité est en fait abstraite ou pure : pour reprendre une idée de Walter Benjamin, elle déplace l'aura de l'ici et maintenant vers une actualité indécise, mais paradoxalement plus certaine. Indécise, car l'expérience de l'art perd sa définition de rencontre physique, de temps, de lieu ; l'expérience se déconstruit comme expérience et se recherche comme représentation pure. L'artiste ne joue plus sur demande, il ne donne pas son génie selon des stratégies d'invitation, auxquelles il se soustrait toujours, quoi qu'il en paraisse, et contrairement à ce qui définissait le concert romantique, il ne propose pas une expérience de l'émotion commune dans le temps. Grand admirateur d'Arthur Schnabel, Gould voulait comme lui présenter un répertoire épuré et dense, et comme lui il se sentait capable de le justifier. Comme Rosalyn Tureck, dont il décrivit le jeu avec tant d'admiration, il souhaitait une pratique morale de l'interprétation. Loin du concert, l'actualité de l'expérience apparaît aussi plus certaine, car la médiation technique assure une communauté de visée, elle présuppose une recherche commune de salut qui dépasse la circonstance. Chacun se retrouve dans une nouvelle communauté d'élévation et de sanctification, seul, devant son appareil. Dans ce processus du retrait comme condition de la représentation, Gould travaillait à son propre anéantissement, à sa disparition comme nom propre, on ne peut en douter, et la meilleure preuve en est cette dissémination des personnages, cette provocation éloignante du héros et surtout cet appel à retrouver chacun pour soi la lumière dominicale des vitraux, la musique pure du puritain.

Plusieurs indices vont dans cette direction : son admiration facétieuse pour le faussaire de Vermeer, ses comédies de personnages, mais surtout l'abondance du discours à son propre sujet, dont le mécanisme est toujours le même, jusque dans cette interview par lui-même : ce n'est pas moi, mais l'autre qui est la vérité de la musique. L'obsession de la clarté, tout comme le recours constant à une forme légère de *staccato*, est à mettre en corrélation avec un retour sur l'auditeur qu'on peut maintenant interpréter : ce travail cherche une polarité qui fait se rejoindre la clarté et l'égalité, plus précisément l'altérité. L'antiromantisme est représenté dans ses justifications comme d'essence profondément égalitaire, lui seul peut vaincre la domination héroïque du pianiste virtuose. Que Gould ait montré dans sa jeunesse des tendances au romantisme, cela est indubitable; on pense, par exemple, à sa passion pour le *Tristan* de Wagner ou à son admiration pour certains chefs flamboyants comme Leopold Stokowski. Sa quasi-vénération de Schoenberg ne pouvait occulter non plus le lyrisme du chant propre au grand Viennois, et quand on écoute l'enregistrement superbe qu'il a préparé en 1964-1965 des six *Lieder, opus 3*, avec la basse Donald Gramm, on voit bien que le programme atonal n'était pas pour lui un évangile rigide. Mais ces préférences furent très tôt dominées par une approche structurale et moderniste de la musique, qui lui fit toujours préférer les œuvres qui se situaient au-delà de l'émotion dramatique et en général de l'expressivité. Dans ce répertoire, le corps n'ambitionne pas de s'émouvoir particulièrement, il a plutôt vocation de disparaître en s'illuminant. Ce pourrait être la définition de leur lyrisme spécifique.

Dans cette abolition des éléments personnels du génie, on n'a bien souvent retenu que les compensations maniaques: le retrait du concert compensé par le rappel de l'artiste chantonnant sur le disque, la sortie de scène compensée par l'écran de télévision. Gould avait déjoué par avance une approche de son travail comme narcissisme esthétique vulgaire; il a au contraire revendiqué un narcissisme esthétique supérieur et profondément spirituel, la construction de soi-même comme être divin, comme il l'affirmait dans ce texte autour duquel je propose l'ensemble de ces variations sur la forme de sa vie. Il n'a cessé de retourner contre ses critiques un personnage qu'il désavouait entièrement, un être médiatique imbu de lui-même, arrogant, provocateur. Sa position était au contraire celle d'un hors-jeu créateur : dans l'art de la représentation qui fut le sien, cet écart est paradoxalement la condition la meilleure de l'altérité. Seule cette position de marginalité permet à l'autre d'accéder sans en subir l'oppression à l'expérience du génie : elle lui est offerte dans la légèreté d'une liberté sûre d'elle-même, mais toujours inquiète du destin de la communauté. Teddy Slotz, Myron Chianti étaient toujours dans le studio avec lui.

Serons-nous satisfaits qu'un paradoxe nouveau dépasse le précédent ? Dans cet enchaînement s'opère un rapprochement du centre, constitué par une présupposition tacite à l'œuvre dans toute la vie de Gould : la possibilité de la réception, la réalité de l'accueil, la certitude de l'égalité. Cela se dit dans le travail du jeu et de l'interprétation, aussi bien que dans le travail de représentation. De tous les traits du génie romantique, celui qui est le plus nettement rayé, c'est l'arrogance. L'œuvre est donnée sur le plan même où elle s'élabore, comme modèle et idéal de l'égalité ; dans sa transparence, dans sa netteté, l'approche est profondément égalitaire. Elle ne protège aucun accès privilégié, elle ne réserve aucune zone mystérieuse ou orageuse, elle ne se fonde sur aucune folie sombre posée comme condition du génie, encore moins comme propriété. Dire finalement qu'elle n'est pas saturnienne, c'est voir en elle une représentation du génie comme offrande pure, comme ouverture. Il faut avoir vu Gould à la télévision, présentant les œuvres de son choix, pour trouver confirmation de cette présence dans son travail, observer comment il n'est jamais en spectacle, comment il veut ouvrir l'œuvre et l'offrir à chacun.

De manière très explicite, je crois pouvoir le conclure, Gould a ouvert l'espace où cette présupposition peut être active, mais il s'est toujours protégé des formulations qui auraient permis d'en préciser la nature. Sur la question de l'enseignement, il s'est retranché ; non pas en disant simplement qu'il ne pourrait pas, mais qu'il ne voulait pas. Mais cette dénégation ne vient contredire que très légèrement une intense activité de diffusion de la musique, associée à la radio, à la télévision, au cinéma. Gould nous a donné tout ce qu'il fallait pour comprendre ce présupposé égalitaire de la représentation, dont on croirait à première vue qu'il contredit le génie.

Le hors-jeu créateur constitue un jugement sur la compétition, sur son pouvoir corrupteur : la volonté de l'art est volonté de dépassement de tout ce qui est anéantissant, stérilisant, dévastateur. L'intérêt de Thomas Bernhard pour Gould prend justement sa source dans cette quête d'une rectitude morale (*moral righteousness*), selon les mots mêmes de l'artiste, qui aboutit à une séparation du monde. Interprétée comme un puritanisme, elle ne conserve la pureté de sa signification que si elle n'est pas coupée d'un idéal généreux à l'égard de la communauté. On n'y trouve en effet ni raideur, ni mépris, ni sécheresse, puisqu'il s'agit d'une solitude recherchée en

vue du don et de la joie. Ces idées sont travaillées métaphoriquement par la représentation, très investie dans les écrits
de Gould, de la latitude nordique, de l'éloignement dans le
désert blanc de l'Arctique. Bien sûr, Gould a donné à ces
métaphores des connotations ibséniennes, liées à sa prédilection pour la *Cinquième Symphonie* de Sibelius, une musique
boréale évoquant les forêts de Finlande, et ce glissement
montre contre quoi il travaillait. Mais les métaphores du
Nord ne reçoivent aucune interprétation mélancolique : la
séparation du monde, la réclusion monastique correspondent
à un « devenir philosophe », à un projet spirituel qui est le
préalable de l'expérience extatique, la condition de l'héroïsme.
J'en parlerai au moment d'aborder son important triptyque
radiophonique, la *Trilogie de la solitude*.

Je reviens encore une fois à ce texte si souvent cité. En
1962, Gould écrit :

> Grâce au ministère de la radio et du phonographe, nous
> apprenons rapidement, et il est bien qu'il en soit ainsi, à
> apprécier les éléments du narcissisme esthétique – et j'em-
> ploie ce terme dans son sens le plus élevé – et nous pre-
> nons conscience du défi pour chaque homme de créer par
> la contemplation sa propre divinité.

Ainsi, ce qui est rejeté du génie romantique se trouve
déporté vers un idéal d'égalité spirituelle dans la solitude.
La solitude, écrit aussi Gould, « nous octroie le don de la
réconciliation ». En quittant l'asymétrie qui caractérise le
concert, Gould ne fait pas que rompre avec une convention

de plus, il ne travaille pas seulement à raturer son identité : il renforce l'égalité de celui à qui parvient l'offre de l'interprétation. Tel est le sens de la représentation de ce génie moderne, tel est le sens de son « narcissisme esthétique ». De la même manière qu'un livre condense dans sa disponibilité infinie l'idée même de l'égalité, de même l'enregistrement légitime le déploiement d'une offre infinie, d'une égalité insurpassée, de sorte que se trouve dénoncée l'illusion de communauté qui se trouverait confinée dans la présence et dans l'exécution continue. La modernité associée au génie de Gould est le dépassement de cette violence ; dans sa représentation, elle déborde la présence pour ouvrir l'accès à un monde égalitaire non conventionnel. C'est dans ce débordement que les paradoxes de la représentation se détendent et acceptent de s'ouvrir dans un don infini.

On peut tenter d'aller plus loin, puisque Gould a donné pour chacun de ces paradoxes une théorie esthétique identique : l'art, dit-il, est une expérience transcendantale dont il s'agit de garantir les conditions d'accès. Ce n'est ni un jeu ni une sublimation, un faire autre chose, mais le chemin d'une réalité pressentie et offerte à chacun. La gravité de l'enjeu est accompagnée par une sérénité qui répond à un idéal de perfection spirituelle. Au moment de chercher à percer l'essence de cet idéal, je souligne la superposition ultime de l'esthétique et de l'éthique qui en commande l'expression : cette expérience transcendantale vise un état où serait suspendu, ou mieux supprimé, tout jugement. Le génie s'établit donc dans un lieu où sa représentation déborde la sphère de l'art.

L'aspect mystique qu'on attendrait ici semble relativement absent des écrits, et sans doute la publication intégrale de la correspondance, dont on dit qu'elle contient plusieurs passages adorniens, pourra-t-elle nous éclairer sur ce point. Je voudrais néanmoins m'attacher à ce désert du jugement – l'expression est de Gould – où l'expérience de l'art est rendue possible. Ne se rapproche-t-elle pas de l'expérience de privation sonore dont John Cage attendait le renouvellement même de la musique ? Cet espace est d'emblée libéré de la convention, qui constitue en quelque sorte le stade archaïque du jugement, son incrustation inconsciente. Le génie est le salut et la délivrance, hors du jugement, de cet inconscient enfin dépassé. En projetant l'idéal d'une subjectivité délivrée du poids du jugement, Gould montre l'importance de ces « *impersonations* », ces imitations de personnages connus dans lesquelles il a cherché à dissoudre la difficulté de prédiquer, d'attribuer, de juger. Certains jugements paradoxaux sont à mettre au compte de cette attitude de purification, comme par exemple sa déclaration de préférence absolue à l'endroit d'Orlando Gibbons ou son amour de la *Toccate* de Sweelinck, ou encore sa vénération de Sibelius. En plusieurs endroits, Gould a formulé le principe qui est à l'œuvre dans le jugement, principe dont il fait le moteur du narcissisme esthétique : parvenir par le moyen de la différence à une forme, même précaire, d'identité. « La connaissance, écrit-il, n'est possible qu'en rapport avec la négation de ce que nous ne sommes pas. »

On voit ici vers quelle profondeur les paradoxes de la représentation du génie nous ont fait, à notre tour, sombrer : je suis ce que je ne suis pas. Musicalement, cette délimitation produit des effets esthétiques considérables : elle disqualifie pratiquement la répétition, elle décourage l'attente, elle justifie la solitude. Dans son commentaire des sonates pour piano de l'*Opus 2* de Beethoven, Gould a montré à quelles ressources une attitude de ce genre donnait accès, notamment la chute du privilège des sonates fortes, telles que l'*Appassionata* et l'admiration des sonates plus formelles, comme celles de l'*Opus 2*. Je ne parviens pas, personnellement, à accepter son jugement sur la *Sonate nº 29, Hammerklavier, Opus 106*, qu'il considère comme un échec, et pourtant je comprends le principe qui a conduit Gould à la juger ainsi, en particulier le retour qui s'y exprime à des structures classiques.

Dans le texte qu'il avait lu en juin 1964 lors de la remise d'un doctorat *honoris causa* à l'Université de Toronto, « An Argument for Music in the Electronic Age », Gould avait utilisé la formule suivante pour condenser son but : « accéder à un champ d'insinuation interprétative fantastiquement subtil et varié ». Cette expression montre assez que la représentation paradoxale du génie moderne n'est pas nourrie par le projet d'une réforme, mais par un idéal de souveraineté. Par réforme, je veux dire l'idée d'un entendement qui cherche à convaincre que quelque chose a depuis longtemps été mal compris et qu'il est temps de rajuster notre compréhension. L'exemple du *Concerto pour piano, en ré mineur* de Brahms, une interprétation publique dont se désolidarisa Bernstein à cause de l'adoption d'un *tempo* trop lent, en rupture complète avec l'histoire de l'interprétation de l'œuvre, sert mon propos : Gould ne pensait pas que le concerto avait toujours été mal joué, il ne cherchait qu'à le jouer autrement, hors de la convention, dans un absolu qui atteigne le désert d'une absence de jugement. Insinuer peut donc se substituer à juger, et il est possible, si on accepte de pénétrer dans une esthétique spirituelle non conventionnelle, de se libérer absolument du jugement. Gould ne s'est pas privé de jugements tranchants, mais la représentation qu'il a donnée de son art montre que toujours il avait en vue le contraire, le dépassement du jugement : aux fins de l'expérience transcendantale, non pas réformer, mais ouvrir. La sonate *Hammerklavier*, de ce point de vue, s'inscrit trop facilement dans la répétition, la structure en est désuète. Pour Gould, la longue fugue sur laquelle elle se clôt est une manipulation.

Chacune des avenues que j'ai explorées débouche invariablement sur le concept de l'extase : pour être juste à l'endroit d'une donnée non mystique – c'est-à-dire d'une expérience esthétique qui ne présuppose pas nécessairement une réalité surnaturelle pour s'accomplir, ou peut-être faudra-t-il dire mystique « au sens de Ludwig Wittgenstein ou de Thomas Bernhard » –, il faut accepter d'y composer plusieurs des éléments disséminés depuis le début de notre parcours. D'une part, l'extase distingue l'état de celui qui échappe aux formules paradoxales de la modernité. Gould croit cet échappement possible, il en fait un but digne d'être poursuivi. Dans la première émission qu'il réalisa pour la série « Music in our Time » et qu'il intitula *The Age of Ecstasy*, il évoqua la pièce contemplative de Karlheinz Stockhausen, *Stimmung*, en invitant à y retrouver cette voix intérieure qui peut nous reconduire au cœur de la structure harmonique. L'exemple est ici aussi parlant que le commentaire, dans la mesure où Gould associe le processus de purification et d'intériorité qui accompagne l'harmonie à une forme de contemplation.

Il en a retracé, pour lui-même, la genèse, à travers l'influence de Schnabel, de Türeck et même de Wagner. Le récit de son souvenir d'enfant, rapporté dans un entretien avec Vincent Tovell en 1960, alors qu'à l'âge de six ans il assista à un récital de Josef Hoffmann, se résume en un mot : il fut « enchanté », il jouait tout l'orchestre, il était devenu Hoffmann. Ce souvenir rare de sa première enfance était demeuré enfoui, immergé dans la blancheur des neiges dominicales, il refait surface en 1955 quand il enregistre pour la première fois les *Variations Goldberg* : la cantilène par laquelle s'ouvre et se referme l'œuvre lui apparaît comme un ballet de l'extase, dans lequel tout peut être compris et recréé. La figure du chiasme par laquelle s'ouvre et se referme la vie même de Gould n'est-elle pas celle des deux enregistrements des *Variations Goldberg* ? Entre ces deux cantilènes de l'enchantement, sa vie s'est trouvée enserrée. À la lecture de ses écrits, on ne résiste pas longtemps au désir de métaphoriser ces cantilènes dans les paysages mêmes où Gould les a inscrites, les solitudes nordiques de sa campagne d'Uptergrove. Mon propre souvenir aimerait s'inscrire, de la même manière nordique, sur une écoute de ses enregistrements des *Inventions* et des *Partitas* de Bach, dont toute ma jeunesse fut littéralement enchantée.

Le refoulement du génie romantique accompagne donc la représentation d'un génie autre, génie moderne dans lequel Gould a investi. Ce qui fait son importance à nos yeux, ce n'est pas qu'il percute de toutes ses forces la tradition et les conventions ; cela, un autre aurait pu le faire à sa place. Plus important est le fait que dans cette représentation du génie fait retour ce qu'elle a précisément pour but d'écarter. Le paradoxe du génie qui s'affirme en niant, qui s'offre sans demande et qui s'inscrit dans un au-delà du jugement qui est, pratiquement, un au-delà de la représentation, met en question le sujet de l'interprétation et l'origine de la représentation.

On pourra donner de ce mouvement une interprétation plus ou moins généreuse. Si on est attentif aux manies et aux aspects obsessionnels du travail de Gould, à son choix de répertoire, à son désir de contrôler les aspects techniques, à son intervention sur l'instrument, on aura peut-être tendance à concevoir ce génie comme la compensation des aspects dépressifs, liés à l'inaccessibilité de l'idéal de l'art, de l'œuvre parfaite : l'impossibilité d'atteindre l'objet, d'y être adéquat, de vaincre la bêtise et la misère. La représentation du génie

dans la manie peut être une façon de renforcer le romantisme du sujet qu'on voulait exclure. Chez Gould cependant,
cette représentation fut poussée en des points si ultimes et
des extrémités si extravagantes qu'il obtint l'effet contraire,
la dissolution du sujet. Cet effet demeure relatif, car nous
avons besoin de maintenir la fiction d'un sujet génie pour
pénétrer dans l'art de Gould, pour en recevoir le bienfait ;
cela, en soi, n'est qu'une forme de plus du paradoxe auquel
son génie s'est affronté, et qui est d'avoir à disparaître pour
communiquer. L'interprétation la plus généreuse est sans
doute celle qui lit dans l'obsession non pas la recherche d'une
condensation singulière et originale, mais un véritable désir
de retranchement, une volonté d'abstraction de soi-même.
La manie, de ce point de vue, ne constitue pas, elle fait écran
et protège la vulnérabilité d'un destin spirituel.

De cette lecture de son génie, Gould avait donné une
sorte de prescription, en confiant à la technique la finalité
paradoxale de renforcement de la solitude, en faisant rempart
au mal tout en lui demandant d'instruire cette solitude dans
un procès de communication. C'est dans le cœur même de
ce paradoxe que Thomas Bernhard a logé sa rencontre initiatique avec lui, et c'est à partir d'ici que pourrait se narrer ma
rencontre avec eux, si elle avait accepté dès le début de se dire
dans ce registre. J'ai présenté cette méditation sur le génie à
partir d'un exemple allemand, mais j'ai surtout voulu aller à
la rencontre d'un autre génie, plus serein et qui a trouvé dans
le souci de l'égalité une voie d'issue à l'aporie du romantisme.

# III

*Courante*

# Les mains de Gould,
# le corps de Glenn

*Partita n° 3, en la mineur*

L'ÉNIGME DES MAINS DU PIANISTE est leur mémoire, leur secret est l'esprit qui les habite. Tactile, physique, profondément matérielle, cette mémoire est engagée dans la répétition de l'exercice depuis les premiers touchers du clavier dans l'enfance, et elle devient avec le temps inséparable du jeu qu'elle finit par constituer. L'art du pianiste est la mémoire matérielle de son style et cette mémoire donne accès dans le même mouvement à une musique immatérielle et indépendante de lui. Mais cette mémoire est aussi immatérielle, puisqu'elle peut aussi bien ne rien entendre et seulement reconnaître l'écriture. Les mains reconnaissent le clavier sans que le regard ait à les guider et parfois sans même que l'oreille entende la musique qui en provient : imprégnées par le rythme et par l'écriture, les mains peuvent travailler en silence. On voit des maîtres imposer des exercices sur des claviers muets et on en voit d'autres qui, pour forcer les doigts, exigent de s'exercer sur des claviers plats, où seule la position des touches blanches et des noires est indiquée, mais privée d'enfoncement. Les doigts qui s'y exercent n'y sentent ni poussée ni traction, ils ne font que répéter les mouvements abstraits d'une partition. En incorporant l'écriture, ils reproduisent le tracé de la partition. Les mains ne sont elles-mêmes que l'instrument le plus visible et le plus complexe d'un système qui met en branle les coudes, les épaules, tout le corps. Les pianistes qui travaillent avec minutie les doigtés s'appliquent à les reporter sur les partitions, mais la mémoire du jeu fait intervenir bien plus que la décision de recourir à l'index ou au majeur. La puissance de la frappe, ou sa délicatesse, répondent des indications de la partition et chaque pianiste sait que son art dépend d'un travail du corps qui ne peut être repris ou recommencé à chaque fois : ce travail vient former une mémoire, il est la mémoire même de l'art qui vient à la rencontre de l'œuvre. Il est dans le corps, il est hors du corps. Les mains et la mémoire, telle pourrait être l'aporie du pianiste.

Glenn Gould aimait à dire que la musique qu'il jouait possédait une existence séparée et immatérielle. Elle existait pour ainsi dire sans ses mains, lui qui pourtant donna à ses mains le soin et l'exercice les plus élevés, les plus exigeants. Ce paradoxe n'est certes pas le seul dans sa pensée, mais c'était pour lui un paradoxe insistant et très concret : il affirmait ne jamais jouer une pièce sur le clavier avant de l'avoir entièrement mémorisée. Il disait même qu'il pouvait jouer et répéter une pièce sans toucher le clavier. Il la mémorisait cependant en la jouant avec ses mains, mais mentalement. Comment une mémoire de l'œuvre peut se construire sans ce rapport sensible au toucher, il est difficile de le comprendre si on n'admet pas comme Gould que la musique est une chose d'abord mentale, spirituelle, et qu'elle se rapproche plus d'un théorème mathématique que d'un geste du corps, du travail des mains au contact de l'instrument. Sa vie durant, il se rapporta à cette imagerie mentale dont il faisait la condition même de son jeu et quand il traversa, en 1977-1978, une crise qu'il crut fatale pour son art, c'est qu'il croyait l'avoir perdue. Il évoquait en effet souvent la nécessité de disposer d'une image non matérielle de la musique, d'en avoir une « expérience non tactile ». Il suggérait que le meilleur moyen d'y parvenir était de se tenir loin de l'instrument, de manière à favoriser une intelligence purement analytique de l'œuvre : jouer, aimait-il rappeler, représente toujours un compromis, et même si ce compromis semble inévitable, car on désire toujours entendre quelque chose matériellement, on peut en minimiser les effets en recherchant la proximité de cette musique idéale et transcendante. Sa mémoire de la musi- que était prodigieuse, on peut s'en remettre au témoignage de Bruno Monsaingeon qui rapporte le souvenir suivant : après une séance d'enregistrement avec Gould, alors qu'ils rentraient en voiture, ils entendirent à la radio un quatuor à cordes. Tout en l'écoutant, ils cherchaient à l'identifier et n'y parvenaient pas. Le présentateur leur apprit qu'il s'agissait du *Quatuor en fa mineur* de Mendelssohn. Le lendemain matin, de mémoire, Gould en joua un mouvement entier au piano, celui-là même qu'ils avaient entendu dans la voiture.

Comment comprendre cette proximité de la musique et de la pensée ? Toutes les musiques ne sollicitent certes pas le corps de la même manière et, dès sa jeunesse et sa formation auprès de son maître, Alberto Guerrero, Gould avait appris à privilégier le répertoire qu'on dira plus intellectuel : c'est ce grand pédagogue qui, en effet, lui fera connaître et aimer la musique de Schoenberg, pour ne rien dire de sa prédilection pour Bach. S'agissant d'une approche marquée par l'intellectualité, ces musiques exhibent d'abord des structures, des architectures, des lignes qui sont des objets spirituels, mentaux. De là à déclarer, comme Gould le fit à la fin de sa vie, qu'on ne joue pas avec ses mains, mais avec son esprit, la distance n'est pas très difficile à franchir. La question du corps n'en demeure pas moins énigmatique, personne n'irait jusqu'à affirmer que les répertoires plus intellectuels sont aussi les moins susceptibles de s'inscrire dans le corps : même la ligne la plus simple, si elle propose un chant, le fera se mouvoir en se berçant et en tanguant légèrement, jusqu'à entraîner cette torsion qui met en tension le bas et le haut. Les liens de ce lyrisme très particulier du répertoire contrapuntique avec la recherche de l'élévation, pour être très visibles dans tous les enregistrements filmés de Gould et quasi perceptibles à l'écoute, n'en sont pas moins ineffables et le repli sur une position à la fois contractée et délivrée de la pesanteur difficile à décrire.

Cette esthétique intellectualiste, qui emprunte tout à une forme de platonisme sublime, conduisait Gould à des conclusions extrêmes : l'existence d'une œuvre non seulement était indépendante du corps de l'artiste, mais il n'était finalement pas très important qu'aucune soit jamais jouée, si on pouvait y avoir accès autrement. Le pianiste peut-il donc vraiment jouer sans ses mains, avec son seul esprit ? Tous ceux qui ont entendu Gould sans le voir savent que son jeu possédait des caractéristiques très particulières, pour la plupart tributaires de cette esthétique de la séparation et de l'abstraction. Le meilleur terme serait, je crois, celui d'une esthétique analytique, se fondant sur la priorité de la clarté de chaque partie. La clarté, la précision de la ligne, la transparence du contrepoint y sont l'objet d'une attention qui en fait un style, et ce style commande à son tour le choix d'un répertoire qui préfère Bach et les virginalistes anglais aux œuvres classiques et romantiques. On pourrait presque dire que Gould avait fait très jeune le choix d'une musique de l'esprit, et non d'une musique du corps et qu'il s'y maintint toute sa vie. Son ami de jeunesse, Robert Fulford, a témoigné de cette évolution. Il avait noté que, pour Gould, la musique devenait de plus en plus immatérielle : « Par moments, il parlait de la musique comme si elle existait dans un monde à part, abstrait, au-delà de toute matérialité. »

Ce portrait a néanmoins quelque chose de trop simple, il est à la fois vrai et insuffisant. Vrai en ce qui concerne l'esthétique, dans la mesure où les principes du contrepoint

se fondent sur une doctrine théologique de l'harmonie universelle à laquelle la musique doit donner accès au-delà du
monde sensible : les formes musicales sont en effet de véritables formes immatérielles, et comme Kant y a insisté dans la
*Critique de la faculté de juger*, elles seules sont susceptibles
du jugement de beauté. Le son matériel peut être plaisant, il
n'est beau que s'il apporte avec lui la signification intelligible
et la structure qui sont l'essence de l'art. Cette conception ne
va pas de soi, tous les théoriciens de la musique ont leur point
de vue sur la notion d'une musique pure, indépendante du
son. Décrire la musique, est-ce la comprendre ? Et quel genre
de compréhension est requise pour éprouver le plaisir de la
musique ? Il suffit de lire l'œuvre de Peter Kivy pour mesurer
la complexité de l'enjeu, mais Gould ne semble pas s'être
soucié des débats philosophiques où ses positions tranchées
le faisaient intervenir. Il connaissait l'histoire du contrepoint
et ses origines religieuses, certes, mais il ne discutait jamais
les principes de son esthétique. Il avait ses convictions et
n'aurait pas apprécié un contradicteur philosophe.

Ce portrait n'en demeure pas moins inadéquat et très
partiel en ce qui a trait au jeu lui-même. Si on peut dire que
Gould ne jouait pas avec ses mains, mais avec son esprit
et que sa musique relève d'un idéalisme affirmé, il suffit de
regarder les nombreux enregistrements qui ont été conser-
vés sur film pour voir autre chose. Tant dans les captations
filmées de ses concerts, par exemple ceux de sa tournée
en Russie, que dans les nombreuses séances tournées avec

Bruno Monsaingeon, nous voyons en effet un corps qui n'est pas le simple relais mécanique d'une pensée, mais un corps au travail, un corps en acte, un corps absorbé dans son art.

Décrire ce corps, c'est tenter de saisir une extase intérieure et une voix qui chante, une extase qui ne se cache pas, une voix qui se fait entendre et révèle le secret du chant. Si nous ne pouvions voir ce corps, ou même entendre cette voix que Gould a refusé de supprimer – même dans les enregistrements où il aurait pu le demander car, au concert, il ne pouvait le faire –, aurions-nous la même perception de son jeu, saurions-nous avec autant de certitude ce qu'il avait choisi de jouer et de donner comme interprète? Cette question obsédante ne s'adresse pas qu'à lui. Il arrive qu'en choisissant une place de concert on veuille pouvoir voir le jeu de l'artiste: on veut voir les mains, on veut voir le corps dans son rapport à l'instrument, on veut voir l'artiste. Que dirions-nous par exemple si le concert se donnait désormais derrière un voile nous cachant les interprètes? Nous serions alors dans la position de purifier l'écoute du trouble de la vue, mais perdrions-nous quelque chose? À suivre Gould, nous ne perdrions rien, puisque c'est après tout ce que nous faisons en écoutant des enregistrements, mais aurait-il raison? Une autre forme de cette question a trait aux images: pourquoi nous semblent-elles si importantes, si elles ne participent pas au procès de compréhension du ravissement, de l'emprise de la musique sur le corps? Comment la musique émeut-elle et quelle est la place du corps?

Qu'exprime-t-il quand il se soulève comme s'il voulait se sortir de lui-même et quitter la gravité?

Les mains de Glenn Gould, comme tout son corps, il a voulu les soustraire au regard en abandonnant le concert. Cette décision était motivée, je l'ai évoqué, par des raisons très complexes, allant du besoin de fuir le monde de la compétition, qui transforme l'artiste en animal de cirque, au désir d'intervenir techniquement sur l'interprétation en investissant le travail du studio. Mais un des effets les plus paradoxaux de cette décision a été d'amener Gould devant les caméras de télévision et de cinéma, et à multiplier son image, alors que le concert la maintenait réservée à des publics très restreints. Gould a donc retiré ses mains et son corps, en ne les offrant plus au regard direct du public, mais il les lui a redonnés par l'intermédiaire de la caméra. Qu'on regarde le film admirable qu'a tiré Bruno Monsaingeon en 1981, juste avant la mort de Gould, de l'exécution des *Variations Goldberg* ou encore son plus récent témoignage, *Au-delà du temps*, où il a rassemblé plusieurs extraits inédits, et notamment une pièce de Brahms qui nous donne accès à une émotion très rare, le constat est le même: les mains de Gould, tout le jeu de son corps ne sont pas indifférents à ce que nous entendons, ils font entendre en donnant à voir. Il s'est trouvé des critiques, comme François Delalande, pour tenter de comprendre ces gestes comme un système, et de fait, pour ne donner qu'un exemple, nous pouvons observer Gould battre souvent de la main gauche une musique jouée

136

de la main droite. Je ne sais pas si on peut aller très loin dans cette direction, l'expressivité du jeu demeurant toujours à bonne distance du travail précis sur le clavier. Mais nous serions privés d'un accès privilégié à la musique si nous ne pouvions nous associer à cette intensité particulière qui traverse tout le jeu dans le corps.

La raison en est d'abord que c'est aussi notre corps qui est atteint et qui désire reproduire ce mouvement en le recueillant. Plus exactement qui souhaite instinctivement reprendre ce mouvement pour accueillir le même état de la pensée et du cœur, le même émerveillement. Ici encore, nous nous trouvons sur le seuil d'un des débats philosophiques les plus vifs dans l'esthétique musicale : c'est celui qui oppose les partisans de la connaissance à ceux de l'émotion. Si une musique nous semble triste, est-ce parce qu'elle suscite en nous cette émotion, ou possède-t-elle une propriété formelle que nous pouvons reconnaître ? Jean-Jacques Nattiez, plus clairement que d'autres, a exposé les apories de la signification et de l'expression en musique. Il a également proposé une synthèse de l'esthétique de Gould qui met en relief la question de la temporalité et le privilège de la structure. On a souvent écrit que le jeu de Gould était d'abord mis au service de la structure, peut-être au détriment de l'expression : cette manière de dire les choses entend mettre en relief le privilège de la forme musicale et l'équilibre des parties, exposée par exemple dans le contrepoint, sur les autres aspects de la musique, comme la texture, mais elle laisse injustement dans l'ombre, et pour ainsi dire caché derrière un voile, le travail de l'expression perçu, éprouvé dans et par le corps. Aux yeux d'un théoricien, ces deux registres se superposent : l'émotion ressentie à l'écoute d'une œuvre aussi belle que les *Variations Goldberg* peut se décrire d'abord comme l'émotion fondamentale du son, mais elle sera mieux comprise si elle incorpore la compréhension de la forme, la beauté intelligible de l'art du contrepoint, perceptible dans l'énoncé des lignes et l'équilibre des parties. Je ne m'engage pas davantage sur ce terrain de l'esthétique, je veux seulement montrer comment tout le travail de Gould s'y dispose de la manière la plus directe.

Le paradoxe de la pensée de Gould sur la musique et le corps se reproduit donc dans sa décision de quitter le monde de l'apparition dans le concert et de la multiplier ensuite dans l'image filmée. L'image de Gould assis sur sa fameuse petite chaise basse et bancale, le forçant à une inclinaison des coudes et des épaules qui va jusqu'à briser la ligne de son cou, est la plus connue parmi toutes celles qu'on peut voir aujourd'hui. Cette chaise avait été fabriquée pour lui par son père et même quand elle fut devenue très inconfortable, il ne voulut pas s'en séparer. Elle appartient à son mythe, autant que le Steinway CD 318. Si on la compare aux photographies prises par son ami Jock Carroll, alors qu'il n'avait que vingt-quatre ans, on voit la transformation de la posture à travers le temps. Cette posture ressemble à une étreinte protectrice, dont le trait principal serait le repli, le refus de la domination. Dans cette posture, la courbature du dos montre tout ce qui dans le mouvement du corps résiste à une élévation glorieuse, à un pur sursaut pour se dresser vers le haut : Gould au piano n'est jamais triomphant, le brio magistral n'est pas son monde, rien ne semble plus loin de lui que le geste d'Horowitz qui semble toujours attendre le moment de bondir pour accueillir le tonnerre des applaudissements. Le corps de Gould au clavier semble s'intérioriser à chaque mesure et n'attendre au contraire qu'un silence infini. Il se penche avec une sorte de compassion minutieuse et exagérée sur le clavier et son dos voûté, ses genoux pliés composent une image inimitable : son visage touche en effet presque le clavier et on a le sentiment d'un effort si concentré que le reste du corps, les épaules et le torse en particulier, sont des obstacles à cette approche des mains et du visage. Kevin Bazzana a comparé cette posture à la position fœtale, allant jusqu'à affirmer que Gould retrouvait dans le contact avec son instrument une forme de sécurité utérine, dont il aurait gardé la nostalgie depuis les heures passées à travailler l'instrument sur les genoux de sa mère. Gould n'était pas encore né que déjà Florence Greig l'exposait à la musique. À trois ans, il était à l'instrument et on rapporte qu'il sut lire une partition avant même de déchiffrer les pages d'un livre. Tout cela, c'était le désir de sa mère qui avait décidé d'en faire un musicien parfait.

Refuge, le piano l'est certes pour tous les pianistes qui y trouvent l'instrument pour accéder à un autre monde et

Gould s'est toujours montré enclin à faire de cet accès le but même de l'art. L'instrument fut-il en ce sens un lien de tous les instants avec son enfance idyllique, avec cette période de sa vie où le retrait et l'échappement aux vicissitudes de la vie ordinaire étaient encouragés par le désir de sa mère de faire de lui un artiste? Je serais tenté d'accepter cette lecture, dans la mesure où elle seule permet de rendre compte non seulement du refus du machisme pianistique, mais aussi et surtout du lien quasi fétichiste à un instrument particulier et à une chaise, qu'il ne cessa de modifier pour atteindre, sans jamais y parvenir, la position parfaite. Cette position pouvait-elle être atteinte, si elle avait pour terme une éléva- tion telle qu'elle exigeait une forme de fusion, presque une disparition dans l'instrument?

Cette lecture n'est peut-être pas, par ailleurs, entière- ment nécessaire, malgré tout ce qu'elle permet d'évoquer du rapport maternel à l'instrument, pour comprendre la différence entre une maîtrise brillante et dominatrice et ce qu'on pourrait désigner comme l'exercice d'un soin pur dans la recherche de la sublimité. Si cette position était la préférée de Gould, et cela en dépit du fait qu'elle l'ait contraint à des soins de physiothérapie constants, c'est parce que, selon lui, elle favorisait une certaine netteté dans l'attaque et permet- tait plus de puissance dans le développement. Les mains de Gould avaient été, dès les premières années de sa formation auprès d'Alberto Guerrero, exercées dans une position de frappe qui a été depuis beaucoup étudiée. Il s'agissait d'une forme d'exercice de martèlement des doigts, indépendant du contact avec le clavier. Décrite dans le détail par les biographes de Gould, cette technique exigeait de jouer chaque main séparément, en frappant de la main muette les doigts de la main qui joue, celle-ci étant placée sur le clavier, mais sans enfoncer les touches. Les témoignages relatifs à cet exercice sont assez nombreux pour qu'on tente d'y retrouver les conditions de cette clarté du jeu, de la précision des premiers enregistrements. Les *Variations Goldberg* dans la version de 1955 auraient été préparées par cette technique très exigeante, et entièrement travaillées de cette manière abstraite avant l'exécution elle-même.

Persuadé que la puissance du jeu provient d'abord de la force du dos, et non des bras et des épaules, le professeur de Gould voulait pour ainsi dire libérer le jeu de la tension des bras. On a rapporté qu'il appliquait sur les épaules de ses élèves une pression très forte alors qu'ils jouaient, ce qui les forçait à résister en tendant leurs muscles dorsaux. Gould a décrit, dans le journal de 1977-1978 sur lequel je reviendrai plus loin, comment il se représentait le système complexe qui reliait ses membres et son dos. Mais il n'a jamais mis en question la représentation – faut-il l'appeler physiomécanique ? – qu'il avait héritée de son maître et qui comptait certainement pour beaucoup dans le développement de tous les problèmes musculaires qui l'affligèrent au cours des ans. Gould fut même tenté par des approches de physiothérapie sophistiquée faisant appel aux ultrasons, malgré les réticences de son ami, le médecin Peter Ostwald, qui en parle dans ses souvenirs. Une technologie aussi complexe n'allait pas sans conséquences, mais Gould ne semblait pas les redouter. L'idée de tremper les mains dans l'eau chaude avant de jouer est plus banale, elle semble aussi avoir été celle de ce professeur singulier, encore qu'elle n'ait rien d'étonnant pour un pianiste soucieux de légèreté et qui disposait, très jeune déjà, d'une technique parfaite.

On pourrait sans doute blâmer ces excès dans la technique préparatoire pour tout ce qui, dans la vie adulte de Gould, semble en avoir été le résultat, mais ce serait ne pas tenir compte de tous les problèmes, certains réels, certains imaginaires, qui détériorèrent sa santé au cours des ans. Ici encore, nous retrouvons un difficile paradoxe : pour l'artiste, le corps était un instrument docile et parfaitement maîtrisé, comme en témoigne la qualité de son jeu jusqu'à la fin, et cette docilité n'avait pas de prix ; pour l'homme, ce corps était un nœud de souffrances inimaginables, une angoisse de tous les instants, comme le révèle notamment ce journal qu'il tint en 1977-1978 à l'occasion d'un travail qu'il fit sur ses mains et sur tout son corps pour tenter de retrouver une discipline et une puissance qu'il croyait perdues. Ses mains notamment étaient pour lui l'objet de douleurs chroniques, il portait presque toujours des gants et ses biographes n'ont pas manqué d'associer toutes les manies reliées à son jeu à une hypocondrie qui affectait l'essentiel de ses rapports avec la vie ordinaire.

Il n'est sans doute pas utile de revenir dans le détail sur cet aspect trop réel de son lien à la vie du corps, sauf pour insister sur le fait que plusieurs des problèmes « médicaux » de Gould n'avaient rien d'imaginaire. Une blessure sérieuse au dos, alors qu'à l'âge de dix ans il mettait à l'eau, en compagnie de son père, le bateau familial au lac Simcoe, semble avoir entraîné des conséquences chroniques très réelles sur sa colonne vertébrale et tous les médecins qui l'ont soigné ont témoigné des effets pernicieux de cet accident. Mais cette blessure de jeunesse est-elle responsable de tout, peut-elle expliquer toutes les plaintes de Gould ? Cet accident a sans doute entamé définitivement l'image qu'il se faisait de la perfection du corps, de son indispensable docilité, en révélant la fragilité de ce qu'il considérait et traitait, déjà jeune, comme un pur instrument. Elle a renforcé l'idée que Gould n'était pas son corps, qu'il était pour ainsi dire à l'extérieur de lui et pouvait résister à sa volonté.

Ce corps, Gould croyait pourtant bien le connaître. Il n'a cessé de recenser, de la manière la plus obsessionnelle et la plus objective, en recourant à la terminologie médicale qu'il recueillait avec soin, tous les symptômes, et surtout tous les diagnostics dont il fut l'objet. La crise qu'il traversa en 1977-1978, une crise d'abord provoquée par l'anxiété de perdre le contrôle sur sa technique, en constitue l'épisode le plus douloureux. Mais l'hypocondrie était là aussi, presque depuis le début. Dans une lettre datée du 18 octobre 1958 à son imprésario, Walter Homburger, alors qu'il venait d'annuler tous ses concerts pour le mois en raison d'une grippe insistante et qu'il avait trouvé refuge dans un hôtel de Hambourg, qu'il compara au sanatorium de *La montagne magique* de Thomas Mann, il décrit les résultats inquiétants d'une radiographie de ses poumons et il fait état d'une perte importante de poids. Dans les jours qui suivirent, il note avec angoisse que son poids atteint cent cinquante livres à peine. La lecture de toutes les lettres de cette période, en particulier celles qui font suite à l'édition préparée par Bruno Monsaingeon du texte du journal de 1977-1978, donne le vertige : Gould se montre capable de décrire avec la plus extrême minutie des pathologies complexes qui toutes, à l'en croire, font partie de scénarios dramatiques qui finiront mal. Si on met à part la tournée en Israël cette même année 1958, les mois qui suivirent le trouvèrent pratiquement toujours souffrant et déprimé, et on en vient à penser que c'est la vie même qu'il menait qui était la cause d'une telle fragilité. Quelles que soient les raisons d'une telle vulnérabilité, celle-ci n'était que trop réelle et on peut regretter que l'accumulation d'épisodes de ce genre n'ait pas été considérée sérieusement par ceux qui auraient pu en prévoir la gravité ultérieure. Ou peut-être avaient-ils trop rapidement désespéré de convaincre Gould de renoncer à se soigner lui-même ? Son physiothérapeute principal à Toronto, le chiropraticien Herbert J. Vear, a décrit l'ensemble de ses symptômes et a montré comment ils étaient devenus chroniques, surtout pour la région du cou et des épaules. Il en blâmait d'abord la posture de Gould à l'instrument, mais il oubliait peut-être de regarder tout le corps de Gould dans le reste de sa vie, de toute sa vie.

Gould avait une peur congénitale de la maladie et il semblait vivre au contact constant d'un organisme en péril. Il souffrait d'hypertension, mais ce problème semble avoir été rapidement circonscrit. Cela ne l'a pas empêché de se représenter lui-même comme quelqu'un qui souffrait constamment de graves problèmes circulatoires. Ses notes médicales, en particulier celles qu'il rédigeait avant de consulter, sont pénétrées d'une obsession qui confine à la panique, et ce rapport maniaque avec son corps semble s'être installé très tôt. Ses biographes insistent tous sur sa crainte maladive des germes, ce qui non seulement l'amenait à faire usage de toutes sortes de produits purifiants, et sans doute toxiques comme le Lysol, mais aussi lui faisait fuir la compagnie de tous ceux qui n'avaient qu'un simple rhume. Faut-il voir dans cette hypocondrie accablée la raison de sa mauvaise posture, et plus généralement la source de tous ses malaises dans ses contacts avec les autres ? Serrer une main était une expérience pénible pour lui, mais comme j'essaierai de le dire plus loin, il y a sans doute des raisons d'une autre nature à cette difficulté, elle aussi chronique, d'habiter un corps, de ne pas le maîtriser dans la vie ordinaire, alors qu'il est devenu avec le temps un serviteur si parfait aux fins de l'art. Gould a montré sur ce plan, comme pour le reste, une attitude si paradoxale qu'on pourrait presque regretter de n'avoir pu le confronter : quand on fait la liste de tous ceux qu'il consulta pour des soins médicaux, on ne peut que s'étonner de l'ampleur et de la diversité des ressources médicales qu'il jugeait nécessaires. Souvent, bien sûr, il les jouait les uns contre les autres, il accumulait les ordonnances et se croyait capable d'en évaluer la compatibilité et d'en mesurer les effets secondaires. Mais quand on s'arrête à penser au bienfait qu'il en retirait, il semble n'avoir vraiment trouvé auprès de personne le repos et le bien-être qu'il recherchait. Il se croyait lui-même en meilleure position pour juger de ce qu'il lui fallait et ses biographes, qui font l'inventaire de ses expérimentations, racontent des choses vraiment hasardeuses, comme l'acquisition de cet appareil de diathermie pour produire un réchauffement musculaire avec une charge électrique. Un maître de yoga, qui l'aurait persuadé d'adopter une posture adéquate, et de faire quotidiennement des exercices simples de respiration et d'équilibre, lui aurait rendu le plus grand des services. À la place, des physiatres et des orthopédistes exaspérés lui prescrirent des médicaments anti-inflammatoires, comme l'*Indocid* (indométhacine), le *Naprosyn* (naproxène) et du phénylbutazone, à des doses chaque fois plus puissantes, de sorte qu'il se considéra comme affligé d'une pathologie arthritique de la plus haute gravité et s'intoxiqua lui-même en multipliant les médicaments. Le fait est aussi que toutes les ordonnances qu'il croyait nécessaire de s'administrer, ce sont des médecins qui les lui prescrivirent. Comme d'autres, j'ai fait la liste de tous ces médicaments, de leur nom commercial et des molécules qui les constituent :

c'est une rhapsodie qui par sa longueur et sa sophistication devient tragi-comique. Elle occuperait plusieurs pages.

Gould quant à lui manipulait cette symptomatologie médicale avec une sorte de fatalisme désabusé, comme s'il devait subir une sorte de fatalité médicale personnelle : néphrite, aponévrite, fibrosite, aucun de ces syndromes n'était assez dramatique pour remplir le rôle qu'il en attendait, faire dire au corps sa malédiction. Les médecins, c'est un fait connu, n'aiment pas les patients trop savants, mais Gould faisait hélas partie de cette catégorie exaspérante et même son ami Peter Ostwald n'arrivait pas à le ramener à une attitude plus sereine et surtout plus confiante. S'il avait manifesté les symptômes du pire, il aurait eu, il faut le craindre, enfin la preuve que son corps se dressait comme un obstacle puissant sur le chemin de son génie, et c'est cette preuve qu'il recherchait. Un vrai cancer l'eût peut-être sauvé : il aurait enfin pu localiser le mal, prendre, comme Hans Castorp, un peu de repos à la montagne, et cesser d'imaginer qu'il était envahi de partout d'agresseurs pathogènes. Gould a au contraire multiplié les diagnostics imaginatifs et catastrophiques, il a continué de vivre de la manière la moins saine possible, il n'a cessé de réinterpréter son histoire personnelle comme s'il avait subi dans sa jeunesse des traumatismes si profonds que toute sa structure physique en était irrémédiablement affectée, et il pouvait produire des descriptions, très étonnantes par leur précision et leur intensité, de ce dont il souffrait. Bref, il disposait de toutes les justifications nécessaires pour continuer dans la même direction, la pire de toutes.

Un épisode dans cet ensemble complexe mérite qu'on s'y arrête un instant : au début de l'année 1950, Gould se trouva sur le lac Simcoe. Imprudent peut-être, il marchait sur une partie du lac dont la surface de glace n'était pas assez solide et il tomba dans les eaux froides du lac et subit alors un grave refroidissement. Je ne connais pas la source de ce souvenir, rapporté par Kevin Bazzana, mais il m'a laissé une impression durable et par moments angoissante, même si je sais si peu de chose de la circonstance ; je n'ai pu en effet réprimer une association inquiétante, en pensant que Gould avait choisi comme l'image qu'il préférait de lui-même une photographie de Don Hunstein prise en janvier 1970 et où on le voit s'avançant sur la surface glacée d'un lac. Lui qui se plaignait si souvent du froid, et qui redoutait toute forme de refroidissement au point de s'emmitoufler en hiver comme en été, aura connu ce jour-là une heure de perdition effrayante qui l'accompagna ensuite sans relâche et qu'il ne sut conjurer que par une image protectrice : son manteau, sa fameuse casquette, ses gants.

Sa fin brutale, alors qu'il fut emporté par une hémorragie cérébrale, ne lui donna pas l'occasion d'en témoigner de manière plus précise, mais on ne peut s'empêcher de penser que cette mort tragique qui se préparait dans ses vaisseaux depuis longtemps aurait pu être évitée. L'idée de suivre des conseils et d'adopter un régime de vie plus sain, pour ne rien dire de la nécessité de renoncer à construire ses propres diagnostics et à fabriquer lui-même sa propre pharmacopée, ne semble jamais lui être venue à l'esprit. Il souffrit certainement beaucoup, il n'y a aucune raison d'en douter : la recension de tous ses malaises, pour ne rien dire de ses rapports très compliqués avec ses médecins et ses physiothérapeutes, et cela jusqu'à la fin de sa vie, occuperait un livre entier. La question est plutôt : pourquoi eut-il face à la vie du corps une attitude si empreinte de manichéisme et si peu lucide ? Pourquoi la notion même de la santé lui parut-elle toujours secondaire, triviale, sans importance ? Comment expliquer qu'il se soit engagé dans une spirale de sédatifs et d'anti-inflammatoires, et même de barbituriques comme le *Nembutal*, sans s'inquiéter des effets à long terme ? Ses notes, faites de listes interminables de médicaments et de posologies, étaient pourtant des signaux d'alarme très clairs.

◆ ◈ ◆

Le corps de Glenn Gould était physiquement lié à son instrument. Sur le piano Chickering de son enfance, ou ensuite sur son Steinway de prédilection, le fameux CD 318, Gould n'a cessé de rechercher une touche parfaite, c'est-à-dire non seulement un ajustement des doigts et du mécanisme de percussion, mais une continuité idéale dans l'articulation et la répétition des touches. Cette recherche entre-t-elle en contradiction avec sa profession d'idéalisme ? Quoi qu'il ait dit de la distance de l'idéal musical ou de l'œuvre séparée,

Gould le pianiste est demeuré toute sa vie attaché pour ainsi dire techniquement à son clavier. Il pensait certainement que le travail de ses mains, que tout son corps devait être soumis à une forme d'idéalité de la musique, mais il se livrait entièrement à cette recherche physique qui devait le faire coïncider avec son instrument. L'histoire du CD 318, tout autant que celle de la chaise, recoupe presque entièrement la vie de Gould et, comme elle, elle est l'objet d'un souci obsessionnel et quasi médical de perfection. Gould parlait du mécanisme de ce piano comme il aurait parlé de son propre corps, évoquant les accidents – et notamment la fameuse chute de 1971, lors d'un transport, qui rappelle son propre accident de jeunesse et représente le même traumatisme –, les soins et presque la physiothérapie, en la personne de son technicien Verne Edquist. Presque jusqu'à sa mort, Gould s'identifia à la vie du CD 318 et il ne le remplaça qu'aux extrémités, quand il fut contraint de constater qu'il était rendu au bout. Aurait-il pu percevoir que comme cet instrument usé, fatigué par tant de déplacements et d'interventions mécaniques, il était lui-même rendu à bout et qu'il était temps de détendre les contraintes et de s'abandonner ? Il était probablement trop tard. Ses derniers disques furent enregistrés sur un instrument Yamaha, notamment la deuxième version des *Variations Goldberg,* mamis la relation à l'instrument avait pour ainsi dire cessé d'être fusionnelle.

Dans les images que nous conservons de lui, nous retrouvons l'expression de ce qu'il avait lui-même formulé, dans cette phrase autour de laquelle je ne cesse de tourner, comme la finalité ultime du travail de l'artiste : comment le corps peut-il s'engager dans ce processus infini, dans cette « édification progressive, au cours d'une vie entière, d'un état d'émerveillement et de sérénité » ? Cette petite phrase, toujours la même, mériterait, sur le registre particulier du corps, une longue méditation, car elle engage l'esthétique de Gould au clavier et la pratique du détachement. Le jeu de Gould participe de cette recherche de l'idéalité associée à la perfection du contrepoint et cela se montre en particulier dans le choix des œuvres, mais il est aussi un travail du corps vers une forme de séparation permettant d'atteindre des fins qui dépassent la nature même de la beauté. L'émerveillement (« *a state of wonder* ») et la sérénité ne sont pas à proprement parler des émotions, mais des attitudes, des états moraux, des formes de sagesse que toute la philosophie, de Kant à Heidegger, a tenté d'exprimer dans une continuité profonde avec les idéaux de l'éthique. L'artiste qui choisit de les privilégier dans son art ne cherche pas seulement la perfection matérielle de l'objet, il désire aussi et surtout la perfection de l'âme, ce retour sur soi-même de la beauté. Je parlerai plus loin de la confirmation des principes de cette esthétique que trouva Gould dans l'œuvre de Natsume Sōseki, mais il suffit de le regarder à l'instrument pour en saisir toute la profondeur. Le jeu de Gould le montre souvent, je l'ai décrit, lui-même emporté intérieurement par un ravissement qui le mène dans un espace séparé, coupé des contingences du monde, et dans cet espace, son corps transformé, ses mains et ses bras deviennent l'expression de cet émerveillement. Le regard est tourné vers l'intérieur, les yeux sont fermés et la fusion avec l'instrument est absolue. Par moments, et sans qu'on puisse vraiment le prévoir, Gould accompagne son jeu d'un léger chantonnement, murmuré et audible. Dès ses premiers concerts, tous ces traits sont présents et les critiques les notent avec un mélange d'admiration et d'agacement, comme si ces ultimes traces du corps devaient absolument être effacées. Mais qui pourrait, qui oserait ici distinguer le maniérisme et la manie du ravissement d'un corps par la musique? Ici aussi, Gould se montre transgressif, car il met à nu, en l'excédant, tout ce qu'avait d'insupportablement bourgeois cette expressivité du corps au concert.

Cette intensité ne résulte pas d'une tension recherchée explicitement dans l'émotion, puisque le répertoire l'exclut pour ainsi dire *a priori*. L'émotion peut résulter de l'œuvre, elle ne peut en constituer l'objet déclaré. En favorisant des œuvres dont l'archétype serait le *Clavier bien tempéré* ou l'*Art de la fugue*, Gould a investi une forme de symétrie entre la parfaite clarté du jeu au clavier et la musique du contrepoint. L'émerveillement n'est justement possible qu'à compter de cette coïncidence, car autrement il s'agirait d'autre chose. Dans les écrits nombreux où il s'est exprimé sur la nature de la fugue et sur le contrepoint, il a cherché à exposer les fondements de cette coïncidence: non pas tant à partir d'une histoire linéaire de la musique, mais plutôt en insistant sur la rigueur fondamentale du contrepoint. Il connaissait certainement tout l'arrière-plan religieux et philosophique qui a conduit, chez les prédécesseurs de Bach, Buxtehude et Kuhnau, à qui il succéda à Leipzig, à cette doctrine qui fait du contrepoint tout le contraire d'un art d'exercice. Loin d'être une forme vide ou abstraite, le contrepoint est un art saturé de significations, dont l'ambition secrète est de retrouver dans une forme sensible les lois de l'harmonie universelle, les règles de l'univers. Cosmologique, l'art contrapuntique l'est tout autant que spirituel ou éthique. Ceux qui en étudient aujourd'hui la genèse, par exemple David Yeardsley, parviennent à restituer la conception commune à une époque qui attendait de la musique bien autre chose que le divertissement de la cour. En étudiant par exemple la dernière fugue chorale composée par Bach, un fragment inachevé, on voit comment toute son œuvre s'inscrit dans cette tradition contemplative, et notamment dans une pratique de la musique pour affronter la mort. La *Cantate 106, Gottes Zeit ist die allerbeste Zeit, Actus Tragicus*, ou la *Cantate 54, Wiederstehe doch der Sünde*, que Gould présenta à quelques reprises – notamment en 1961 avec la mezzo-soprano Frances Bible et en 1962 avec le contre-ténor Russell Oberlin – et qu'il souhaitait entendre chanter par Barbara Streisand, appartiennent à ce monde spirituel où toute la musique participe du concert divin du cosmos. Gould savait tout cela, il l'avait appris dans son enfance luthérienne, il connaissait l'importance de la prière, il savait surtout que la communauté de

Bach ne pouvait être retrouvée que dans une pratique personnelle de la contemplation.

Il s'en est expliqué dans plusieurs essais, en particulier dans le texte de l'émission de la CBC du 25 janvier 1962 consacrée à Bach. Évoquant l'avènement de l'architecture musicale au temps de Bach, il insiste pour montrer que la préoccupation première du Cantor était d'abord spirituelle :

> Pour Bach, fondamentalement, l'art était un moyen d'exprimer cet état de la foi dans lequel les expériences peuvent être guidées, pour ainsi dire à partir de leur sol natal, dans lequel seules les obstructions et les tentations du monde peuvent menacer la totalité immuable de l'existence, et au sein duquel, néanmoins, la nécessité de combattre ces tentations crée le drame de l'existence humaine.

Telle est pour Gould la signification de la *Cantate 54*. On le voit cependant, dans ce même texte, évoquer pour en montrer les difficultés une lecture dramatique de la cantate : considérer qu'elle exprime la lutte de l'âme pour la pureté et en conclure que « sa résolution tonique illustre l'état de joie qui attend la victoire du spirituel », c'est à ses yeux une interprétation risquée, trop risquée. La musique de Bach demeure la mesure d'un architecte et sa pensée harmonique est d'abord celle qui veut donner accès à l'univers tonal, à sa beauté spécifique. On le voit, c'est pour Gould l'ensemble de cet arrière-plan spirituel du contrepoint qui donne à l'émerveillement sa signification : s'émerveiller, c'est d'abord admirer la pureté et la complexité de ces formes qui se communiquent du mouvement des sphères à l'architecture des *Partitas*. La lecture religieuse et symbolique, en particulier celle qui y intègre le combat spirituel entre le corps et l'âme, n'en est jamais disjointe, elle n'est tout simplement pas primitive.

Cet amour de la polyphonie n'est pas sans relation avec la structure même de la main humaine. Tous les instruments qui exigent un doigté n'ont pas la même configuration : qu'on compare une clarinette et un piano, les échelles y sont très différentes. Le travail des doigts y correspond certes de la même manière aux échelles des sons et à leur dynamique, mais seul le piano, peut-être en raison de la simplicité du son qui résulte de la percussion des marteaux feutrés sur les cordes, possède la transparence et la clarté nécessaires pour parvenir à s'identifier pratiquement au travail des voix séparées. Des œuvres aussi simples en apparence que les *Inventions* illustrent ce point clairement. Le piano, Gould n'a cessé de le répéter, est par essence un instrument polyphonique et ceux qui ont étudié son art comme instrumentiste ont insisté sur ce rapport intime du jeu à la polyphonie. L'histoire de la musique nous montre que l'instrument apparaît très tardivement, si on le compare aux percussions, aux cordes et aux vents : le piano arrive presque en dernier, au terme d'une longue histoire des instruments à clavier. Dans la recension qu'il consacre, en 1960, à une étude d'Erwin Brodky sur la musique pour clavier de Bach, Gould ne manque pas de critiquer un intérêt exagéré pour les motifs, au détriment des aspects plus formels et il insiste sur la prédominance de l'harmonie :

Le contrepoint de Bach est un contrepoint harmonique-
ment centré, et il n'est pas d'aspect du style de Bach qui ne
soit pas au bout du compte relayé par des préoccupations
harmoniques. Qu'il s'agisse de la registration de ces pla-
teaux dynamiques, qu'il s'agisse du frémissement dissonant
de l'ornementation, de l'articulation de figures rythmiques
contrastées, tout cela est contrôlé par la pulsation régulière
du mouvement harmonique.

C'est cette position, clairement et longuement argumen-
tée, qui fonde l'approche de Gould dans son jeu et qui lui
fait préférer le piano à tous ses ancêtres : seul le piano peut
redonner accès à cette pulsation de l'harmonie des tons,
laquelle n'est ultimement que l'expression de la structure du
mouvement universel.

Ce jugement ne devrait pas nous étonner, car il repose sur
une analyse de l'histoire où Gould a mis en relief le lent processus par lequel le corps humain a trouvé dans l'instrument
une forme chaque fois plus complexe, mais aussi chaque fois
plus proche de lui. Souffler dans une flûte d'os rend possible
la mélodie et l'instrument vient prolonger le travail du souffle et de la voix : les instruments à vent ont un rapport à la
matérialité du chant qui leur vient justement de leur recours
au souffle, ils sont les premiers témoins musicaux de la vie.
Tambouriner sur une peau d'animal permet d'exprimer les
rythmes et les intensités, et le lien au corps est d'une autre
nature : en stimulant le rythme, les percussions accentuent
le désir du corps de marteler la terre et de libérer toutes les

formes de la danse. Les cordes présentent une première médiation, qui les place à distance des gestes archaïques du corps : par les cordes, le corps se détache de lui-même pour confier à l'instrument le travail de l'expression. Les instruments à clavier ne disposent d'aucune de ces attaches directes à la matérialité, mais ils possèdent un avantage : seul le clavier dans sa parfaite conformité à la structure des deux mains a permis l'expression achevée de la polyphonie. Il suffit pour cela de regarder le mouvement rythmé des doigts qui percutent et des touches qui s'enfoncent pour saisir la nature de l'ajustement matériel du contrepoint et du travail des mains sur le clavier. On peut même se demander comment l'échelle de l'octave, formée dans la théorie musicale avant l'invention du clavier, a pu contraindre le clavier à se configurer autrement que selon le principe des cinq doigts. Quant à l'histoire du tempérament égal, elle mériterait aussi une analyse du point de vue de l'instrument.

Quand Gould dit souhaiter se séparer le plus possible de son instrument, c'est donc une autre forme du paradoxe du jeu qu'il vient renforcer : plus en effet les mains sont ajustées au clavier, dans l'exercice du rythme et de la polyphonie, plus la ligne de la musique se détache de son incarnation matérielle, plus elle s'élève au-dessus des sons. C'est de cette manière que Gould concevait l'art du pianiste, comme un art qui par le moyen d'un engagement matériel parfait dans le clavier parvenait à le transcender complètement. Il alla jusqu'à écrire : « Une part du secret pour jouer du piano est de se séparer de l'instrument de toutes les manières possibles.» L'instrument n'est au bout du compte que l'extension de ses mains et, comme elles, il se soumet à la partition abstraite, à la ligne portée dans la pureté de l'écriture. Gould n'a jamais revendiqué une esthétique purement pianistique fondée sur l'expressivité particulière de l'instrument. Il pensait au contraire que les ressources du piano étaient quasi indifférentes à ce qu'on pouvait attendre de la perfection de la musique écrite pour clavier, c'est-à-dire la beauté absolue d'une ligne développée dans un motif de contrepoint. À une condition, cependant: que la clarté soit parfaite. On peut légitimement se demander ce qu'il entendait quand il jouait, puisque la perfection du détachement résidait pour lui dans une sorte d'absolu du silence, dans une contemplation sereine accessible seulement dans la forme. Mais quoi qu'il ait entendu, et il entendait certainement quelque chose, il l'entendait à travers le martèlement rythmé de ses deux mains. Autrement dit, il ne l'entendait pas dans une sonorité particulière, mais dans une action distincte.

Cette approche explique peut-être le choix d'instruments à la sonorité «translucide». Il vantait son vieux Steinway CD 318 en évoquant le caractère précis de son articulation et il parlait du piano de son enfance comme d'un instrument offrant une prise «tactile» directe. Les traits particuliers de son jeu confirment cette préférence pour des instruments clairs et précis, capables de soutenir d'abord la netteté de la ligne, de révéler la structure tonale, de rendre justice au travail harmonique. On peut cependant faire un pas de plus et suggérer, avec ceux qui ont le mieux étudié son jeu, que Gould cherchait toujours à reproduire une forme d'orchestration imaginaire, tant la forme du contrepoint lui paraissait la forme naturelle de toute musique. Il ne pouvait s'agir que de voix, chacune pouvant s'identifier à un instrument particulier. On le voit par exemple, dans un film de Bruno Monsaingeon sur les instruments, préciser les choix qui s'offrent à l'interprète de Bach en comparant les voix au travail des cordes, comme si les registres pouvaient être déduits de l'écriture polyphonique. On a même suggéré que son interprétation des *Variations Goldberg* reposait sur une lecture analogique qui identifiait l'œuvre à un quatuor à cordes. Cette analogie instrumentale ne présenterait pas tant d'intérêt si Gould n'avait choisi de la maintenir dans le cadre même d'un jeu monochrome et, selon l'expression de Kevin Bazzana, presque toujours «blanc et noir». On pourrait dire presque d'un jeu entièrement absorbé dans le travail des mains et indifférent aux effets du son. Le déplacement des doigts sur le clavier demeure certes inséparable de l'intensité de la percussion, et tous ces aspects de son jeu ont été étudiés, mais rien ne semble plus proche de cette idéalité de la musique que la fusion des mains dans le travail du contrepoint.

Les mains du pianiste possèdent cette somme de pouvoirs : articuler, phraser, percuter avec force ou légèreté, enfoncer ou retenir, accélérer ou ralentir, mais aucune de ces actions ne domine le jeu autant que la capacité de séparer, d'abstraire, de disposer dans le temps les éléments de l'écriture. Le contrepoint est d'abord une technique de développement privilégiant les liens et la progression, et sa beauté ne résulte pas seulement de son rapport quasi métaphysique à la temporalité, mais aussi et surtout du fait que seul il peut transformer une temporalité pure en chant. Tout l'art de Gould est arrimé à cet équilibre où la complémentarité des mains, identifiées aux voix, en arrive à soutenir l'écriture du contrepoint en l'exposant. Gould n'a pas toujours été indifférent aux aspects expressifs, mais plus son travail s'est approfondi, plus il s'est purifié et si on écoute, par exemple, les enregistrements des *Partitas* de Bach on voit qu'il a pris, avec le temps, le risque de jouer pour ainsi dire à mains nues, c'est-à-dire sans engager dans le jeu autre chose que le travail des mains. Son recours à la pédale a été de plus en plus réduit, ce qui a contribué à accentuer le travail sur la ligne et sur les voix. Cette approche allait de pair avec son éloignement toujours plus affirmé du répertoire romantique : la beauté du chant se soutenait d'elle-même, elle n'avait besoin d'aucun des artifices recherchés dans le son.

Faisant retour sur ces images de Gould au clavier, nous sommes placés dans la position de ceux qui reçoivent de sa dévotion à l'art d'abord ce que lui-même en a reçu : son corps emporté, ses mains se déployant de la manière la moins naturelle sur le clavier, son visage ravi, tout cela se révèle essentiel à la forme de l'interprétation. Dans son corps quasi torturé, contorsionné par l'habitude d'une posture non naturelle, nous voyons l'histoire d'une discipline et ses effets traumatiques, mais nous entendons une harmonie qui en contredit la misère. Nous avons accès à notre propre ravissement, nous savons que l'émotion de la musique est immatérielle, mais qu'elle traverse les corps et qu'elle peut exiger de l'interprète une maîtrise qui n'est pas que musicale. L'histoire du soin que Gould portait à ses mains et à tout son corps, sa crainte du froid autant que de tout contact physique, son conflit avec le technicien de la compagnie Steinway qui lui avait donné une tape amicale sur l'épaule et dont il prétendit qu'il avait ruiné sa capacité de jouer pour toujours – un épisode qui dépasse et de beaucoup la question du jeu et sur lequel il faudra revenir –, tous ces éléments vont bien au-delà de l'anecdote et nous donnent accès à autre chose : derrière le ravissement, l'angoisse de perdre, la détresse du manque. Malgré son éternité immatérielle, la perfection du contrepoint doit pouvoir s'entendre : il n'est pas donné à chacun de lire l'harmonie comme Gottfried W. Leibniz ou Johann Mattheson, qui se recueillaient sur les partitions et se passaient de l'instrument.

Je ne crois pas que Gould, quoi qu'il ait dit de la nécessité de se tenir éloigné du clavier, soit allé jusque-là. Il connaissait la contingence de l'interprétation sensible, il en avait fait l'objet de sa vie. Très tôt, il avait pris conscience de son génie, et il avait dû s'habituer à vivre une vie d'exception, faite de solitude et de phobies de toute nature. Pour l'homme ordinaire, les mains ne sont que des mains, il ne craint pas de les blesser à tout instant. Pour le pianiste de génie, les mains sont à la fois le dépôt de la mémoire et la connexion matérielle avec la musique du clavier, et à travers elle, avec l'objet spirituel de l'harmonie. Il n'est donc pas surprenant de voir Gould commencer très tôt à souffrir de tensions et de douleurs diverses dans les bras et les épaules et devenir consommateur chronique de médicaments : bien qu'il ait reconnu l'immatérialité de la musique, et en dépit du fait qu'il ait été gratifié du don d'accéder à l'œuvre dans l'écriture au point de l'entendre sans la jouer, et qu'il ait été doué de l'oreille absolue, et cela dans ses mains mêmes, il apprit à souffrir de toutes les blessures, de toutes les pertes qui touchent ceux pour qui l'art repose sur leur corps. Cela explique peut-être, sur un horizon très ouvert, que Gould ait choisi une vie où l'œuvre de l'interprétation pouvait conquérir son extériorité, son autonomie loin du concert : le fait d'objectiver l'interprétation dans l'enregistrement, et d'en poursuivre une infinie perfection, délivre de l'angoisse d'imperfection et de perte qui afflige l'exécution dans la présence, dans la fragilité du concert. Les pianistes ne sauraient être comparés aux écrivains, cela, leurs mains le montrent d'emblée, mais Gould a montré que leur fragilité pouvait être transcendée.

Pour ce qui est des blessures et des troubles trop réels affectant son jeu, Gould ne fut pas épargné, et il tint la chronique des crises graves qui dès sa jeunesse troublèrent son chemin de perfection. Il était sans doute le seul à percevoir cette menace, car rien dans ses enregistrements sur disque ou sur film ne permet d'y croire. Mais à partir de 1977, il rédigea un journal où il consigna de manière anxieuse ses observations. Bruno Monsaingeon qui en a assuré la transcription et la traduction nous a rendus sensibles à la réalité de l'hiatus qui séparait l'expérience douloureuse de la perte de ses moyens à la sérénité apparente de son jeu, maintenue jusqu'à la fin. Lire ce journal, qui court de septembre 1977 à juillet 1978, est une dure épreuve, et sans doute l'expérience de travail sur soi-même qu'il relate n'est-elle accessible qu'aux artistes qui ont traversé de telles crises et pris, pour les surmonter, les décisions d'une telle ascèse. On y trouve surtout des expressions si codées qu'il semble impossible d'en tirer un diagnostic médical précis. Ce texte, « à la fois froid et haletant » selon l'expression de son éditeur, est d'abord un exercice de maîtrise personnelle du jeu ; mais l'artiste s'y montre tellement investi dans la perception des liens les plus secrets de son corps, des articulations et des muscles engagés dans le jeu, qu'il nous ouvre la porte de la cellule où l'ascète de la musique ne cesse de se torturer pour retrouver ce qu'il appelle l'image perdue. Je ne lui trouve aucun équivalent dans la littérature, sauf peut-être les journaux des mystiques qui ont relaté la perte de la présence, la fuite de l'objet. Mais pour Gould, cet objet n'était qu'une image, et non l'objet réel. S'il en avait été définitivement privé, il n'aurait pas perdu pour autant son contact avec la musique immatérielle.

Mais de quelle perte s'agit-il ? Je crois utile d'insister, à la suite de Bruno Monsaingeon, sur la dimension psychologique qui traverse toutes ces notes, une anxiété de perdre ses dons, une crainte de ne plus accéder à cette synchronisation parfaite entre l'image mentale et le travail du corps. Le journal nous révèle en effet un autre Gould, presque son double, « un Gould fragile et vulnérable qu'il essaie d'apprivoiser et dont la lumineuse perfection de ce qu'il nous a laissé ne permettait guère de deviner l'existence ». Gould en effet a expérimenté plusieurs stratégies, alliant les postures et les exercices les plus divers, pour vaincre ce qu'il pressentait comme un ennemi lové au cœur de lui-même et qui ne demandait qu'à surgir pour le détruire, mais le journal témoigne que ces efforts furent vains. Allant de l'exaltation d'une victoire anticipée au découragement le plus terrifiant, le pianiste explore d'abord sa propre discipline, sa capacité de retrouver une parfaite synchronie de tous ses membres. Par moments, il croit avoir identifié une cause, par exemple le contrôle de la hauteur du poignet ou la coordination du cou et de l'épaule. Il note les liens avec certaines pièces du répertoire, il s'observe à la troisième personne. Il exulte quand il repère un trait commun à toutes les difficultés, par exemple « un défaut de cohérence dans l'élévation des épaules ». Il croit alors retrouver le son perdu.

Toujours le rôle de l'image revient, insistant : « Comme "l'image" l'avait laissé supposer au cours des deux journées précédentes, la pronation des coudes entraîne la nécessité de s'asseoir plus en arrière qu'il n'est souhaitable et donne substance à l'impression que le centre de gravité est situé trop haut.» Encore une fois de quelle image, sinon sans doute de cette représentation abstraite et idéalisée de la musique qui commande de l'intérieur le jeu? Dans l'entrée du 8 octobre, il en parle comme d'une image d'une intense clarté. Mais plusieurs passages évoquent plutôt l'image du corps propre, comme si l'artiste avait accès de l'intérieur à une vision du mécanisme du corps qu'il cherche à commander. Peut-être la note du 5 novembre nous fournit-elle une clef importante : après trois semaines où il semble avoir cessé de noter ses exercices, Gould revient à son journal avec le récit croisé de deux expériences. Il rapporte qu'il a repris le volant de sa Chevrolet Monte Carlo, «et cela a coïncidé avec une restauration du contrôle». Il ne peut s'empêcher ensuite d'associer directement le travail de réparation sur sa vieille Lincoln et le remplacement par la Monte Carlo, dont le confort lui semble directement lié à la restauration de l'image. On ne peut éviter de noter que cette association va de pair avec sa position à l'instrument et que tout le nœud réside dans la commande de ce qui, tout en étant familier et éprouvé, se découvre soudain rétif et imprévisible.

Cette anxiété de perdre l'essentiel était-elle fondée sur un trouble réel, sur une difficulté autre qu'imaginaire? Avait-elle quelque chose à voir avec la consommation de médicaments? À l'époque de cette crise, il est probable que le corps de Gould montrait déjà des signes d'épuisement; Gould allait mourir cinq ans plus tard seulement. Il l'avait malmené de toutes les manières possibles et s'il avait fallu lui retourner son précepte de se tenir le plus loin possible de l'instrument, cela aurait été sans doute pour lui suggérer de cesser de le traiter si durement. Les expériences relatées dans ce journal de 1977-1978 sont si étonnantes, certaines impliquant même qu'il se laisse choir sur son clavier, ou qu'il bloque artificiellement les articulations de ses coudes, qu'on ne peut que s'interroger sur la perception qu'il avait de ce que peut être un corps en général. Qu'il en ait eu une représentation proche du mécanisme de l'instrument, dont il exigeait toujours plus de souplesse, n'a rien pour étonner : le journal de 1977-1978 montre à quelles extrémités l'avait mené cette identification à son vieux CD 318.

Le plus étonnant est en fait que, malgré toutes ces vicissitudes et tous ces tourments, son jeu, et cela jusqu'à la fin, n'en ait été aucunement altéré. Quand il écrit dans l'entrée du 13 février 1978 qu'il est las de l'épreuve, on ne peut le comprendre que si on mesure la perception qui le séparait de son idéal imaginé :

> Élévation, mais à quel prix ! Une heure trois quarts (environ) est consacrée à des systèmes intermittents ; aucun ne contribue au confort ni à la variété dynamique. Je meurs d'envie de me dégager par des tractions de l'épaule qui avaient apporté tant de liberté ainsi qu'une immédiate cessation de la douleur au niveau du nerf reliant le haut de la main droite à l'extrémité des doigts. Mais la rançon

de tout cela est un manque du contrôle minimal que les systèmes de traction de l'épaule procuraient. Il doit bien y avoir une solution.

Il n'y en avait pas, pas en tout cas sur le plan quasi chirurgical où il avait entrepris d'exercer le contrôle, et il dut y renoncer, comme il y renonça pour le CD 318.

Ce journal s'interrompt sans raison, Gould avait épuisé la recherche. À aucun moment il ne semble entrevoir que cette image perdue puisse surgir d'un registre plus profond qui menace toujours de la recouvrir. Il écrit pourtant le 8 avril : « [J]e me rendais compte, mieux que jamais, que c'était bien là le son qui commandait tout le reste. En de tels moments, je réalise toujours que l'histoire de tout ce genre de problèmes provient de tentatives (conscientes ou non) pour lui substituer d'autres systèmes. » En dépit de son aspect cryptique, cette conclusion ouvre sur les luttes intimes où la musique, dans le corps, doit livrer tous les combats. Elle s'ouvre aussi, *volens nolens*, sur une petite parenthèse, celle de l'inconscient, mais comment même en évoquer l'existence dans le cas d'un artiste pour qui la maîtrise était le fondement de l'art ? Si le corps refuse de « participer », si les mains sont douloureuses au point de vouloir leur appliquer des « compresses brûlantes », comment comprendre la défaillance et comment contrôler les systèmes et réintroduire le calme ?

Glenn Gould est mort il y a vingt-cinq ans, le 4 octobre 1982 ; il avait cinquante ans. Les dernières images que nous avons de lui montrent le corps d'un adolescent prématurément vieilli. Déjà dans sa jeunesse, sa mère lui reprochait une posture alanguie et qui le préparait mal aux exigences physiques du concert. À Jock Carroll qui l'accompagna en 1956 aux Bahamas, elle recommanda de bien s'assurer qu'il prenne l'air et le soleil. En regardant les photos que Carroll en rapporta, nous voyons un Gould emmitouflé et résistant de toutes ses forces à la lumière et à la chaleur de la mer. Je me demande ce que sa mère en aurait pensé. Elle le voyait sans doute comme un autre Horowitz, mais il y avait longtemps que Gould avait décidé de vivre autrement. Sa santé était-elle déjà si fragile ou n'avait-il pas plutôt déjà décidé de sortir de son corps ? Son élégance lorsqu'il salue le public n'allait pas sans fatigue et maintenant que nous savons tout de ses manies et de son hypocondrie pathétique, nous voyons bien que cette grâce exigeait un effort. L'adolescent dégingandé n'en veut déjà plus, il entre très vite dans le monde des médicaments et des soins, dont il attend illusoirement une libération. Mais si on regarde ses mains attentivement, on verra qu'elles sont intactes. Toute sa vie, Gould les avait protégées de tout contact autre que la musique.

# IV

*Air* et *Sarabande*

## Lire, écrire, rêver

*Partita n° 6, en mi mineur*

*Je savais que si je prêtais l'oreille encore un peu, mes illusions
s'effondreraient. J'avais réussi, par étapes, à atteindre une contrée
enchantée, d'où je pouvais regarder le monde avec un parfait
détachement, mais je me sentais maintenant comme quelqu'un à qui on demande de rendre son vêtement d'immortalité.
Si, après m'être farouchement battu tout au long de ce chemin
qui monte si abruptement et en lacets, je devais être assez fou
pour accepter de me laisser tirer vers le bas, vers ce monde de la
routine quotidienne, toutes mes raisons de quitter la maison et
de me mettre en chemin de cette manière seraient perdues.*

NATSUME SŌSEKI, *L'oreiller d'herbes*

MAIS PRÊTER L'OREILLE À QUOI ? À l'intrigue, à la
petite comédie humaine, au désir. Cette phrase est
reprise d'un roman de l'écrivain japonais Natsume Sōseki que
Gould aimait beaucoup ; il pouvait se la répéter souvent.
Comment ne pas admirer le héros, un peintre qui, comme lui,
s'était mis en chemin vers son œuvre, en tournant le dos à
l'agitation du monde ? Et pourtant, s'il ne cessa de méditer les
raisons de son propre retrait et ce que la solitude avait pour

lui d'essentiel, il ne cessa jamais non plus de recueillir la rumeur du monde, il voulut demeurer toujours en contact avec ce monde par toutes les ressources de la technique, et en s'adressant à lui rendre possible un autre chemin. Cette amitié de la technologie le sépare très nettement de la rupture ascé-tique mise en scène par Sōseki. Gould entretenait avec le monde un dialogue ininterrompu et il n'aurait jamais reven-diqué une esthétique où le salut de l'art exige une coupure si radicale qu'elle isole complètement l'artiste. Il pensait au contraire que l'artiste des temps nouveaux, cette modernité annoncée par Marshall McLuhan, devait prendre en charge une responsabilité de communication. Cela ne veut pas dire qu'il n'ait pas senti, à chaque instant, comme l'artiste de Sōseki, la nécessité de mettre à l'épreuve les raisons qui l'avaient conduit à l'isolement.

Gould avait beaucoup lu dans sa jeunesse et il avait main-tenu par la suite un amour de la lecture fondé à la fois sur la curiosité et sur le désir d'une proximité spirituelle avec certains écrivains. L'inventaire de ses lectures reste à faire, mais les œuvres qui l'ont intéressé sont surtout modernes et on peut penser que c'est leur modernité même qui le sollicita. On n'y trouve qu'un seul poète, T. S. Eliot, surtout des romanciers comme Thomas Mann, dont il fit un éloge radiophonique le 19 octobre 1955 à l'occasion d'une émis-sion commémorative, mais aussi les écrivains de la moder-nité comme Gide, Joyce et Kafka. Les grands écrivains russes semblent l'avoir occupé de manière particulière, surtout

Dostoïevsky et Tchekov. Chez les philosophes, on ne s'éton-
nera pas de retrouver d'abord Nietzsche et Schopenhauer,
dont il aimait sans doute l'esthétique radicale et l'interpel-
lation de la vie solitaire. Ces deux solitaires lui apprirent
aussi quelque chose sur l'art de la prédication. On peut sans
craindre affirmer qu'une part importante de son esthétique
de l'extase provient de ces lectures de sa jeunesse dans la
maison du lac Simcoe. De Mann en particulier, dont il aimait
citer le *Tonio Kröger*, il pouvait attendre une sorte de soutien
dans son travail sur Schoenberg : n'était-il pas lui-même une
sorte de Docteur Faustus, lui qui partageait avec Mann une
fascination pour les musiques de la rupture et pour une
esthétique de la pureté ? Avait-il lu Adorno ? Il possédait
un exemplaire des essais recueillis dans *Prismes*, qu'il avait
annoté et malgré le pessimisme musical du philosophe, il
ne pouvait que se retrouver dans ce monde sévère, pour ne
rien dire de son accord avec la critique des faux modernes
comme Stravinsky.

Trois écrivains se détachent de cette liste inachevée :
David Thoreau, à qui il pensait consacrer une série radiophonique dans la foulée de sa *Trilogie de la solitude*, et dont
il reconnut l'inspiration naturaliste, George Santayana et
Natsume Sōseki. Gould semble avoir trouvé chez chacun
d'eux une sorte d'alter ego, comme s'il avait cru pouvoir
reconnaître dans des personnages exemplaires cette éthique de la solitude dont il voulait faire la condition de son
esthétique. Ces trois écrivains n'ont pourtant sur le plan de

l'écriture que peu de choses en commun. David Thoreau a rédigé des Mémoires inspirés par une vision spirituelle de la retraite dans la nature, et Gould aurait pu en faire un personnage de sa *Trilogie de la solitude*. Mais à bien des égards le romantisme de Thoreau se trouve à bonne distance de la pensée de Gould, qui ne l'aurait sans doute pas convaincu des bienfaits de la technique. Dans ses lettres, il parle à l'occasion d'une inspiration néo-thoreauvienne : peut-être voulait-il dire par là une conception spirituelle en harmonie avec la communication technique? Comme le héros de *Walden*, Gould connaissait les richesses de la nature américaine et il savait ce que la retraite en forêt peut apporter à une vision transcendantaliste du monde. Il aurait pu aussi citer Emerson, qu'il a certainement lu.

George Santayana est un philosophe d'origine espagnole, mais qui s'identifia pleinement à la culture américaine. Son œuvre très abondante s'est nourrie du transcendantalisme américain, et sans doute Gould pouvait-il le lire autant comme penseur que comme écrivain. Son roman, *Le dernier puritain*, semble l'avoir tellement impressionné qu'il en fit une sorte de condensé de sa propre conception du monde ; il ne cessait d'en vanter les mérites et il l'offrit en cadeau à plusieurs de ses amis. On peut penser qu'il admira surtout le personnage de ce jeune Américain dévoué à sa communauté et soucieux d'atteindre le salut par le dépassement de l'intérêt individuel. Dans ce héros d'abord moral, l'Amérique aima reconnaître la vertu dont elle pressentait peut-être

déjà, lorsqu'il parut en 1936, l'effacement : la générosité pour
la communauté, le refus de l'individualisme. Les amis de
Gould se moquaient de sa passion pour cet écrivain désuet.
C'est pourtant le modèle héroïque le plus proche de Gould,
l'inspiration la plus directe de son éthique. Santayana n'est
aujourd'hui lu par personne, et son idéal de la communauté
qui émut Gould paraît un héritage abandonné.

De ces trois écrivains, Natsume Sōseki est le seul qui
présente une esthétique élaborée et je voudrais m'y attacher
un peu. Dans son roman, *L'oreiller d'herbes*, l'écrivain japonais expose les tourments d'un artiste peintre, engagé dans
une retraite qui doit le remettre en contact avec les sources
vives de la création. Le pèlerinage qu'il entreprend dans
la montagne pour visiter un ermitage où réside un moine
bouddhiste représente, dans toutes les traditions spirituelles,
la métaphore la plus lisible de la quête artistique et Sōseki
n'a laissé aucune ambiguïté sur ce point : l'itinéraire spirituel
de l'artiste s'identifie, autant dans sa démarche que par sa
finalité, avec celui de l'ermite. Chacun poursuit une quête
dont il ne maîtrise pas, au point de départ, toutes les conditions, et au fur et à mesure que le but semble proche, l'artiste peut espérer que l'œuvre se révélera. Le saint poursuit
la sérénité de l'illumination, mais elle paraît encore moins
accessible que l'œuvre. Le but se dérobe, l'œuvre semble hors
d'atteinte, tout semble devoir en divertir. Le temps contraint
à l'humilité celui qui croit tout dominer, l'art est une patience
qui ne peut espérer autre chose que l'ouverture de l'horizon

que l'artiste sollicite. Une fois ouvert, cependant, cet horizon se déploie et l'œuvre apparaît sans limites. Ce roman reproduit à beaucoup d'égards la structure d'une quête initiatique, avec son lot d'illusions, de rêves et de tentations charnelles, mais il est fait surtout d'une suite de tableaux dont la précision et la beauté découlent de leur fugacité : ce que le peintre contemple ne peut jamais être saisi, il ne peut qu'accepter de s'y fondre.

Si ce roman laissa sur Gould une telle empreinte, c'est pour deux raisons convergentes : d'abord parce que le héros du roman expose dans sa quête de l'absolu de l'art une recherche qui correspondait intimement à son expérience de rupture, mais aussi, et peut-être surtout, parce que l'éthique proposée par Sōseki exprime les fondements mêmes de la spiritualité de Gould. La lecture de ce roman montre comment ces deux fils sont étroitement reliés : le récit autobiographique de l'artiste fait état de ses doutes et de ses espoirs, et il montre les conséquences les plus concrètes du choix de la vie retirée, mais ce récit demeurerait incomplet s'il se coupait de cette éthique de l'art qui en fait la condition du salut. De quel salut Sōseki parle-t-il quand il évoque la libération des désirs et des passions, sinon de la possibilité ouverte par l'art d'accéder à une liberté spirituelle, à un détachement de l'expérience qui seul permet la pureté ? Il se peut que Gould ait développé avec le temps un intérêt pour le bouddhisme, et plus généralement pour la pensée orientale, mais, en l'absence de témoignages plus clairs, on peut tenter de comprendre son intérêt pour l'éthique de Sōseki d'abord comme un appel entendu au cœur même de l'esthétique, une requête en direction d'une vision du monde libérée des contraintes du sens commun et des conventions. Il n'y a rien de particulièrement oriental dans cette conception, elle se trouve au cœur de toutes les doctrines de l'art qui associent la libération à la transcendance. La rupture et le dépouillement y paraissent plus essentiels que l'objet à atteindre.

Sur le beau portrait qu'on voit de lui, datant de 1912, Natsume Sōseki semble pénétré d'une mélancolie invincible. Il porte au bras un brassard noir. Son œuvre est imprégnée d'une atmosphère de fin du monde et dans un roman plus tardif que *L'oreiller d'herbes*, qui présente le désespoir d'un homme trahi de tous, mais qui finit par trahir à son tour son ami le plus cher, l'écrivain s'est approché au plus près de cet idéal de l'artiste compatissant, capable de transformer la détresse en instrument de salut. Ce roman, *Le cœur des choses* (*Kokkoro*), met en scène un homme qui s'achemine lentement vers le suicide, après avoir été la cause indirecte du suicide de son ami le plus proche, proche d'une proximité qui pouvait le rendre coupable. La figure hiératique de cet homme rigoureux est l'exemple même de l'austérité morale, et pourtant elle repose sur un secret terrible. Son autorité tranquille et réservée fascine un étudiant qui s'approche de lui et veut apprendre l'art de cette liberté en apparence, mais en apparence seulement, pleinement sereine. Tout le récit pivote autour de cette relation d'admiration, inscrite dans un transfert tumultueux, qui ne parviendra pas à sauver le héros, chaque moment du récit apportant son lot de désillusions. Mais ce suicide ne trouve sans doute sa véritable signification que si on le relie à l'histoire du Japon : entré dans une phase de modernisation radicale, le pays a vu s'accentuer la rupture avec la mort du dernier empereur de la dynastie Meiji en 1912. C'est ce deuil que porte Sōseki sur la photographie, c'est encore ce deuil qui conduit au suicide le général Nogi Maresuke dont le maître de *Kokkoro* veut se rapprocher au point de reproduire son geste. Deuil de l'autorité et de la tradition, deuil d'une certaine forme d'honneur, mais comme le montre aussi le roman, deuil d'une certaine manière de taire l'essentiel en refoulant le secret inavouable dans une posture de sévérité.

On ne sait pas si Gould a lu l'œuvre de Yukio Mishima qui présente un prolongement à la fois moral et esthétique de celle de Sōseki, mais on peut penser qu'il y aurait retrouvé le même impératif austère et l'idéalisation d'une certaine rigueur, allant jusqu'à la rigidité dans la conduite de la vie. Le refoulement de la sexualité y paraît aussi déterminant que la méthode esthétique pour y parvenir : l'idéalisation de l'art en fait une voie de salut. Tout l'art de Sōseki est imprégné de cette priorité de l'éthique sur le sentiment de la beauté et son œuvre fait l'apologie du pouvoir de l'individu de résister à la corruption, de la nécessité de construire une liberté substantielle dont l'art est à la fois la condition et le résultat souverain. La souveraineté de l'art n'a pas de sens si elle n'est pas accordée à une forme de vie haute et spirituelle. Comme chez Mishima, la rigueur morale doit précéder la création, elle pourrait même être la seule figure possible de la beauté dans un monde de destruction de l'harmonie, de ruine de la nature et de l'autorité. Le sentiment de perte qui habite *Kokkoro* n'est cependant compensé par aucune écriture, par aucun art : le maître est entièrement abandonné à l'épreuve tragique d'une modernité malheureuse, l'horizon est pour lui entièrement bouché, il est absolument désœuvré. En lui exprimant admirativement son espoir de lire son œuvre à venir, l'étudiant ne cesse de lui en reprocher la tragique absence.

Par comparaison, *L'oreiller d'herbes*, écrit quelques années auparavant, en 1906, laisse entrevoir une scène où l'artiste peut entreprendre, et où la création peut jouer un rôle salvateur dans une société en phase de résistance et de recomposition. C'est à ce roman que Gould se montra le plus attaché, et on peut comprendre pourquoi. Déjà le titre japonais de l'ouvrage, *Kusa Makura*, désigne un voyage, mais pas n'importe lequel : un pèlerinage, une quête dont l'itinéraire doit permettre de sortir du monde pour accéder à une vérité non disponible dans la turbulence du quotidien. Mais ce monde gracieux, libéré des contraintes et des soucis, existe-t-il ailleurs que dans l'espoir de l'artiste ? N'est-il que la compensation imaginaire de la détresse qu'il éprouve au contact des souffrances de la modernité, au spectacle de la bourgeoisie triomphante ? Dans ce récit philosophique,

Sōseki se montre rempli d'un espoir sans mesure avec le monde qu'il veut quitter. Un autre monde est accessible. Il suffit à l'artiste de le poser pour pouvoir y pénétrer selon son désir, car seul l'artiste peut trouver le salut en se libérant des désirs terrestres et des passions délétères, seul il peut faire advenir ce monde de pureté intacte, un monde incomparable de beauté, propre à l'extase et à la contemplation de tous les instants. En plaçant à chaque tournant du récit la figure fugitive d'une femme à la fois refusée et hors d'atteinte, Sōseki a montré qu'il avait pleinement conscience de l'idéalisation dont il explorait la puissance. Il ne voulait aucunement cacher les effets de la corruption du monde sur ceux pour qui la vie sexuelle représente une exigence exorbitante et qui, effrayés, choisissent de la refouler entièrement. Tous les romans de Sōseki exhibent cette structure où la femme, désirée poétiquement, constitue l'obstacle sur le chemin de l'art, et non la condition pour y parvenir.

Le personnage de Sōseki est peintre, il a trente ans, il entreprend ce voyage vers la montagne. À chaque tournant de son ascension, le paysage lui apparaît comme une merveille indépassable, une joie pure et la méditation du peintre se déploie comme un rouleau :

> Je me demande pourquoi il en est ainsi. Je suppose que c'est parce que, quand nous contemplons le paysage, tout se passe comme si nous regardions une image qui se déroule devant nous, comme si nous lisions un poème calligraphié sur un rouleau. Tout l'espace est à nous, mais

puisqu'il ne s'agit que d'une peinture ou d'un poème, il ne nous vient jamais à l'esprit d'essayer de le développer, ou de faire fortune en y faisant passer un chemin de fer.

Dans cette opposition de la nature intacte et de la modernité industrielle, Sōseki avait reconnu depuis longtemps la tension qui traversait toute son œuvre, mais il n'en avait pas encore fait le principe de son esthétique : si la fonction de l'art est de réconcilier avec la modernité, comment comprendre qu'il faille d'abord promouvoir le retrait et la libération ? Comment faire du retour inconditionnel à la nature une forme de salut ? La nature est-elle seule capable de discipliner le cœur humain, d'en chasser tout ce qui est vil pour le ramener au monde pur de la poésie ? Si la pureté du monde disparaît, l'art devient impuissant, il se perd lui aussi. Plus l'artiste progresse sur le chemin de l'ascèse, plus il prend conscience de la vacuité de son regard : ses descriptions de la nature sont parfaites, elles font émerger le tableau au sein même du réel, elles en exposent la temporalité extatique, mais elles n'ont aucune force, aucun contenu, elles ne peuvent rien retenir de la surface éblouissante du monde. Leur seul pouvoir est de refouler l'intrigue du monde, un pouvoir que Sōseki se résolut à investir comme fondement de son récit.

Fidèle en cela aux canons de l'école littéraire de sa jeunesse, l'école Hototogisu, Sōseki favorisa en effet un récit entièrement délesté de tout effet d'intrigue et concentré d'abord sur le site de la pensée de ses personnages, enserrés dans l'espace clos de leur expérience : c'est l'idéal que poursuit l'écriture des maîtres du *Shaseibun*, un idéal que Sōseki reprit sous le nom de *Hinninjo*, une écriture non humaine, purement contemplative. Le projet de purger l'humanité est d'abord celui d'un effacement du sujet, et il paraît difficile de le dissocier des sources bouddhistes qui en formulaient la nécessité ; mais Sōseki croit possible de promouvoir cet effacement, jusqu'à l'épuisement dans le vide de la représentation, au cœur même de l'esthétique occidentale. Si l'œuvre est dans la nature, au sens où l'artiste ne serait que celui qui doit l'en extraire, on peut comprendre qu'il s'épuise à le désirer ; si, au contraire, il comprend que l'œuvre est en lui-même, au point qu'il puisse et doive s'y identifier, alors elle pourrait advenir dans une pleine liberté.

Ce regard sur le monde devait conduire Sōseki à une esthétique rédemptrice, dont il exposa les fondements dans *L'oreiller d'herbes* : avant même de poser la priorité du poétique et de l'art, l'artiste doit accéder à une pureté morale, à une intériorité qui sera pour lui la seule condition de son art. La conquête de cette ascèse ne peut se réaliser qu'à compter d'une discipline qui engage toute la vie, et c'est ce qui fait de ce roman une sorte de récit d'apprentissage romantique que son traducteur anglais, Alan Turney, compare justement au pèlerinage d'Heinrich Heine, le *Voyage dans le Harz*. Si le cœur de l'artiste est souillé par le gain, ou troublé par le désir sexuel, même la nature ne pourra lui apparaître dans sa beauté, elle ne lui indiquera pas le chemin de l'œuvre, au contraire elle le bloquera. Le prix du pèlerinage n'est pas d'abord symbolique : l'artiste doit gravir la montagne qui lui résiste pour se connaître lui-même et affronter ses démons. Dans le choix de ce retrait, il ne doit pas d'abord voir une manière de se protéger ou de devenir invulnérable, il doit au contraire en attendre une révélation qui lui confirmera s'il peut accéder ou non à la transparence de l'art. La tradition monastique qui s'exprime ici ne doit rien de particulier, encore une fois, à la spiritualité orientale, elle appartient à l'histoire de tous les pèlerinages initiatiques, faits de luttes, de rencontres et de libération.

Le peintre de Sōseki renverse donc l'équation traditionnelle de l'esthétique : il doit se sauver d'abord lui-même avant d'exiger de l'art quoi que ce soit et il ne peut trouver qu'en lui-même les ressources de cette ascèse. Nulle part il ne disposera d'un soutien, et l'art n'est surtout pas le moyen de cette ascension vers la transparence. L'artiste ordinaire se contente de décrire le monde des limites et de la souffrance, il n'a aucune idée de la nécessité pour lui de s'en libérer avant même d'accéder au monde véritable de l'œuvre et à la beauté de la nature. Croyant représenter, il ne fait que s'aliéner davantage, puisqu'il introduit dans l'art le trouble de la modernité. Ce trouble doit au contraire en être purgé. Citant quelques vers de Wang Wei ou de Basho, Sōseki veut montrer ce qui sépare l'art sublime de l'art prosaïque de la modernité, mais il veut surtout insister sur l'exigence qui fait l'artiste d'exception, le seul véritable à ses yeux, celui qui se dégage de la modernité par lui-même et qui n'attend de son art qu'un cheminement qui fera suite à cette libération. Plus l'artiste progresse vers la hauteur, plus il entre dans l'œuvre, plus il devient lui-même l'œuvre qu'il avait illusoirement au point de départ l'ambition démesurée de produire. Projeté dans le récit des actions et des désirs, il court à chaque instant le risque de s'y laisser engouffrer et de devoir rendre ainsi son «vêtement d'immortalité»; il ne le conservera que s'il laisse sa vie se détacher complètement, et de la sorte se donne la liberté, dans le retrait, d'entrer dans l'œuvre. Lorsque le peintre pénètre enfin dans le monastère qui l'attend, et où les énigmes et les drames propres à la vie humaine ne cesseront de se profiler sur la surface des paravents, toujours comme des ombres, jamais comme la vérité de l'existence, il sait qu'il n'a qu'une option de libération : ne pas s'y engager, renoncer à comprendre, et s'abandonner à l'idée ascétique qu'il n'est lui-même qu'un personnage se déplaçant sur un tableau.

Ce que Gould pouvait retrouver dans cette esthétique transcendantale, nous ne pouvons que tenter de le reconstruire. Comme Sōseki, il faisait l'apologie de l'isolement et du retrait d'abord dans un but moral, et l'idéalisation d'une intériorité cultivée pour elle-même lui paraissait la meilleure garantie d'une expérience de l'art purifiée de toutes les scories du monde. Cet «oreiller d'herbes», il le trouva au long de ses promenades dans la campagne du lac Simcoe et il faisait sienne cette résolution du peintre de Sōseki : «Je souhaiterais, autant que cela est possible, voir les êtres selon la même perspective qui me fait envisager le monde de la poésie pure. » Chaque être appartient à la poésie du monde, chacun se déplace dans le monde comme un élément de la nature, chacun y trouve une place qui est celle-là même qu'il peut occuper dans l'art. La suite des treize méditations qui composent le récit de Sōseki s'apparente à une succession de variations sur le thème de cette appartenance et de la sérénité qui est promise à l'artiste si, avant même de s'engager dans son art, il se rend capable de transparence et d'émerveillement. Je suggère de retrouver ici, une fois encore, cet état de « *wonder* », que je ne cesse de reprendre dans chacune de mes approches du retrait de Gould, de son ascèse propre. Mais dans une signification très différente de l'admiration face à la transcendance de l'harmonie universelle. Cette admiration garde le sujet actif, elle l'intègre sans le faire disparaître dans le monde structuré des tonalités où se reflète la perfection de la nature. Le récit de Sōseki constitue la voie d'entrée dans une contemplation extatique qui sort le sujet de lui-même pour le fondre dans une extériorité absolue, englobante, irrésistible. Si on peut encore parler de beauté, ce ne sera pas au sens de structures admirables, mais de la beauté du tout qui nous incorpore et, en abolissant la différence, nous absout de toute la souffrance de la distance et de la représentation. Le bouddhisme ne recherche cette épiphanie que pour en obtenir en retour ces effets d'effacement de toute différence, de toute altérité. Pensant à cette « divinité » que Gould pose comme la figure à venir, la forme à surgir de l'émerveillement musical, je me suis demandé s'il fallait la comprendre comme le surgissement d'un esprit, comme une dématérialisation. L'esthétique de Sōseki inviterait à y lire une divinité où le sujet s'est annulé, la divinité du monde avec lequel l'artiste reconnaît son essentielle unité.

Sachant qu'il était intéressé par la pensée de Jean Le Moyne et qu'il lisait des théologiens comme Paul Tillich, on peut se demander si cette spiritualité du détachement se raccordait chez lui à une foi. Dans un entretien qui date de 1980, deux années seulement avant sa mort, il affirme qu'il a toujours cru à une forme d'au-delà et que la transformation de l'esprit est non seulement un fait réel, mais une norme qui doit régler la conduite de la vie. Cette conviction ne fait pas de lui un mystique, mais on ne peut s'empêcher de noter qu'il ne résistait d'aucune manière à l'expression du spirituel. Pour lui, l'art doit transmettre quelque chose de « spirituel », mais il est sans doute périlleux de tenter d'aller au-delà de cette exigence en en déterminant l'objet, qu'il s'agisse de la nature ou de la divinité, de la sublimité ou de l'extase.

Dans son roman, Sōseki fait intervenir une figure de femme, qui n'est d'abord qu'une ombre : O-Nami. Plus le peintre cherche à s'en approcher, plus il hésite, car cette femme pourrait n'être qu'un reflet. Mais il s'aperçoit qu'elle incarne, dans sa personne, la succession même des images qu'il a traversées pour accéder au réel : elle n'agit pas, et même si elle possède une histoire obscure, elle est surtout le lien qui unit pour lui une succession de moments, un enchaînement de tableaux. Sōseki a voulu associer ce personnage fugace et immanent, en provenance d'un monde étranger, à la quête de l'artiste, à tout ce qui pouvait représenter pour lui une discontinuité destinée à se résoudre dans une unité supérieure. Par là, la femme apparaît d'abord comme figure de l'absence, elle constitue une autre forme d'épiphanie de l'infini, un autre accès à la merveille de l'extase, une invitation ultime à la fusion et au décentrement. Si elle demeure un corps, une existence, elle ne pourra que faire écran. Libérée de toute intrigue, elle appartient à l'ensemble des figures qui doivent être dépassées, mais qui demeurent essentielles pour l'accès à la vision extatique. Elle est apparition, présence de l'éternité dans l'instant et elle demeurera telle, privée d'existence jusqu'à la dernière scène du roman, alors que le peintre l'aperçoit sur le quai de la gare où lui-même s'apprête à prendre le train. Sur son visage, il perçoit un sentiment de compassion qui lui fait enfin éprouver sa réalité, mais peut-être est-ce parce que lui-même s'apprête à quitter la montagne épiphanique. Je n'évoque cette figure fantomatique que parce qu'elle me rappelle la bien-aimée absente de Gould, qui n'intervient qu'une fois, dans une lettre dont je reparlerai. Cette unicité dans l'absence, c'est un trait de plus qui rapproche Gould du parcours de *L'oreiller d'herbes*. Comme chez Sōseki, la femme semble n'avoir été toujours présente pour lui que derrière un paravent.

Si cette ascèse n'est possible que dans le retrait, et non pas d'abord dans l'art lui-même, c'est parce qu'elle repose sur une décision de réformer sa vie, de lui donner la forme même de la transparence et du dépouillement. L'artiste de Sōseki s'étonne lui-même de devoir se considérer comme une personne ordinaire, alors qu'il s'engage dans le voyage du détachement : ce n'est pas en tant qu'artiste qu'il en éprouve les difficultés, ce sont des difficultés communes à tous ceux qui veulent transcender leur condition, mettre à l'épreuve leur liberté, et ce n'est que lorsque l'achèvement du retrait permet cette liberté, que l'art peut retrouver sa place.

> C'est seulement après que nous ayons communiqué notre expérience aux autres que nous pouvons revenir à notre condition d'être des artistes. Pour le dire en une formule, je suggérerais qu'un artiste est une personne qui vit dans le triangle qui subsiste après que l'angle que nous pouvons appeler le sens commun a été retiré de ce monde qui en possède quatre.

Cette analogie est très obscure : d'abord en raison de sa géométrie si peu conforme à la représentation de l'espace, le monde se limitant à trois dimensions spatiales mais demeurant ouvert sur une infinité de dimensions morales, mais peut-être surtout en raison du paradoxe de la communication et du sens commun qu'elle veut illustrer. Si l'artiste s'élève au-dessus du sens commun, c'est pour découvrir la beauté, mais pour y parvenir il doit en quelque sorte se dépouiller de tout ce qui en lui garde les traces de la trivialité. Pour le dire autrement, l'artiste ne crée pas la beauté, il se donne les moyens de la découvrir partout en se purifiant d'abord lui-même. Le nouvel espace qui se dessine alors est purifié du sens commun, il configure un monde nouveau, celui de l'art. Quels sont alors les angles restants de ce monde purifié ?

Cette proposition place l'idée de l'artiste à une telle hauteur morale qu'elle court le risque de le séparer du monde de manière définitive, et à la limite de le désœuvrer entièrement, de le priver du désir de revenir pour communiquer ce qu'il est désormais en mesure de voir. Les aspects orientaux de cette esthétique affleurent peut-être de manière plus claire dès qu'on en interroge le concept de beauté : loin d'être un produit de l'art, la beauté est ce que l'art révèle de la nature par le moyen d'un regard purifié. Gould pouvait-il se reconnaître dans ce portrait en apparence si éloigné de son idéal formel de la musique ? Plus j'ai cherché à approfondir ce rapprochement, et je crois nécessaire de dire que j'ignore entièrement l'importance qu'il a pu avoir réellement pour Gould, plus il m'a semblé que son fondement était moral. Et cela n'apparaît jamais aussi clairement que dans son écriture, un modèle de détachement joyeux et de renoncement à une maîtrise surfaite. Revenons un instant sur les lettres et sur ce qu'on peut lire de son travail radiophonique : derrière une approche souvent facétieuse, et dont le mélodrame représenté dans des dialogues d'abord écrits pour piquer la curiosité illustre bien l'humour communicatif, nous ne trouvons aucune arrogance, aucun désir d'en imposer, mais seulement une sorte de passion constante et sans faille d'ouvrir pour les autres un espace de pensée, de faire pénétrer sur le territoire de la beauté. Comme le peintre de Sōseki, mais peut-être surtout comme Schoenberg, Gould n'aurait trouvé rien de plus méprisable que de croire dominer le monde des autres : s'il veut s'en extraire, c'est pour trouver les conditions parfaites d'un retour dans le don de l'art. Et si par malheur il lui arrivait de croire qu'il a atteint une sorte de perfection spirituelle qui l'isole en le distinguant des autres, il doit se dépêcher de se juger ridicule, car il comprend alors qu'il n'est pas parvenu à la simplicité et à la discipline qui fait l'artiste véritable.

L'écriture de Gould est toujours amicale, c'est le mot qui me semble s'imposer pour la qualifier, elle se communique dans une demande de réciprocité et place dans une position de parfaite transcendance les objets de l'art que l'artiste charge de sauver le monde. J'ai parlé de la qualité généreuse de ses lettres, j'ajoute qu'il était fréquent qu'il leur joigne des exemplaires de ses disques, des livres qu'il admirait (et notamment celui de George Santayana qu'il aimait tant). Cela explique peut-être que ses lettres soient à une telle distance du narcissisme ou de la dépression qu'on trouve ailleurs dans sa vie : sa discipline savait aller au-delà, et je répondrais à ceux qui prétendent qu'il était incapable d'intimité qu'il avait au contraire choisi d'écrire au-delà de cette proximité. En cela aussi, il se rapproche du peintre de Sōseki qui ne cesse de dire que l'artiste véritable doit faire le deuil de lui-même. N'écrit-il pas, comme pour donner à son esthétique une définition qui en exprime l'essence, que l'art

est un « état d'émerveillement et de parfait oubli de soi » ? Les
lettres de Gould disent si peu de lui qu'on en vient à penser
qu'il n'estimait jamais assez un correspondant pour lui faire
part de quelque chose de vital pour lui ; la réalité est que rien
n'était vital pour Gould qui ne soit pas une partie de son art,
une œuvre, un problème musical, une question d'interprétation, un travail en cours. J'ai passé cette correspondance au
filtre le plus fin, et tout ce que j'y ai relevé s'agissant de lui-
même se concentre dans des fragments d'éthique, inspirés
de David Thoreau et des paysages du Nord qui l'attiraient.
Comme Sōseki, il ne rêvait sans doute d'y retourner souvent
que pour y retrouver cette occasion de détachement. Je relis
un passage de *L'oreiller d'herbes*, parmi tant d'autres qui
expriment cet appel vers le dehors :

> La brise du printemps, qui passait doucement à travers
> la maison vide, ne venait pas pour plaire à ceux qui l'ac-
> cueillaient avec plaisir, ni pour narguer ceux qui auraient
> voulu la refouler à l'extérieur. Elle allait et venait, tout natu-
> rellement : elle exprimait la parfaite impartialité de l'uni-
> vers. J'étais assis, le menton appuyé sur les mains, pensant
> que si seulement mon cœur était aussi libre et ouvert que
> la pièce où je me trouvais, le souffle du printemps y aurait
> frayé son chemin sans même y avoir été invité.

L'artiste n'est pas seulement détaché, ce qui déjà le sépare
des autres, mais il atteint ce degré de liberté où il se laisse
traverser par l'extériorité au point de ne plus en dépendre.
Sōseki évoque une essence absolument intérieure, mais il

se dépêche d'écrire que chacun peut y accéder, que rien n'est réservé à l'artiste, puisque l'art n'est qu'un des résultats possibles dans l'après-coup. Le chemin de l'art, ne cesse-t-il de répéter, est ouvert à tous, et cette conviction faisait aussi partie des convictions profondes de Gould. Il s'estimait certainement privilégié, autant par ses dons et par l'attention dont il fit l'objet de la part de sa famille et de ses maîtres, il pouvait mesurer le prix du chemin qui lui avait ouvert le domaine de la musique, mais, comme je n'ai cessé de vouloir le comprendre ici, cet accès n'était pas pour lui la fin de l'art : l'extase peut compter parmi les buts les plus ultimes de la vie, elle n'est rien si elle ne cherche pas à se diffuser, si elle n'accepte pas son « ministère ». L'esthétique de Sōseki gravite elle aussi autour de ce mouvement de retour, un mouvement décrit comme le balancier par lequel la conscience du monde qui emporte l'artiste dans une sorte de transe se reconfigure ensuite dans un mouvement vers le monde qui est la destination de l'art.

L'énigme du désœuvrement demeure certes pour lui la plus haute, et s'il évita de recourir trop directement à l'enseignement du bouddhisme pour l'exposer, on sent dans chacune de ses descriptions que la spiritualité de la métamorphose est engagée et que la déstructuration du sujet est à chaque instant en jeu. Le peintre sait que le dépassement de la pensée, dans le moment même où il s'obtient, n'est pas pour autant une absence d'œuvre, puisque l'artiste qui en poursuit l'ascèse continue de se mouvoir au rythme du mouvement du monde. Cette oscillation, ce balancement qui expose à la brise du printemps la branche en fleurs du cerisier n'est que la description la plus simple du mouvement par lequel l'artiste s'éloigne de l'humanité pour aller vers l'œuvre, et pour en revenir. Si Glenn Gould aima tant ce livre, c'est peut-être qu'il y admira d'abord un effort unique pour s'accorder avec ce mouvement de la nature et l'identifier du même coup à l'œuvre de l'art. Lui-même n'a rien écrit qui nous permettrait de dire que ce lexique oriental de l'extase recoupait ce qu'il en dit trop brièvement, mais quand on s'abandonne à la prose, à la fois si légère et si rigoureuse de Sōseki, surtout dans cette traduction anglaise d'Alan Turney que lisait Gould, on éprouve parfois une telle proximité avec cette extase qu'on doit résister à l'idée qu'elle pourrait en provenir. Je me limite à noter cette proximité, je ne l'observe que pour tenter à mon tour de suivre ce chemin.

Quel rapport faut-il alors tenter de saisir entre cet état et l'œuvre elle-même ? Le roman de Sōseki n'en fait pas une intrigue, et pourtant son peintre doit à chaque instant lutter contre la tentation de mettre en question le chemin du retrait et du désœuvrement au nom de l'effacement de l'œuvre. Les biographes de Gould ne se sont pas beaucoup intéressés au fait, pourtant essentiel, qu'il aurait souhaité écrire de la musique, ils se contentent de noter que ses œuvres musicales publiées, peu nombreuses et toutes mineures à l'exception de son quatuor à cordes, furent surtout pour lui une expérience de frustration, une sorte de défaite. On ne

trouvera nulle part cependant chez Gould l'expression d'une
déception, tout se passe au contraire comme si ses rares
compositions l'avaient persuadé de trouver plutôt dans l'interprétation le lieu de son regard sur le monde. Son premier
opus, un quatuor à cordes, a été magnifiquement interprété
par Bruno Monsaingeon, qui le commente dans une note
à une lettre du 10 mai 1960 à Kurt Loebel, insérée dans
son édition du journal de crise. Écrit lorsqu'il était dans la
jeune vingtaine, ce quatuor ne correspond pas parfaitement
à l'esthétique moderne que Gould revendiquait publiquement. Monsaingeon y reconnut un « lyrisme intense, éperdu,
encore que contenu par la sévérité d'une écriture de bout
en bout contrapuntique », et il y trouva non seulement un
chef-d'œuvre, mais l'âme de Glenn Gould. La description
qu'il en donne est d'une grande justesse et elle fait sa place
à la recherche d'un équilibre entre les ressources de la tradition et l'innovation. « Il faut bien voir, écrit-il, qu'avec son
quatuor, il avait fait le constat d'une impasse : l'impasse dans
laquelle s'engouffrait la musique contemporaine, torturée
par le problème de son intelligibilité. » Ce quatuor condense
à cet égard tout ce qu'il pouvait attendre de l'œuvre, et quand
on entend Gould présenter Schoenberg, en particulier son
effort de réconciliation et d'harmonie des œuvres tonales
et atonales, du lyrisme débordant et de la formalité pure de
la *Symphonie de chambre*, on entend surtout une injonction qu'il s'adresse à lui-même et qui porte le sceau de cette
réconciliation qui fut l'enjeu de son rapport à la musique :

aurait-il, en effet, voulu ou pu écrire par la suite de la musique sérielle, dont il faisait l'héritage du contrepoint? Aurait-
il pu rompre avec ce lyrisme emporté qu'il travailla avec tant
de conviction dans son interprétation des transcriptions de
Wagner et de Beethoven?

On peut en douter: Gould avait pénétré tout le tableau
de l'histoire de la musique, il n'attendait de lui-même aucune
œuvre qui en aurait été le développement et, sur la droite
ligne qu'il avait tracée des virginalistes anglais à Schoenberg,
il savait exactement où il se trouvait. C'est la raison pour
laquelle, et cela nous ramène à son admiration de Thomas
Mann, je trouve si juste la lecture que Ghyslaine Guertin fait
de la série Schoenberg comme autoportrait, et je dirais presque aussi comme autobiographie. Gould s'était rendu aux
limites mêmes où était parvenu Schoenberg, et il avait décidé
de ne pas les transgresser, de demeurer en équilibre sur leur
profonde ambivalence, de se maintenir sur cette crête qui
domine d'une même hauteur les structures atonales et le
lyrisme de la *Nuit tranfigurée*. En faisant un pas de côté parfois
vers Richard Strauss, ou en se projetant devant vers Webern,
mais rien de plus. On peut aussi suggérer que son œuvre
était ailleurs, dans l'enregistrement, dans le documentaire
contrapuntique pour la radio, dans tout ce qui présentait les
exigences de la composition pour une époque qui appelait de
nouvelles figures de l'œuvre, mais cela n'est que trop évident.

On entrevoit déjà ce que cette décision de l'interprétation
peut trouver dans une réconciliation du retrait et du don:

lorsque Sōseki fait intervenir la musique, au quatrième cha-
pitre de son roman, c'est justement au moment où l'œuvre se
laisse saisir d'abord comme interprétation du monde, comme
si la musique pouvait mieux que la peinture faire barrage à
l'arrogance de la représentation. Dans ce moment extatique,
l'âme de l'artiste est comme un père qui a parcouru tout le
pays à la recherche de son enfant perdu depuis si longtemps
et qui enfin le trouve. Telle est la rencontre avec l'œuvre, telle
est la libération rendue possible par le cheminement spirituel du retrait : cette rencontre ne résulte pas d'un effort, elle
arrive d'on ne sait quel horizon de générosité, précisément
parce qu'elle n'est qu'une interprétation. « La musique ! Le
mot soudainement envahit mon esprit comme l'éclair. Mais
bien sûr ! La musique était la voix de la Nature, une voix
engendrée par la nécessité, et elle était née exactement dans
ces circonstances. » Lesquelles, peut-on demander ? Celles
de l'abandon qui permet cet état d'émerveillement, cette
rencontre dont l'essence réside dans le fait qu'elle n'est pas
attendue, la grâce même de la rencontre. Pour ce qui est de
la Nécessité, nous savons ce qu'elle est : c'est la déesse plato-
nicienne de l'harmonie, le contrepoint universel.

On sait que Gould vivait dans un environnement très
appauvri matériellement, peu soigné, délibérément ramené
à l'utile, à l'essentiel même de l'utile. Peut-être même déla-
bré. Mais alors qu'il passe en revue les aspects de sa pensée
qui pourraient témoigner d'un intérêt pour le bouddhisme
et la pensée orientale, Kevin Bazzana signale que Gould fit

l'acquisition, et cela semble avoir été la seule, d'une œuvre du peintre Zao Wou-Ki. J'aime penser que ce maître chinois austère, dont toute l'œuvre se situe au croisement de la calligraphie orientale et de l'abstraction lyrique, aurait aimé savoir que Gould avait choisi une œuvre de lui comme la pièce unique destinée à illuminer un espace autrement livré au désordre, indifférent à l'apparence. Car tout dans cette œuvre rappelle l'esthétique de Sōseki, cette pureté de l'ouverture, cet accueil. Dans son unicité comme dans sa présence, cette lithographie, que je n'ai pas vue, se rapproche de la peinture mythique de Paul Klee, *L'ange de l'histoire*, dont Walter Benjamin avait fait presque un fétiche. J'aime surtout penser qu'elle correspondait en tout point à la description de l'œuvre parfaite que donne Sōseki dans son *Oreiller d'herbes*, un condensé de la nature, presque liquéfiée, absorbée dans l'âme et redonnée au monde dans l'artiste interprète. J'en arrive à croire que le peintre de Sōseki est Zao Wou-Ki.

Ce détachement, cette séparation n'étaient pas sans conséquences pour tous ceux qui fréquentèrent Gould et même son ami Peter Ostwald avait dû consentir à l'imposition de certaines limites. Quand je lis le témoignage des uns et des autres sur ses difficultés, sur son manque présumé d'empathie, sur son désir de tout contrôler, je ne peux m'empêcher d'évoquer l'artiste de Sōseki : la perfection qu'il recherche se porte au-delà du rapport humain, par rapport auquel il sait pour ainsi dire *a priori* qu'il est inadéquat. La chronique des amitiés de Gould n'a rien pour nous surprendre : en tout, Gould préférait la retraite, il redoutait l'affrontement et les explications, et quand on considère le nombre important de personnes avec lesquelles il était en relation, on peut se demander comment il pouvait concilier les demandes des uns et des autres avec cet impératif de solitude qui était devenu la condition de son travail. Ostwald se demande même s'il pouvait trouver, au sein de tant de projets et d'activités, les conditions de la solitude qu'il recherchait. Il en souffrait certainement, mais on demeure frappé par la constance de son humeur faite d'ironie joyeuse, on ne le trouve jamais franchement dépressif, ce qui n'aurait eu rien de très étonnant si on tient compte de ses habitudes de vie, de son rythme de travail et de l'environnement appauvri dans lequel il avait choisi de vivre. Car comme pour l'artiste de Sōseki, on peut se demander s'il trouvait du plaisir autrement que dans le travail, dans l'art. Une vie vécue sans compromis, réglée selon les critères d'un perfectionnisme aussi rigoureux qu'exigeant, ne pouvait qu'exténuer la plupart de ses proches. La plus souvent cependant, Gould ne semblait pas s'en apercevoir. Il trouvait dans ce qu'il faisait la gratification et la reconnaissance suffisantes pour ne pas remettre en question son choix : ni la décision de quitter le concert, ni l'investissement dans une vie de production, c'est le seul mot qui convient ici pour regrouper le travail de l'interprète et celui de l'homme des médias, ne furent jamais l'objet pour lui d'un doute. On ne trouvera pas une ligne où il évoquerait, ne serait-ce qu'un instant, la tentation d'abandonner, de se retirer si absolument qu'il ne considérerait plus aucun projet. Non, même assailli et exténué, Gould demeura dans l'œuvre.

Dans la sarabande de la vie défilent les personnages de tout acabit, les proches et ceux qu'aucune proximité n'a jamais permis d'atteindre. Gould pense à eux dans la solitude de son studio, il s'adresse à eux dans ses lettres, il leur parle à la télévision avec cette adresse si particulière, faite d'une certitude confiante et d'une générosité qui aurait pu le conduire au délire : quelqu'un peut-il aimer à ce point Schoenberg qu'il en arrive non seulement à écrire dix émissions de radio pour le faire connaître, mais à enregistrer toute sa musique, y compris comme accompagnateur pour l'ensemble de ses *Lieder* ? S'il avait été dévoré par l'angoisse, comme son journal de 1977-1978 en donne l'exemple somme toute isolé, il se serait contraint au silence. Il contrôla cette angoisse, il s'exerça à la discipline la plus sévère et il n'eut pas besoin d'aller au monastère pour y trouver encouragement : il avait déjà fait ce parcours, il connaissait la route, il avait traversé tous les paravents. Gould n'appartient pas à ces artistes que le monde peut détruire, parce que le chemin qui l'a sorti du monde l'a mené vers un lieu de merveille. Encore une fois, comme le peintre de Sōseki, il a gravi cette montagne et ce qu'il a atteint ne l'a jamais quitté. Il n'a fait au contraire que le redonner. S'il est plus que probable, comme le journal de crise semble le dire, que cette lutte fut récurrente à divers degrés, ce ne fut jamais au point de faire de lui un artiste qui ne parvient pas à ce détachement moral qui l'isole. En décembre 1981, Gould participa à une émission radiophonique portant sur les livres, *Booktime*. Il fit la lecture d'extraits de *L'oreiller d'herbes*. Le livre l'accompagnait donc encore. Ce fut sa dernière participation à une émission de radio et elle est conservée comme l'archive précieuse de sa voix inscrite dans l'écriture de Sōseki, ou de l'écriture de Sōseki gravée dans sa voix.

◆ ◈ ◆

Glenn Gould ne cesse de lire, il ne cesse d'écrire. Ce que nous pouvons lire de ses écrits, et en particulier le choix publié de ses lettres, nous met en présence de quelqu'un pour qui l'écriture joue un rôle. Gould s'y montre toujours un épistolier consciencieux, inquiet de la réponse juste et désireux de faire le point sur tous les sujets. On peut y suivre la chronique de plusieurs de ses projets, comme par exemple la *Trilogie de la solitude*, et en retracer les inspirations au fur et à mesure que son travail s'approfondit. Le journal où il a consigné, de manière hélas souvent cryptée, une crise profonde, mêlant la dépression et une forme de détresse associée à son jeu, donne un bon exemple de ce qu'il attendait de l'acte même d'écrire : à la fois une chronique, une mémoire de la vie dans l'art, et un exercice de maîtrise, un instrument pour aller plus loin. Personne n'ira jusqu'à dire que Gould avait un talent d'écrivain, mais il avait une passion d'écrire qui enrichissait sa passion de communiquer. Cette vie dans l'écriture allait de pair avec une passion pour le travail sur le document, dont témoignent surtout ses interventions radiophoniques comme les séries autour de Casals et Stokowski : il avait une connaissance exceptionnelle de l'histoire de la musique et une opinion sur tout. Le volume de ses écrits impressionne, mais surtout peut-être leur diversité : les discussions musicologiques, dont il avait montré dès ses premiers textes accompagnant des enregistrements qu'il en maîtrisait parfaitement le style, ne sont que le volet le mieux connu de cette œuvre. Pensons seulement au travail, à tous égards important, qu'il réalisa autour d'Arnold Schoenberg, et dont la partie publiée par Ghyslaine Guertin représente la méthode et les préoccupations esthétiques. Pensons aussi aux interventions si nombreuses autour de la question de la technique et des médias. Pensons enfin à la somme des écrits personnels, incluant un ensemble complexe d'entretiens et de fragments autobiographiques. Cette écriture trouve ici son lieu, c'est celui de son appartement de Toronto, de son isolement.

Dans cette masse d'écrits, il y a bien sûr de l'artifice et beaucoup de propos compliqués, Gould ne semblant jamais bien connaître le public auquel il s'adresse, mais nul ne peut douter de l'authenticité d'un projet d'écrire pour communiquer une conviction, une intensité, une compréhension de la musique. Je connais peu d'interprètes qui aient autant écrit, j'en connais encore moins qui l'aient fait avec une telle candeur : à aucun moment Gould ne prend les précautions les plus élémentaires, il n'a aucun souci de la nuance ou des effets d'un jugement tranchant, il se montre vulnérable et écrit toujours comme s'il était seul à parler des œuvres, seul à en proposer une lecture radicale, seul encore à les habiter de manière aussi intérieure. Il faut pour le lire sans en être irrité une grande confiance et une amitié sans doute semblable à celle qu'il imaginait être la sienne s'approchant des musiciens et des écrivains qu'il vénérait. Les objections et les critiques ne manquèrent pas, et même les coups. Mais je ne crois pas qu'il ait jamais été atteint par le savoir académique, dont il caricatura si joyeusement les prétentions, ou l'autorité des critiques : il écrivait comme on parle, et si je pouvais le faire en langue française, j'emprunterais à Kevin Bazzana cette expression, il était un grand « conversationnaliste ». Gould, un homme de conversation, voilà peut-être la meilleure manière de décrire cette parole qui n'obéit qu'à elle-même et qui pourtant cherche un interlocuteur pénétré du même désir de dépasser les conventions. Qui reproche en effet à un ami de prendre des risques en mettant de l'avant des propositions intempestives ? Gould le faisait toujours comme s'il était en compagnie d'amis bienveillants et on entend toujours dans sa prose alambiquée une provocation souriante, désireuse de surprendre et de faire aimer.

Je me suis parfois interrogé sur ce qui pourrait avoir été le secret de sa résistance et de son austérité, mais j'en suis venu à la conclusion qu'il n'y avait de secret que dans cet engagement à réconcilier le retrait et le don. Un secret, ce serait une blessure si profonde, une tragédie si dure, une impossibilité telle que toute la vie s'en trouverait rabattue et toute la création refoulée, comme par exemple le retrait absolu de la vie sexuelle. Je parlerai de ce secret qui n'en est pas un dans la partie que j'ai choisi de placer comme le *Scherzo* de cette *Partita*. Mais ce secret n'est que l'énigme d'une détermination si parfaitement constante dans le choix de l'austérité qu'elle ne s'illumine pour nous que lorsque nous la trouvons représentée par d'autres, par exemple dans un roman initiatique japonais.

Pour l'instant, je tourne une page consacrée à sa lecture, son écriture, sa méditation. Par la pensée, il suit le chemin du peintre de Sōseki, il imagine les forêts de Thoreau que déjà il voit dans une œuvre, il entend l'injonction vertueuse du héros de Santayana. Sa calligraphie est terrible, terrifiante, hallucinée de rapidité et de désinvolture, elle n'est disposée sur la page que pour lui, comme une mémoire cryptée. Il suffit de regarder les pages du journal que Bruno Monsaingeon a déchiffrées, ce sont de véritables hiéroglyphes, assortis de petits schémas codés. Comme une partition justement, celle de sa discipline et de son ascèse. Dans la nuit de son appartement éclairé de Toronto, il entendait la rumeur du monde, il avait un agenda, il passait beaucoup de temps au téléphone, et il écrivait compulsivement, toutes ces choses si diverses qui forment la basse continue de son œuvre. On pensera qu'il pratiquait beaucoup sur ses instruments, il faut se détromper : il n'a cessé de le répéter, il ne pratiquait presque jamais, bien moins sans doute qu'il n'écrivait. Mais quand nous l'entendons jouer, par exemple l'admirable *Sarabande* de la *Partita n° 6*, nous savons que rien de cette rumeur ne pouvait atteindre, au point de la troubler, ce que nous entendons et qui était sa grâce et son «vêtement d'immortalité». Je suggère d'entendre à nouveau l'air qui précède cette sarabande dans la phrase si souvent reprise de Sōseki :

> Je savais que si je prêtais l'oreille encore un peu, mes illusions s'effondreraient. J'avais réussi, par étapes, à atteindre une contrée enchantée, d'où je pouvais regarder le monde avec un parfait détachement, mais je me sentais maintenant comme quelqu'un à qui on demande de rendre son vêtement d'immortalité. Si, après m'être farouchement battu tout au long de ce chemin qui monte si abruptement et en lacets, je devais être assez fou pour accepter de me laisser tirer vers le bas, vers ce monde de la routine quotidienne, toutes mes raisons de quitter la maison et de me mettre en chemin de cette manière seraient perdues.

# V

*Sinfonia*

# La nécessité d'être seul

*Partita n° 2, en do mineur*

L'INTÉRÊT DE GLENN GOULD pour les solitudes nordiques pourrait le rapprocher du romantisme que pourtant il a toujours voulu tenir à distance. Romantique, il le fut certes dans cette part de son jeu qui consent à un lyrisme parfois presque wagnérien, mais ce n'était alors, comme pour ses maîtres Arnold Schoenberg ou même Richard Strauss, qu'une forme de concession. À moins que cela n'ait été aussi le signe d'une ambivalence qu'il avait résolu de ne pas refouler. Romantique, il le fut encore dans une certaine nostalgie de la solitude créatrice, seule capable de nourrir le projet créateur de l'artiste. Mais son intérêt pour l'espace nordique, et en général pour l'expérience des communautés isolées, doit être lu autrement : dans cet isolement, Gould a perçu l'avènement d'une liberté nouvelle, celle de la communication. Le Nord demeurait ce qu'il avait toujours été pour lui, une sorte de foyer spirituel auquel il aspirait depuis son enfance, mais il devenait aussi un lieu de pensée pour celui qui ne se concevait pas comme un artiste replié. Rien ne semble moins simple que de parler du romantisme ou de l'antiromantisme de Glenn Gould, dès lors qu'on accepte d'en parler d'une autre manière que du génie.

Gould n'aimait pas le génie romantique, sa superbe. Le romantisme, pensait-il, veut nous faire croire que, dans l'art du musicien interprète, la pensée ne compte pour rien, qu'elle n'a aucun rôle. Rien en tout cas de ce qui, dans la pensée, mesure et délibère, apprécie et porte jugement. Toutes les médiations de l'analyse et de la réflexion appartiendraient à une forme d'après-coup : l'artiste, s'il en éprouve le désir, commentera ce qu'il a cherché à faire, mais il le décrira comme ce qu'il a produit sans l'avoir voulu. Envahi de l'extérieur comme de l'intérieur, le génie ne s'appartient pas. Le savoir qu'il formule alors n'était pas actif dans ce moment originaire de l'expression, de telle sorte que l'esthétique, maître mot de la pensée sur l'art, ne peut jamais jouer le rôle d'une matrice, d'une pensée qui commande, d'une volonté qui organise et met en place. Elle n'est que le commentaire, destiné certes à illuminer l'écoute, mais impuissant à engendrer l'interprétation. Le génie du musicien se développe dans l'ombre ; le mystère qui l'abrite le défend aussi bien de la responsabilité d'avoir à parler de soi que de la nécessité de rapprocher les autres de ce qu'il a atteint. Infiniment différent, il tient à garder la distance qui protège sa virtuosité, à creuser l'écart qui le sépare de la communauté. Ainsi en va-t-il du romantisme, de son essentiel silence. La solitude de l'artiste y est aussi nécessaire que turbulente et diffuse. Ce génie de l'ombre, Gould refusa toute sa vie de s'y identifier.

Il n'aimait rien tant que de se moquer des artistes supérieurs, trop brillants et pour tout dire peu démocratiques. Il en a contredit le modèle par une pratique intense de la communication, dont le but ultime ne pouvait être que la déconstruction du mystère romantique. Le précepte de son antiromantisme pourrait bien être: à l'intention de tous, vers chacun. Quand on relit l'ensemble de ses propos et de sa correspondance, la constance de son attitude, faite d'un souci de l'égalité et d'une attention aux gens les plus simples, ne laisse de frapper. Tout y est: les condamnations les plus drues de tout ce qui se drape dans le mystérieux, l'ironie mordante à l'endroit du spectaculaire et la critique joyeuse de la pose. Pour lui, et sans doute avait-il à l'esprit bien des musiciens fougueux qu'il s'abstint de nommer en plus de ceux qu'il stigmatisa sans ménagement, le romantisme était d'abord cela: une émotion qui pose et qui trouve dans cette pose le moyen de se distancier. Mais ce jugement n'est rien auprès du discours incessant de Gould concernant son art, un art pensé, dont la pureté devait être recherchée dans la poursuite de la maîtrise et de la clarté. L'idéal de discipline, qui s'exprime dans cette attitude faite de connaissance et de désir de transmettre, ne craint pas le langage. Il veut se communiquer, la retraite qu'il préconise n'a rien en commun avec l'obscurité toujours fougueuse du romantisme. Ce discours n'évite pas toujours l'embourbement et il possède sa propre emphase, mais il ne recule devant aucun moyen pour offrir en partage l'expérience même du sublime.

Ces deux traits ont-ils quelque chose de commun, la préoccupation égalitaire et le souci de communiquer la perfection ? Plus on y réfléchit, plus on en mesure l'essentielle unité. Aimer l'art de Glenn Gould supposera-t-il qu'on le suive dans cette pratique des médias qu'il fit sienne après son abandon du concert ? Cela exigera-t-il qu'on prenne au sérieux ses exposés radiophoniques sur Stokowski et Schoenberg, où on retrouve des intuitions brillantes noyées dans un discours byzantin ? La réponse à cette question n'est pas facile, on ne renonce pas aisément à la cohérence d'une esthétique, et encore moins à la convergence d'un art d'interprète et d'un discours de justification. Cette réponse s'articule cependant sur un élément déterminant : la critique du romantisme, si elle doit être rigoureuse, a des conséquences. On ne peut aimer Gould et faire comme s'il était seulement un artiste soucieux d'envelopper la sublimité de la musique dans une expérience inaccessible, rare et inexplicable. Tout l'art de Gould consiste au contraire à penser que cette sublimité appartient à une finalité exprimable de la vie, à laquelle chacun est, pour ainsi dire par nature, destiné. Il y a donc un langage de l'acte musical, il y a une volonté du sens musical aussi transparente et accessible que la volonté du sens de la vie. Il y a enfin une communication de ce sens. Tous les efforts consentis dans ce but appartiennent à l'esthétique de

Gould : la « part de divinité » offerte par la musique, pense-t-il, est offerte à chacun.

Au milieu de toutes ces réalisations se dresse une trilogie radiophonique, un chef-d'œuvre inégalé où Gould parvient à faire coïncider une forme contrapuntique idéalisée et une éthique de la solitude métaphorisée dans l'espace canadien. La *Trilogie de la solitude* n'est pas un documentaire musical, elle n'est pas non plus une proposition esthétique, mais elle recueille toute la pensée de Gould musicien et tout son art. Quand je l'ai entendue la première fois, j'ai eu le sentiment que deux mondes que tout séparait se rencontraient miraculeusement dans une forme unique et concrète : dans le monde des voix, en effet, Gould a réuni la voix de l'individu isolé dans sa recherche des autres et la voix musicale, dont la tension dans le contrepoint est le moteur même de la musique. Voix et voix, pourrait-on dire, se retrouvaient dans le monde de l'expérience, au-delà de tout ce qui sépare la parole et la musique. Comme je voudrais le montrer, cette œuvre est l'accomplissement d'un long parcours de recherche dans l'univers de la communication, que Gould mena en pleine harmonie avec son travail de musicien. Je ne pourrai que l'évoquer, cette recherche mériterait une étude élaborée.

La recherche de la communication est le devoir de notre temps, même le génie romantique qui est dans la nature et qui en constitue pratiquement l'accomplissement ne saurait s'y dérober. À plusieurs reprises, Gould a cherché à

commenter cette proposition, sans doute parce qu'elle représente l'envers radical du romantisme replié sur soi, mais surtout parce que cette finalité devenait concrète pour lui après
son renoncement à la vie du concert. Son personnage était
démocratique – il l'a montré dans ses nombreux entretiens
et dialogues –, et il n'était pas facile pour lui de concilier les
impératifs de la communication et l'universalité du destin de
sens dans la communauté avec la singularité du génie dont il
était le porteur. Son intérêt pour la technologie et les communications appartient à ce versant de sa pensée où nous
le retrouvons en dialogue avec son compatriote torontois,
Marshall McLuhan. Gould avait lu attentivement les écrits
du grand théoricien des communications et il y avait reconnu
plusieurs des principes qui guidaient sa propre recherche sur
le rôle de la technologie dans l'évolution même de l'art musical. Sa préoccupation pour les communautés isolées relève
moins d'une nostalgie de leur ferveur ou de leur identité,
par ailleurs essentielle à son projet, que d'un désir de garantir leur survie en leur donnant une parole. Gould pouvait
citer avec enthousiasme les idéaux planétaires de McLuhan
ou la noosphère du père Teilhard de Chardin, et comme
on le verra, ces idées très répandues chez les intellectuels
des années 1960 étaient aussi importantes pour lui que la
réflexion qu'il menait sur l'identité et la communauté.

Il fut d'abord convaincu de l'intérêt des techniques de
reproduction du son. Le premier enjeu était certainement
pour lui la capacité de revoir une interprétation par le

moyen de reprises assemblées lors d'un montage. On a fait remarquer avec justesse que s'il fut partisan de cette technique, il n'en abusa pas. L'interprétation satisfaisante, voire excellente, n'était jamais l'interprétation parfaite, par essence inaccessible en raison de l'immatérialité de la musique. Il connaissait le pouvoir de la technique, mais il en connaissait aussi les limites. Le plus important semble avoir été pour lui l'enjeu des effets de la technique sur le son lui-même : les équilibres, le travail sur les registres et les timbres, la réverbération, bref tout ce qu'une bonne console permet de faire sur un enregistrement de base. N'oublions pas que Gould n'a pas connu la technologie numérique – seuls ses deux derniers enregistrements furent réalisés selon ce procédé – et que son enthousiasme se fondait sur une technologie que nous jugeons aujourd'hui assez rudimentaire. Gould en attendait une réalisation plus proche du son idéal qu'il valorisait : pour l'essentiel, un son libéré des aléas de la présence et conduit vers une transparence abstraite fidèle à l'idée du contrepoint. L'interprétation enregistrée en studio acquérait de ce fait pour lui un statut très différent d'une interprétation de concert, même enregistrée : aucun de ses éléments n'était tributaire d'autre chose que d'une volonté pure, d'une décision délibérée de conserver cette approche particulière, résultant d'écoutes répétées et de reprises, et pas d'autres. Cela explique qu'il ait pu déclarer que « la plupart des idées qui lui étaient venues comme interprète avaient à voir de quelque manière avec le microphone ».

La technique n'était cependant qu'un point de départ et Kevin Bazzana a écrit très justement qu'au bout du compte les techniques d'enregistrement représentaient pour Gould, comme tout le reste, d'abord une question éthique. Si cette affirmation ne doit pas demeurer trop vague, il faut chercher à en voir les implications. Il est certain que pour Gould l'accès au répertoire par le disque était une réelle avancée dans la diffusion de l'art et qu'à ce titre la technologie était libératrice. Elle ouvrait l'espace réservé du concert à un auditoire universel. Mais cet auditoire est d'abord fait d'individus isolés, ce n'est pas un public de masse qui demande à être diverti et Gould, si démocratique qu'il fût, partageait avec les théoriciens viennois une critique implacable du marché de la musique. Si la technologie pouvait libérer, c'était d'abord parce qu'elle rendait possible un auditoire « créatif », conscient de ses prérogatives et libre de ses choix. Dans la solitude de l'écoute, l'auditeur peut retrouver les conditions du studio et recueillir pour lui-même le travail de l'artiste. Je ne crois pas qu'il ait cité l'essai de Walter Benjamin « L'œuvre d'art et sa reproductibilité à l'ère technique », et je ne peux dire s'il se serait trouvé en accord avec sa thèse sur la perte de l'aura, une thèse élaborée d'abord pour l'art visuel ; on peut penser que la reproduction était pour lui la possibilité de retrouver l'aura dans une rencontre solitaire et privilégiée avec l'œuvre, loin des contraintes bourgeoises et des rituels de performance.

Parler ici d'une démocratisation de l'expérience même de l'art n'est donc pas une exagération, mais en quel sens s'agit-il d'une éthique? À la limite, et Gould n'a pas hésité à l'évoquer, le service que la technique pourrait rendre à l'art serait de soutenir la recherche du bien spirituel de l'humanité, et la conséquence pourrait en être que l'art en arrive à « se bannir lui-même ». Gould n'avait-il pas écrit aussi : « Il faut donner à l'art la chance de sa propre disparition » ? Cela ne peut signifier que l'achèvement de sa fonction dans un monde souffrant pour lequel il est d'abord soin et langage. Dans quel monde l'art peut-il prendre le risque de s'annuler ? Mais on peut demander aussi si l'art conserve une responsabilité et une nécessité dans un monde où sa fonction n'est plus un service ? Ce temps est peut-être celui où, comme chez Sōseki, toute la vie devient art.

Cette aporie trouve sa réponse dans l'insistance mise sur la valeur de la solitude. La technologie de l'enregistrement est une technologie de la distance, mais elle est mise au service d'une proximité d'une autre nature. L'artiste peut travailler dans un isolement parfait et la somme de ses efforts demeure investie dans l'œuvre, dans la recherche de l'interprétation idéale : elle ne fait jamais écran, puisqu'elle ne s'interpose pas dans une présence qui viendrait perturber la solitude de l'écoute. Dans sa banalité même, cette proposition est une intervention dans le temps. Des durées incommensurables qui étaient, dans l'expérience du concert, assujetties à des contraintes débilitantes deviennent d'un seul coup libérées de toute attache, autant pour le musicien que pour l'auditeur. Un voile tombe sur l'un et sur l'autre, et peut-être plus exactement entre l'un et l'autre, qui rend possible une écoute pure. En 1974, Gould écrit:

> Cette musique capable d'atteindre en théorie une masse sans précédent d'auditeurs aboutit en fait à un nombre illimité d'écoutes se déroulant en privé. Ce paradoxe conduit à la possibilité pour l'auditeur d'exprimer des préférences, d'imposer à l'œuvre sa propre personnalité dans la mesure où il enrichit son expérience auditive de toutes les capacités de modifications électroniques qui sont à sa disposition. S'il s'en empare, il transforme l'œuvre et sa relation à l'œuvre.

Personne ne voudra nier, comme Yehudi Menuhin y avait insisté, que la communauté d'un auditoire puisse modifier jusqu'à l'écoute de l'œuvre, et je ne sais pas ce que répondrait Gould aux arguments d'un philosophe comme Hans Blumenberg qui soutenait que la musique religieuse de Bach ne pouvait être écoutée par les modernes, du seul fait qu'ils n'appartiennent plus à la communauté de prière à laquelle elle était destinée. Gould avait en vue une autre communauté, une communauté de solitaires qu'il appelait à recevoir l'œuvre sans la médiation d'un espace d'écoute qui fût lui-même une communauté. Mais cet espace pouvait créer une nouvelle communauté qui, par sa liberté même, possédait un pouvoir émancipatoire. C'est en ce sens, je pense, qu'il faut comprendre que la confiance de Gould dans la technologie, une confiance ouverte sur un avenir immense, se fondait sur le pouvoir libérateur de l'art pour l'individu. Que le recours à la technologie puisse produire des effets de privation de la présence et de déstructuration de la communauté vivante, il ne semblait pas enclin à le percevoir, voire à l'appréhender. On ne trouve chez lui, pour ne donner que cet exemple, aucune critique à l'égard du pouvoir destructeur de la télévision. Il ne semblait voir que l'avènement d'une autre communauté, plus parfaite du fait de son détachement des aléas de la présence. C'est ainsi que Ghyslaine Guertin peut écrire si justement : « L'enregistrement est le lieu d'une expérience de la solitude vécue en commun. »

Cet espoir, et presque cette candeur, exposée si souvent après que Gould eut abandonné le concert, ne devrait pas nous surprendre de la part de quelqu'un qui vécut la majeure partie de sa vie dans un studio de travail, retranché du contact de tous et se limitant aux conversations téléphoniques pour créer son monde. Comme pour le peintre du roman de Natsume Sōseki, on peut se demander s'il redescendra un jour de sa montagne. Mais cette valorisation de la solitude était compensée par un désir effréné de communication, et le recours aux médias permettait à Gould d'y trouver un équilibre qu'il lui aurait peut-être été impossible d'atteindre autrement. Dans son essai de 1963 « Contrefaçon, imitation et processus créateur », un texte d'une amplitude de vue remarquable, alliant une philosophie de l'histoire et un plaidoyer pour l'individualité et la liberté, Gould argumente pour une relation à l'art marquée par la liberté de l'individu; la technique de reproduction vient servir ce processus de libération. Il écrit:

> [L]'art ne deviendra pas le serviteur du processus scientifique. Il en empruntera les méthodes et les moyens, mais restera indépendant de ses objectifs. La communication qu'est l'art demeurera aussi indéfinissable que jamais. Elle continuera à chercher à parler de choses qu'aucune mesure scientifique n'est capable de circonscrire. Mais le suprême paradoxe pourrait bien consister en ce que, en empruntant au monde scientifique ce dont elle a besoin, loin de confirmer les concepts cumulatifs de l'information scientifique, elle devienne apte à exprimer l'éternité de l'élan esthétique, en s'affranchissant du conformisme que nous avons permis à l'histoire d'imposer.

◆ ◈ ◆

Je n'aime pas la comparaison qui fit un peu le tour des critiques et qui associait la forme de vie de Gould au personnage d'Howard Hughes: Gould ne recherchait pas la solitude uniquement pour des raisons phobiques et paranoïaques, il la recherchait pour l'achèvement de son œuvre, et il la recherchait comme un milieu à partir duquel il pouvait s'adresser aux autres, à cette communauté parfaite qu'il voulait contribuer à construire. Cette conviction était si profonde que Gould put confier à Jonathan Cott: « De près ou de loin, tous les sujets que j'ai choisis ont à voir avec l'isolement, même les sujets musicaux. » C'est ce qui nous aide à comprendre qu'il ait considéré la série de ses émissions radiophoniques comme une suite intégrant aussi bien la *Trilogie de la solitude* que ses portraits d'Arnold Schoenberg, de Pablo Casals et de Leopold Stokowski : dans ces séries, des artistes et des individus solitaires, regroupés ou non au sein de communautés pour protéger leur solitude, font l'apologie de leur condition, en même temps qu'ils donnent le témoignage d'une authentique sérénité. Quand Jonathan Cott lui pose la question suivante : « La radio, comme métaphore de la solitude, est une expérience bien plus intime [que la télévision]. Comment expliquez-vous que vous soyez intéressé par un médium qui vous introvertit ? », Gould évoque son enfance et le soutien qu'il trouvait dans cette compagnie de tous les instants, mais il dit surtout que la solitude est indispensable au rapport humain, selon une relation qui demeure inexprimable. L'introversion n'est pas un défaut, c'est une nécessité. Qu'il ait pu affirmer que des sujets musicaux étaient déterminés par la solitude demeure pour moi une énigme : on peut comprendre qu'il n'ait pas privilégié les œuvres de communauté, comme les *Passions*, mais on peut se demander ce qui désigne un sujet musical comme un sujet de solitude. La réponse à cette question me semble hors de portée.

Gould s'engagea dans ce travail en artiste canadien, lui-même élevé dans le monde de Radio-Canada. Ce monde, il faut le rappeler, précédait l'avènement de la télévision et il représentait un instrument mis au service de la culture d'un pays si vaste que seules les ondes de la radio pouvaient le rassembler. Ce que les grands réseaux ferroviaires avaient commencé, la radio allait le compléter. La première émission de la *Trilogie de la solitude* date de 1967 et elle a été réalisée par Gould dans le cadre des célébrations du centenaire de la confédération canadienne. À cette occasion avait été créé le réseau FM de Radio-Canada, une réalisation d'envergure dont le mandat de culture et d'identité suscite encore l'admiration. Nous qui assistons impuissants au démantèlement du service public de la culture sur les chaînes de la SRC, autant pour le réseau anglais que français, nous avons du mal à imaginer que cette même CBC ait confié à Glenn Gould des projets aussi exigeants que techniquement coûteux. On peut même noter avec ironie qu'une des dernières grandes réalisations artistiques de la télévision de Radio-Canada, avant de chuter dans le divertissement, fut le grand hommage qu'elle rendit à Gould en 1998 sous le titre *Extasis*. Le génie de Gould était certes convaincant, sa réputation d'interprète était à son zénith, mais sans doute est-ce surtout sa passion de la communication qui lui ouvrit les portes des studios de Toronto.

L'époque était à l'innovation et Gould avait une envie irrépressible de s'y engager. Quand on examine le registre des productions dont il fut responsable pour la CBC, on ne peut qu'admirer leur richesse et leur diversité. Mais aussi leur caractère audacieux et leur complexité technique. On y trouve d'abord des récitals accompagnés de commentaires, puis, à partir de la saison 1966-1967, la CBC diffusa une série consacrée à sa lecture de l'histoire de la musique, sous le titre *L'art de Glenn Gould*. L'artiste y présentait des œuvres, mais aussi des entretiens avec des penseurs et des écrivains comme Jean Le Moyne. La série *Anti Alea*, qui date de 1968, donne une bonne idée de son projet esthétique : soucieux de présenter la musique dite aléatoire, Gould approfondit le concept même du hasard en compagnie de divers invités. Je me souviens d'avoir vu à la télévision, en mai 1966, une émission avec Yehudi Menuhin, présentée sous le titre *Duo*, où les deux musiciens discutaient de la *Sonate pour violon et piano, opus 96* de Beethoven. C'était une heure de formidable complicité dans la musique, mais surtout de forte amitié : chacun allait à la rencontre de l'autre dans la recherche de cette communauté d'interprétation, et leur dialogue était d'abord fondé sur l'admiration. Menuhin qui ne partageait pas les vues de Gould sur les limites du concert portait sur lui un regard tendre, presque paternel. Quand ils jouent cette sonate ensemble, malgré que Menuhin ait exprimé une forte réticence à aller contre l'indication explicite de la partition, on sent chez lui une admiration pour l'audace de Gould. La même année, Gould enregistra des *Conversations* avec Humphrey Burton, portant sur Schoenberg, Bach, Beethoven et Richard Strauss, un feu d'artifice savant, un bouquet de pensées candides et pleines d'espoir sur la musique à venir. Maintenant que nous pouvons lire son travail sur Schoenberg, nous voyons comment cette pensée de l'avenir puisait son optimisme dans une œuvre faite de transparence et de rigueur.

À ce premier ensemble, il faut joindre la série de dix émissions consacrées à Schoenberg, commémorant sa naissance : elles furent diffusées à l'automne 1974 et leur scénario révèle une connaissance admirable de l'œuvre en même temps qu'elle exprime le désir de voir cette œuvre reconnue pour sa richesse formelle et expressive. Gould produisit également une émission documentaire, diffusée en novembre de la même année, *Schoenberg: les cent premières années. Une fantaisie documentaire*, qui venait achever ce cycle d'hommages. Les nombreux écrits de Gould sur Schoenberg trouvent ici une illustration exemplaire. À ce cycle déjà très riche, il ajouta une émission moins connue sur Richard Strauss, sur qui il avait déjà beaucoup écrit, en particulier un très beau texte publié en 1962, « Un argument pour Richard Strauss ». Il admirait chez lui un génie ajusté à son temps, « une figure centrale au sein du dilemme contemporain de la moralité esthétique ». Dans ce documentaire intitulé *Le héros bourgeois*, un titre où on reconnaît l'ambivalence de Gould vis-à-vis de toutes les formes de vie conventionnelles, il explore avec nuance l'équilibre de Strauss, déchiré entre la pulsion novatrice de l'époque et son propre conservatisme. En ce sens, ce documentaire peut être interprété comme un complément nécessaire à son travail sur Schoenberg: Strauss était essentiel dans l'histoire de la musique pour protéger la fonction de la tonalité, il était nécessaire qu'il s'y maintînt. Gould travailla à ce projet de 1976 jusqu'à la diffusion de l'émission, en deux parties, les 2 et 9 avril 1979. Je me limite à ces exemples, l'ensemble de son travail radiophonique est immense et mériterait une étude en soi.

Les séries télévisées de Gould sont bien connues. Comme la plupart de ses émissions de radio portant sur la musique et sur la composition, elles sont d'abord didactiques. La série « Music in our Time » est sans doute la plus imposante : Gould avait prévu sept émissions thématiques, associées chacune à une décennie du XX$^e$ siècle. Il en réalisa quatre : *The Age of Ecstasy, 1900-1910*, diffusée en 1974 ; *The Flight from Order, 1910-1920*, diffusée en 1975 ; *New Faces, Old Forms, 1920-1930*, diffusée aussi en 1975 ; enfin, *The Artist as Artisan, 1930-1940*, diffusée en 1977. Elles abordent les œuvres musicales comme autant de boîtes à ouvrir, comme des textes à lire et à comprendre ; aucun mystère ne s'y cache, seulement une beauté disponible pour tous ceux qui auront préparé leur esprit à la recevoir. Gould s'y révèle un pédagogue attentif, passionné par l'analyse et d'abord soucieux de mettre en lumière la logique des œuvres et les principes qui en découlent pour l'interprétation. Ses jugements sont tranchés, souvent péremptoires et on ne les comprend que si, d'une manière ou d'une autre, on est en contact avec les idéaux qui les inspirent. Ces exemples, choisis parmi plusieurs réalisations, illustrent un aspect du talent de Gould qui confirme son parti non romantique : pour lui, la musique peut être expliquée et, en la commentant, l'artiste offre à la communauté le moyen de l'accueillir dans le silence et la solitude qui permettront ensuite de la retrouver.

La confiance de Gould dans les médias était presque sans limites et il ne reculait devant aucune exploration technologique; dans une émission de 1970, intitulée *L'auditeur bien tempéré*, il présenta un document complexe, réalisé avec des techniques de montage inspirées de l'art du contrepoint. C'est dans cette émission qu'il intégra le court métrage de Norman McLaren et René Jodoin, *Sphères*, un ballet d'images rythmées que nous retrouvons dans le film de François Girard, *Trente-deux Films brefs*. Ce portrait ne serait pas complet si on n'y incluait l'ensemble des films qu'il accepta de tourner, à partir de 1972, avec le musicien français Bruno Monsaingeon. La première série comprend quatre films, une série commandée par l'ORTF pour une émission intitulée «Les chemins de la musique», qui comptent parmi les documents les plus importants pour comprendre l'art de Gould: *La retraite, L'alchimiste, Glenn Gould 1974* et *La Sixième Partita de Bach*. Gould s'y révèle précis et méthodique, en même temps que son jeu demeure inspiré et parfait, et il semble qu'il en ait été particulièrement heureux. Bruno Monsaingeon filma également, en 1979-1980, Glenn Gould dans une série d'une grande beauté consacrée à l'œuvre de Bach: prévue initialement en cinq volets, elle fut interrompue par la mort de Gould après les trois premiers films. *La question de l'instrument* (1979) comprend notamment la *Partita n° 4, en ré majeur*. *L'Art de la fugue* (1980) donne à entendre le *Contrapunctus* qui termine l'*Art de la fugue*. Le troisième film fut tourné à New York en juin

1980, il est consacré aux *Variations Goldberg* et il est donc intimement lié au travail de Gould pour le second enregistrement de l'œuvre qu'il réalisa pour CBS. Il fut diffusé en janvier 1982 et le disque au mois de septembre suivant, juste avant sa mort le 4 octobre. Très visiblement, Glenn Gould avait trouvé en Bruno Monsaingeon un complice en qui il avait une confiance complète, et quand nous voyons le film presque testamentaire que ce musicien cinéaste réalisa à sa mémoire en 2006, *Au-delà du temps,* on se trouve de nouveau en présence d'un travail dont Gould aurait reconnu la justesse et la sensibilité. Monsaingeon fut aussi son traducteur et l'éditeur de plusieurs de ses écrits en langue française et Gould avait trouvé en lui quelqu'un qui poursuivait les mêmes finalités de diffusion et de communication. Leur amitié me semble un exemple unique de collaboration et de respect dans l'histoire de l'art du piano.

◆ ◈ ◆

Quand on les compare à ces séries didactiques, les trois morceaux de la *Trilogie de la solitude* apparaissent à bien des égards comme la clef de l'esthétique communicationnelle de Gould, comme le répertoire de ses principes radiophoniques, l'achèvement de son projet social. Dans cette série, un triptyque d'œuvres radiophoniques qu'il réalisa pour le compte du réseau anglais de Radio-Canada de 1967 à 1977 – *L'idée du Nord* (*The Idea of the North*), *Les derniers venus* (*The Latecomers*) et *Le calme du pays* (*The Quiet in the Land*) –,

Gould s'engagea de la manière la plus absolue comme penseur et comme artiste. Ces œuvres importantes sont peu connues et on sous-estime le lien qu'elles entretiennent avec la pensée de Gould sur l'art. Elles reposent pourtant sur plusieurs principes qui sont autant de convictions profondes dans sa vie. Au premier rang, le primat de la communication et le caractère vital du lien à la communauté. Rien de moins romantique en effet que l'artiste cherchant au microphone à cerner le cœur de l'expérience esthétique, rien de moins mystérieux que de vouloir donner à chacun l'accès à une voix susceptible de lui parler : dans le travail radiophonique, Gould avait trouvé pour lui-même un chemin vers l'espace de la société et pas seulement vers l'expérience de la musique. La *Trilogie de la solitude* constitue un documentaire sur les paradoxes du romantisme et elle éclaire d'une manière essentielle l'ensemble du travail de Gould pour la radio et la télévision. Elle éclaire aussi, sans doute de manière plus indirecte, sa vie d'artiste et la réflexion qu'il menait pour la purifier sans cesse.

La musique n'en est pas l'objet principal, elle y est disposée en arrière-plan ou dans les dernières minutes, comme le mouvement final de la *Cinquième Symphonie* de Sibelius qui vient conclure le premier morceau de la trilogie, *L'idée du Nord*. Gould n'a pas cherché non plus à constituer une sociologie de la solitude, encore que plusieurs éléments des trois documentaires y contribuent richement. Fasciné par les communautés isolées autant que par les personnes attirées par les espaces désertiques, Gould a intégré dans ces émissions plusieurs témoignages et récits décrivant l'expérience de la solitude dans des cultures qui y contraignent ou qui la favorisent. On peut lire de lui une lettre au professeur James Lotz, qui avait publié en 1959 un livre sur l'Île d'Ellesmere et qui préparait une recherche sur les réalités du Nord, qu'il publia plus tard, en 1970, sous le titre *Northern Realities. The Future of Northern Development in Canada.* Gould l'invita à participer à l'émission. Gould avait consacré à ce projet plusieurs mois de voyages et de rencontres, et il avait recueilli des matériaux que tout autre que lui aurait voulu exploiter politiquement. Par exemple, en faisant valoir les revendications des uns et des autres, autochtones ou collectivités retirées, dans leur situation de minorité et d'isolement. Mais l'objet central de la trilogie est ailleurs, il est d'emblée spirituel : Gould y aborde la question, déterminante pour lui, de l'éthique de la solitude, en tant qu'elle constitue l'essence de la vie. Ce projet ambitieux s'imposa à lui après sa décision de quitter le concert. Comme les personnages de *L'idée du Nord*, Gould avait fait le voyage en train en partance de Winnipeg en direction de la ville de Churchill au sud de la baie d'Hudson. À bord de ce train, il avait fait la connaissance d'un homme qui deviendra le cœur du premier volet de sa trilogie, un inspecteur du Canadien National nommé Wally Maclean. C'est à lui qu'il confie en même temps que celle de la narration la responsabilité du message final.

*L'idée du Nord* met en présence des types plutôt que des personnages réels et cette approche est conforme au propos abstrait de l'œuvre: l'enthousiaste, représenté par le biologiste et géographe qu'il avait consulté, J. R. Lotz (James), animé d'une sorte de vision utopique de la nordicité; un sceptique, quasi cynique, le sociologue Francis G. Vallée (Frank), toujours prêt à saper les représentations idylliques des autres et que l'héroïsme des aventuriers du Nord n'impressionne pas; un fonctionnaire pragmatique, R. A. J. Phillips (Robert), porteur d'une vision bureaucratique de l'aménagement, mais que son expérience auprès des Inuits a transformé; et une infirmière, Marianne Schroeder, travaillant au sein d'une mission sur l'île de Southampton et qui oscille entre un espoir candide et généreux et une forme de déception désabusée. Pour elle, la beauté du Nord est à la fois puissante et menaçante. Gould travailla sur la base de ces entretiens, il en tira une œuvre radiophonique qui va bien au-delà de leur témoignage, et qui n'en constitue aucunement la synthèse. Même si la méthode de l'œuvre offre des résonances dialectiques, Gould ne cherche pas à dépasser les positions de ses personnages pour imposer sa vision, il se contente de les juxtaposer et il fait de cette écoute un modèle quasi moral: c'est la pluralité des voix qui compte, elle seule peut rendre justice à l'expérience de purification et de dépouillement du Nord.

En deçà des métaphores de la solitude que ces témoignages mettent en relief, comme la limite et le silence, on peut chercher à préciser l'éthique qu'elles permettent de structurer. Les questions de Gould ne sont pas abstraites, elles concernent l'orientation concrète de la vie. Dans sa présentation de l'émission, Gould insiste sur l'importance de la dimension géographique au point de départ de sa recherche, mais le résultat montre qu'il ne l'a aucunement privilégiée. Peut-être avait-il trouvé l'inspiration dans les écrits de Stephen Leacock, qui avait résidé dans le village d'Orillia sur les bords du lac Simcoe. Ce grand humoriste, né en 1869 et mort en 1944, est aussi l'auteur de plusieurs livres sur l'expérience canadienne, et il avait publié en 1912 un récit nordique, *Adventurers of the Far North. A Chronicle of the Frozen Seas.* Son petit livre de 1912, *Sunshine Sketches of a Little Town*, présente un portrait satirique de petites villes comme Orillia et Uptergrove. Gould le connaissait certainement, mais partageait-il le nationalisme de Leacock? On peut le penser. Ce n'est pas tant la carte du pays, cependant, qui l'intéressait que les conditions d'émergence d'une forme de vie dans un environnement qui exige chaque jour courage et ténacité. Les vertus du Nord correspondaient à celles qu'il jugeait nécessaires pour l'artiste, et d'abord l'exercice de l'austérité. Il faut sans doute aussi rappeler que bien que Gould ait écrit qu'il voulait voir le pôle Nord et connaître la nuit de l'Arctique, le Nord qu'il a visité, en traversant en train, à bord du Muskeg Express, les 1 609 kilomètres qui séparent Winnipeg de Churchill, n'est pas encore le Grand Nord, celui qui va de Lancaster Sound à l'Île d'Ellesmere. Le

Nord qui le fascine est une idée, une extrapolation géographique du lac Simcoe, un au-delà spirituel de cette urbanité moderne qu'il ne reconnaissait pas comme son lieu, malgré qu'il y habitât et qu'elle fût aussi l'occasion d'une authentique solitude. Gould ne s'est, après tout, rendu que là où l'explorateur Samuel Hearne avait commencé.

Gould n'a jamais caché sa fascination pour cette idée, qu'il identifie avec plus ou moins de précision à l'espace nordique, à la forêt boréale telle que l'avaient peinte les artistes canadiens installés à Toronto au début du XX$^e$ siècle. La lumière de cet espace, sa transparence imprègne une peinture qu'il connaissait bien et dans laquelle il retrouvait à la fois la désolation du Nord et sa puissante beauté. L'immensité du territoire canadien, sa représentation dans la peinture du Groupe des Sept, cela lui était familier depuis son enfance. Dans sa présentation de *L'idée du Nord*, il évoque les tableaux d'Alexander Y. Jackson, un peintre montréalais qui faisait partie du Groupe. Cet artiste, un grand coloriste, participa à la plupart des expéditions collectives dans la Baie Géorgienne et le Parc Algonquin et en rapporta les tableaux qui sont depuis devenus des icônes de la culture canadienne. En compagnie de Lawren Harris, un autre membre du Groupe, Jackson fit même, en août 1930, le voyage que Gould aurait souhaité réaliser : il visita l'Arctique à bord d'un navire du gouvernement et nous pouvons lire dans les écrits de ces peintres la profondeur de leur attachement au Nord. Gould nous dit qu'on trouvait des reproductions de leurs tableaux dans les classes de toutes les écoles du Canada. Jackson a raconté dans son autobiographie ses discussions avec les autres artistes du Groupe et leur commune fascination pour le paysage mystique du Nord. Gould ne pouvait pas ne pas connaître l'arrière-plan spirituel de cette peinture, ce qu'elle doit notamment au transcendantalisme américain. Je n'ai pas pu retracer dans ses écrits le nom d'Emily Carr, qui était proche de l'idéal esthétique du Groupe des Sept, mais je suppose que comme elle, et comme Lawren Harris, grand complice de Jackson, Gould avait lu Walt Whitman, en particulier son éloge de l'espace sauvage du territoire de l'Amérique. Et que voit-on dans la peinture de Jackson? D'abord une nature sauvage et tourmentée, des conifères battus par les vents, comme dans cette *Terre sauvage*, un tableau de 1913, et peut-être surtout une absorption si entière dans le paysage que personne n'en émerge jamais. Malgré la luxuriance des couleurs, rien n'y est riche ou abondant, tout au contraire reflète le dénuement et l'austérité. Mais tout y est aussi majestueux et sublime, de cette sublimité qui vient de l'austérité des rochers, de l'infini de l'espace. Dans un livre essentiel sur le Groupe des Sept, Fred Housser écrivait déjà en 1926: «Le goût du Nord imprègne les âmes de sa couleur comme il imprègne les feuilles à l'automne.» Comme tous les peintres du Groupe, Jackson pensait que le Nord pouvait révéler l'identité du Canada et Gould était sensible à la construction de cette mythologie du Parc Algonquin. J'ai toujours supposé que cet espace, celui-là même qui entoure la Baie Géorgienne, n'est pas si différent du pays des Hautes-Laurentides que je peux lui associer.

Pour le décrire, je dirais qu'on y sent d'abord une limite, un achèvement, un seuil ultime, presque une exténuation : dans cette forêt semée de résineux s'annonce déjà la fin de la douceur des feuillus et sur les lacs laurentiens se déposent les reflets d'un ciel qui, sans être celui de l'Arctique, n'en est pas moins un ciel ouvert et infini, capté par ce Nord désolé. S'il était possible de transcrire la lumière peinte par Jackson ou par Harris dans la musique, c'est peut-être justement le jeu de Gould qui s'en rapprocherait le plus : une limpidité, une clarté, mais surtout une ouverture sur l'infini d'un espace qui est d'abord un seuil – découpe parfaite des lignes de crête, précision des rochers, affrontement avec une solitude d'arbres et de lacs. Dans une belle étude publiée en 1996, Paul Hjartarson a rapproché l'expérience de Lawren Harris du travail de Gould, il a montré que, chez ces deux artistes, le Nord est d'abord un voyage intérieur et que même si Gould ne partageait pas le mysticisme inspiré de théosophie de Harris, il en attendait le même bienfait, celui de l'espace vierge et restaurateur. Il m'est arrivé, écoutant Gould jouer une pièce de Bach et pensant à sa fascination pour ce Nord mythique, de me remémorer les poèmes de jeunesse de Paul-Marie Lapointe, ces *Arbres* magnifiques offerts dans leur litanie nordique, dans leur esseulement laurentien. Gould aurait aimé ces poèmes où l'abstraction de la forêt vient à la rencontre d'une idée mélancolique de la nature.

Une orientation spirituelle guidait donc déjà le regard de Gould : les valeurs urbaines lui paraissaient moins importantes que les valeurs du Nord, elles étaient en quelque sorte spirituellement dégradées. Même s'il reconnaît aisément toute l'ambiguïté romantique de l'attrait pour une vie indépendante et solitaire – n'est-on pas plus et mieux seul dans un appartement d'un gratte-ciel au cœur d'une métropole américaine que dans un lieu désertique ? –, Gould demeure convaincu de la fécondité morale de l'idée du Nord. En parler comme d'une métaphore, décrire l'attrait du Nord comme une attitude allégorique ne diminue en rien le fait que l'expérience du Nord modifie celui qui la subit. Dans son introduction au premier volet de sa trilogie, il écrivait :

> Quelque chose se produit effectivement chez la plupart des personnes qui vont dans le Nord. Elles prennent au moins conscience des possibilités de création que représente la réalité physique du pays et, à mon avis, elles en viennent à comparer leur propre travail et leur propre vie à cette stupéfiante possibilité de création. En fait, elles deviennent philosophes.

Devenir philosophe, qu'est-ce à dire ? Prendre conscience de la possibilité de créer. Cet idéal philosophique est d'abord la décision d'une forme de vie, et Gould le reprend de David Thoreau qui l'avait exposé dans toute son œuvre. La structure dramatique mise en place pour illustrer ce devenir philosophe ne manque pas de piquant. Gould y reproduit une confrontation imaginaire entre cinq attitudes, allant de l'aspiration infinie à la plus grande désillusion. Chacune est représentée par une voix empruntée à un interlocuteur réel ; chacune est tributaire d'une expérience authentique du Nord. Aucune n'appartient spécifiquement au domaine de l'art, aucune n'est le fait d'une recherche spirituelle entreprise pour elle-même. L'ensemble est construit comme une conversation dans le wagon-restaurant d'un train faisant le trajet vers Churchill. Cette situation d'une grande simplicité permet de mettre en relief, de manière saisissante, les éléments de la conversation qui s'en échapperont vers la philosophie. Cela commence avec le fragment sur le divertissement de Pascal, cela se termine par la *Cinquième Symphonie* de Sibelius. Gould a dit souvent pourquoi il considérait cette symphonie comme le sommet de l'art de la solitude : l'art de Sibelius est profondément nordique, il est passionné, sans être sensuel. Il est en fait philosophique, parce qu'on ne peut écouter sa musique sans évoquer son motif de pensée. Pas seulement la Finlande et ses forêts mystérieuses, mais tout le paysage intérieur d'une quête spirituelle cherchant à dépasser le temps. Mais Gould a confié aussi que l'écoute de cette symphonie, à Berlin, alors qu'elle était dirigée par Herbert von Karajan, avait été pour lui une preuve indélébile du pouvoir spirituel de la musique. Qu'il ait choisi de réinscrire cette écoute enchantée dans la fin de ce documentaire témoigne de la force de ce souvenir, fait de perfection spirituelle, un état de grâce suspendu au-dessus du temps. Dans un entretien de 1974, Gould avait déclaré : « Je ne pourrais pas vivre sans la *Cinquième Symphonie* de Sibelius. »

La méthode de ce triptyque a été longuement commentée par Gould, comme si son travail sur la forme représentait l'intérêt central de la série, mais l'auditeur soucieux de retrouver dans ce travail radiophonique les principes purement formels d'une esthétique ne sera pas entièrement satisfait par la présentation de son auteur. Gould semble désireux en effet d'insister davantage sur les analogies musicales qui ont guidé la composition que sur le sens moral de sa recherche. Pour ne donner qu'un exemple, il a commenté son projet en le présentant comme une tentative de radio contrapuntique et en l'illustrant par le motif de la sonate en trio. Dans un important entretien avec John Jessop, « Radio as Music », publié en 1971 dans *The Canadian Music Book*, il parle de son désir de travailler les formes musicales, de manière à dépasser une structure linéaire trop prévisible. Il fallait parvenir à « un tout intégré, où la texture, la tapisserie, des mots eux-mêmes pourrait différencier les personnages et créer des associations dramatiques au sein du documentaire ». Par exemple, justement, la sonate en trio. Trois voix, bien identifiées, fournissent en effet le motif de l'introduction de *L'idée du Nord*. Dans cet entretien, Gould écrit :

> La scène est ainsi construite qu'elle montre une sorte de continuité à la Webern dans le croisement, du fait que des motifs qui sont semblables, mais non identiques sont utilisés pour l'échange d'idées instrumentales. En

ce sens, oui, la textualité est très musicale ; je pense que cette forme était libre des restrictions formelles, ce qui est excellent, vous savez, et qui représente une manière d'être que chacun voudrait voir en toute chose, éventuellement. Ce travail a pris du temps et [...] dans le cas de *L'idée du Nord*, cela a commencé par toutes sortes de réminiscences contraignantes relatives à la linéarité. Il fallait évoluer progressivement vers une forme différente de conscience.

On n'a pas de mal à croire Gould quand il se montre fasciné par les possibilités techniques de l'édition radiophonique : le montage des voix, le découpage, tout ce qui permet la reconstruction en studio de matériaux captés dans la réalité peut en effet être présenté comme un travail à proprement parler musical. Rapidement cependant, le sens des phrases et du propos se brouille en raison des superpositions, et la technique sert ce projet contrapuntique en modulant les voix pour les poser comme de pures lignes musicales. Gould se tient alors sur la frontière du sens et du son, et la musique qui s'empare du texte parvient à le désarticuler presque entièrement. Aucun auditeur ne peut résister de manière sereine à ce format austère, aucun ne peut consentir les efforts naturellement requis vers la signification : pour suivre Gould, il faut y renoncer et s'abandonner à la musique des voix pures. Or ces voix conservent un sens fragmenté : provenant de l'expérience du Nord, elles en exposent la dureté, elles mettent à nu la difficulté même de la parole. Comme le brouillage des ondes qui affectait autrefois l'écoute dans la distance lointaine, le contrepoint des voix superposées exprime d'abord un appel à la rencontre et presque un encouragement.

Comme ce travail est de surcroît destiné à communiquer un message à un auditoire, le réalisateur attablé à la console apparaît comme l'artiste véritablement contemporain : il orchestre la diversité, il met en scène l'anxiété du voyage. Il ne s'agit pas d'abord de style, mais d'une forme de dramatisation d'une allégorie du Nord construite par ses personnages, et déconstruite dans la musicalité de l'œuvre. Travaillant de près avec un technicien qui comprenait parfaitement ses intentions, Lorne Tulk, Gould investit d'abord la forme de cette allégorie : une symphonie de voix. La première fois que j'ai entendu *L'idée du Nord*, j'ai pensé au *Gesang der Jünglinge* de Stockhausen, une œuvre de 1955-1956, et je n'ai pas été étonné ensuite de lire que Gould la rapprochait de *Stimmung* : ce sont les aspects choraux qui dominent, et c'est la raison pour laquelle je la considère comme un travail d'abord polyphonique. Mais cette polyphonie, en dépit de sa richesse et de sa complexité, n'est pas offerte pour elle-même.

Derrière ces analogies musicales et la recherche de forme qu'elles mettent en jeu, se tient en effet une proposition autrement plus complexe. La *Trilogie de la solitude* l'expose avec plus de clarté que les autres séries de Gould, dans la mesure où elle l'aborde directement. Cette proposition concerne la nécessité de la solitude et du dénuement, elle prend le risque d'affronter les paradoxes de la solitude au sein de la foule, le destin de l'individu embarqué dans l'aventure commune du voyage. On a fait l'hypothèse que le leitmotiv de ce voyage lui serait venu de la lecture du roman de Katherine Anne Porter, *Ship of Fools* (*La nef des fous*). Lorne Tulk se rappelle avoir vu avec Gould le film qu'en avait tiré Stanley Kramer en 1965. Il est possible qu'il en ait retenu quelque chose, mais bien des éléments séparent *L'idée du Nord* de ce récit, et encore plus du film, et d'abord le fait que Gould ne s'intéresse d'aucune manière au croisement dramatique des destinées : seule la diversité le sollicite, pas les aventures personnelles et encore moins le hasard des circonstances. Fasciné par la superposition des voix, Gould réunit ses cinq personnages dans une méditation partagée sur l'expérience du Nord. On ne trouvera ici rien du thème médiéval de la Nef, ni le carnaval présent par exemple dans la peinture de Bosch, ni la dérision qu'on a coutume de lui associer : Gould fait se répondre des attitudes spirituelles sur les possibilités rédemptrices d'un espace dont il attend une forme de compensation des maux de la modernité. Dans le monologue final, qui sert d'épilogue à l'émission, Wally Maclean présente sa vision d'une nordicité qui peut combler les aspirations de ceux qui souffrent dans l'isolement des villes : une autre solitude est possible, c'est une solitude fondée sur un rapport profond avec la nature, et cette solitude guérit de la souffrance. Dans une lettre datée du 5 septembre 1971, Gould écrit à Helen Whitney que le thème du «style de vie thoreauvien» est son véritable *cantus firmus* dans *L'idée du Nord* et dans *Les derniers venus*, c'est «la relation entre l'isolement et la solitude, d'une part, et d'autre part, le processus d'adaptation infiniment créateur qu'ils déclenchent chez un individu». Son projet de réaliser une émission où il l'explorerait pour toute l'expérience américaine ne s'est pas réalisé, mais il en rêvait.

Gould aimait profondément le Canada, et son idée de la nordicité est un hommage profond à l'expérience canadienne, une expérience faite d'espaces peu peuplés, d'affrontement avec des conditions difficiles, de rigueur dans l'existence personnelle et de sentiment religieux austère et intérieur. Quand il lui arriva de revenir sur cette émission, il n'exprima aucune hésitation: l'expérience nordique du Canada offrait une force créatrice à tous ceux qui acceptaient d'en reconnaître la profondeur, les dimensions morales: «Ce que cette expérience constitue vraiment, écrivit-il, c'est la nuit obscure de l'âme humaine. Cette émission était un essai sans concessions sur les effets de l'isolement sur l'humanité.» Pour Gould, il ne faut pas en douter, ces effets ne pouvaient être que bénéfiques.

S'il l'avait voulu, Gould aurait pu pousser cette recherche vers l'oppression politique, en abordant de front la question de la présence blanche et le drame de la destruction des cultures amérindiennes: il effleure ces questions, mais son propos se porte au-delà du politique. L'espace canadien n'est cependant pas entièrement métaphorique, il existe dans une géographie concrète qui est d'emblée sociale et politique, mais Gould y voit surtout une forme de transcendance des conditions et des formes de vie: la liberté en constitue certes la figure principale et elle se dépasse dans la possibilité offerte à chacun de vaincre des conditions aliénantes pour se retrouver dans un affrontement créateur avec la solitude nordique. La réalisatrice de la CBC qui porta le projet, Janet Somerville, en a parlé comme d'un *Finlandia* pour le Canada. Cette idée est fidèle à la citation de Sibelius dans l'épilogue, mais elle constitue surtout un témoignage très juste à l'égard du projet spirituel de Gould: dans cette trilogie, le pays devait devenir sensible dans son espoir propre, dans sa dimension épique autant que dans ses exigences morales. Un bref instant, on croirait donc que Gould n'a réalisé ces trois émissions que pour illustrer la richesse d'une radio contrapuntique et la nécessité d'un art construit sur des formes complexes, mais tout concourt à montrer que cette forme vise un au-delà spirituel et se raccorde à la construction du mythe canadien.

Cette recherche de la solitude ne nous reconduit-elle pas inévitablement aux positions romantiques dont les impasses n'étaient que trop évidentes pour l'artiste? Placés devant ces paradoxes, nous ne pouvons qu'être déconcertés: Gould antiromantique et apologiste de la solitude et du retranchement? Gould communicateur radiophonique et poète du dénuement nordique? Gould fan de Petula Clark et interprète sublime des *Variations Goldberg*? Le chemin emprunté par la *Trilogie* présente plusieurs accès pour briser ces nouvelles formulations des paradoxes que je m'efforce de dépasser et, dans cette mesure même, contribue à structurer l'esthétique de Glenn Gould comme une tension essentielle avec la communauté, à lui donner sa cohérence. C'est ce que je tente de faire ici en empruntant plusieurs voies différentes, et la trilogie radiophonique fournit à cet égard une ouverture unique sur cette éthique non romantique de la solitude. Gould venait de renoncer au concert quand il réalisa le premier volet de cette trilogie, et on peut presque l'interpréter comme un questionnement qu'il s'adressait alors à lui-même : si tu as laissé derrière toi la communauté vivante, de quelle communauté peux-tu désormais te réclamer ? si tu ne souhaites plus offrir rien de vivant dans la proximité, quelle autre proximité peux-tu investir ? La réponse est à la fois simple et ouverte : la nouvelle communauté qui s'ouvre à l'artiste est celle d'une distance maîtrisée par la technique, une communauté qui se réalise par cette technique même et ne renonce à aucun de ses idéaux ascétiques. On peut comprendre qu'il ait dit plus tard que cette émission constituait le projet qui se rapprochait le plus pour lui d'une autobiographie.

Cet effort de réconciliation se déploie d'abord sur le plan des métaphores fondatrices de la solitude, le Nord, la frontière, la limite, le voyage. Il n'y a pas de plus belle image pour s'en pénétrer que celle qui ouvre et clôt le film de François Girard, *Trente-deux Films brefs sur Glenn Gould*. L'artiste, emporté sur la surface glacée d'un lac nordique, s'approche et s'éloigne infiniment de nous. S'il avait pu voir cette image, Gould y aurait certainement reconnu l'interprétation éthique du Nord qu'il avait cherché à exprimer dans le premier volet de sa trilogie. Mais elle ne fait que reproduire une photographie de lui, prise en janvier 1970, où on le voit marchant sur un lac glacé, avec son pardessus et sa casquette et dont il a dit qu'elle était la photographie de lui-même qu'il préférait. J'ai dit plus haut pourquoi cette image conservait une part d'angoisse, en raison du souvenir d'un accident survenu dans la jeunesse de Gould, la glace s'étant rompue sous ses pieds. Le Nord n'est pas la séparation d'avec la communauté, mais l'image de toute recherche spirituelle d'un dépassement : dans la volonté de dépouillement, l'artiste, comme toute personne qui se met à la recherche de la limite, ne cherche pas d'abord la rupture et l'isolement, mais bien l'expérience d'un dénuement qui lui fera retrouver l'essence de la communauté. Le Nord n'est que la métaphore de cette recherche. Son sens est certes celui d'une privation et d'une rigueur toujours hors de portée, mais dans cette privation ce n'est pas tant la négativité qui compte que le mouvement de dépassement. Plus l'artiste s'éloigne, plus il ressent la force du lien qui le lie. Il quitte le monde, mais ne cesse de lui appartenir. Le Nord est limite, le Nord est au-delà et dans cet au-delà il présente à son tour les conditions d'un émerveillement qui lui est propre.

Il y aurait certes un romantisme supplémentaire à exalter cette nordicité solitaire, en la réservant aux esprits les plus nobles, aux ermites de l'art, aux tempéraments nietzschéens. Glenn Gould n'a-t-il pas été lui-même un tel solitaire ? Dans le retrait le plus absolu, il n'a cessé de chercher les conditions du sublime. Cette description de sa vie est sans doute vraie, mais elle ne rend pas justice à l'ensemble de son activité. Car cet ermite n'a jamais coupé les ponts avec la société, ce solitaire n'était jamais aussi heureux qu'au microphone de la radio. Le retrait du concert n'a pas été qu'un mouvement de fuite pour échapper aux conventions du romantisme ; en son fond il amorçait, dans la solitude extrême du studio d'enregistrement, la recherche d'une communication parfaite. À cette recherche, le travail radiophonique apportait un soutien essentiel. Cela aussi, le film de François Girard le fait voir admirablement, par exemple dans cette scène du café de routiers où on voit Gould à l'écoute. À l'écoute de ce contrepoint des voix ordinaires qu'est toute société, à l'écoute du bruit de la vie que rien ne sépare de la musique pour peu qu'on s'en laisse imprégner dans la solitude. Le travail radiophonique résulte de cette écoute, il en constitue la transcription ; par ce travail, Gould a inlassablement cherché à démythologiser la position romantique conventionnelle : la solitude de l'artiste n'a rien d'insondable, elle le renvoie inexorablement à sa communauté. L'art est désir du sublime en vue de la communauté. Le Nord n'est jamais que symbolique, il constitue le magnétisme de l'esprit solitaire ; dans le réel, l'artiste, comme chacun, est attaché, rivé à la société à laquelle il se donnera d'autant mieux qu'il aura compris le caractère impossible d'une coïncidence romantique avec soi. La solitude ne saurait se proposer comme l'idéal de ce repli névrotique, elle ne se réalise jamais mieux que dans le chant de la communauté.

Pour exprimer ce lien essentiel de la solitude et de la communauté, Gould se tournera dans les deux documentaires suivants vers des communautés isolées. Dans *Les derniers venus*, qui s'attache à des villages de pêcheurs de Terre-Neuve, et dans *Le calme du pays*, qui nous emmène chez les Mennonites du Manitoba, la recherche spirituelle de l'individu devient inséparable du projet de survie et de la volonté de sens du groupe isolé. La notion de la limite ou de la frontière y paraît moins importante que la transposition de l'idéal de l'ermite dans l'ensemble d'une société. Soudée par l'isolement, cette société ne se trouve-t-elle pas plus proche de l'essentiel ? Mais plus proche de quoi exactement ? Ce n'est pas la limite en tant que telle qui détermine l'approfondissement de l'expérience, mais une forme de reconnaissance et de renoncement. Devant la menace de disparition, ou même plus simplement devant le défi d'un changement substantiel, quelles sont les ressources de ces communautés isolées ?

Dans *Les derniers venus*, le point de vue philosophique évoqué par Gould au sujet de l'expérience nordique est introduit par un interlocuteur qui cite David Thoreau : « Vous savez, Thoreau, qui a probablement mieux compris le XIXᵉ siècle que n'importe qui d'autre, l'a compris à partir de sa perspective, dans une cabane dans la forêt, et moi je voudrais utiliser Terre-Neuve pour mener une existence à la Thoreau.» Gould se rendit à Terre-Neuve au début de l'automne 1968 et comme pour le premier volet de la trilogie, il recueillit des voix et des récits. Devenir philosophe, c'était cette fois répondre aux défis de l'isolement et de l'insularité d'une manière nouvelle: selon la même rigueur, il s'agirait de se donner les moyens de voir la société avec la plus grande clarté possible, et cette perspective n'est accessible que dans la séparation et la solitude. Voir à partir du centre condamne à une forme de cécité qui induit le conformisme et la répétition; voir de l'extérieur offre les conditions d'une réelle lucidité sur le chemin propre et la liberté. À la différence des cinq personnages de *L'idée du Nord*, tous plus ou moins identifiés à des intervenants dans la vie du Nord, les treize acteurs de Terre-Neuve, portés par le bruit incessant de la mer, gravitent autour des exigences de l'art: la voix de l'écrivain y est centrale, elle exprime les bienfaits du retranchement.

Personne ne sera indifférent à la recherche formelle que mène encore ici Gould pour exprimer ce devenir philosophe. Il l'a souvent présentée comme mise en scène d'un voyage, d'un itinéraire vers soi-même, «*journey to selfhood*». Les passagers du train de *L'idée du Nord* illustraient déjà exemplairement cette quête d'une médiation nouvelle. L'émission opérait en effet une confrontation entre plusieurs interprétations du sens de ce voyage, chaque séquence plaçant l'auditeur devant le choix de la solitude. Dans *Les derniers venus*, le choix est déjà déterminé, ce sont les justifications qui s'expriment : « *People are ecstatic about getting into the mainstream, and I think it's a little bit stupid, since the mainstream is pretty muddy, or so it appears to me.* » Peut-on traduire ce morceau où s'entend le péril de la conformité, l'excitation de la modernité et le jugement sévère de celui qui se replie ? Mais à aucun moment on n'entendra la voix de Gould pour souligner le message principal : la signification réside ici, comme dans *L'idée du Nord*, dans ce dialogue des voix, sorte de contrepoint tragique des existences singulières à la recherche d'une éthique de la solitude. Chacune doit aller à la rencontre de toutes les autres, si elle veut accéder à cette justification de la communauté. On entend ici un écho de la méditation de Kierkegaard, une autre grande voix nordique de l'austérité.

Tous les éléments d'information documentaire sur la vie des autochtones, sur la culture des insulaires, sur le conflit entre les modes de vie traditionnels et l'invasion de la technique, sont subordonnés à la représentation de ce choix de la solitude. Comment comprendre la nécessité pour Terre-Neuve de reconnaître dans son isolement une bénédiction ? Le mouvement de l'existence peut varier, chaque culture doit trouver en elle-même le motif de sa survie. Dans *L'idée du Nord*, il s'agissait de se mettre en quête des conditions de l'expérience spirituelle, pour reconnaître finalement que ces conditions résident dans l'acceptation de la communauté ;

dans *Les derniers venus*, il s'agit cette fois de résister à la pulsion de l'exode et de s'accrocher au rocher solitaire, pour découvrir que cette résistance n'a de sens que si elle est libre : « Je ne pourrais jamais demeurer à Terre-Neuve si je n'avais la possibilité d'en partir quand je le voudrais. » Dans tous les cas, la solitude ne trouve son sens que dans un rapport d'attachement à la communauté. Le motif politique de la méditation de Gould demeure assez peu présent dans ce second volet de la trilogie, mais il sera utile de le mentionner : une législation récente forçait les habitants des petits ports à se réinstaller dans des centres plus importants. Gould fut scandalisé par cette décision aussi arbitraire que stupide et son émission reflète une éthique de résistance au pouvoir des administrations ; alors que les habitants du petit village de Saint-Joseph, dont proviennent tous les acteurs de ce volet de la trilogie, résistent à la dispersion, le lieu est assailli par les vagues de la mer dont Gould a fait la voix principale de l'œuvre, une voix insistante, à la fois dramatique et pacifiante.

Presque dix années séparent les deux premiers morceaux de la trilogie de la composition, en 1977, du *Calme du pays*. Au cours de cette période, l'art radiophonique de Glenn Gould a beaucoup mûri. La technique contrapuntique a évolué de l'austérité théâtrale, qui caractérise *L'idée du Nord*, vers une forme musicale extraordinairement complexe, recourant notamment aux bienfaits de l'espace stéréophonique. Les Mennonites de Red River au Manitoba en sont les acteurs principaux et ils sont présentés dans plusieurs séquences, reliées entre elles par une célébration religieuse à l'église. Il s'agit du repas pascal du Jeudi saint. Comme dans les volets précédents, Gould avait d'abord recueilli des témoignages et il avait enregistré deux services mennonites, un en anglais, l'autre en allemand, dans la ville de Waterloo. Mais au-delà de cet enrichissement de la forme, la réflexion de Gould sur la solitude est passée d'une présentation dialectique à un exposé théologique qui ressemble à une proclamation, un évangile pascal auquel ne manquait que l'orgue de son *Art de la fugue* pour marquer sa signature. Comment reconnaître dans le caractère farouche des Mennonites la qualité essentielle de la vie spirituelle?

Il importe de ne pas se méprendre sur le sens de cette affirmation religieuse. Dans *L'idée du Nord*, la détermination de la position éthique juste était laissée à l'auditeur : c'est lui qui est appelé à reconnaître son chemin parmi ceux que présentent les interlocuteurs. La solitude n'est-elle qu'une illusion romantique, métaphorisée dans l'idée d'un au-delà nordique? Déjà la réponse de Gould laissait entrevoir la nécessité d'une rédemption symbolique : ni le cynisme ni le romantisme ne conduiront à la sérénité. Le cynisme conduit à la mort, le romantisme, dans le désespoir de ne jamais coïncider avec soi, produit une névrose qui rend l'art impossible. Mais la confrontation de ces positions ne dépassait pas le stade de la dialectique ; la forme radiophonique du contrepoint, notamment dans ces moments de confusion et de superposition des voix, illustre parfaitement les difficultés de ce devenir philosophe. Chacun est aux prises avec lui-même, chacun doit décider ce que doit signifier pour lui le retrait, et l'intériorisation des voix qui, seule, permettrait la résolution n'est pas donnée, elle doit résulter de la méditation de chacun. *L'idée du Nord* constitue bien à cet égard le moment socratique de la trilogie.

Par contraste, le deuxième volet, *Les derniers venus*, exposait les contraintes de la nécessité : la liberté de demeurer ou non dans l'île, d'en subir le destin, n'enrichit la solitude que si elle se révèle comme une liberté d'appartenir à Terre-Neuve, de consentir à la communauté. L'artiste n'est dès lors que la figure la plus accomplie de l'insulaire : assiégé, il doit comprendre que son isolement est la condition essentielle de sa liberté. La possibilité du cynisme est exclue si d'emblée on accepte ce destin de l'isolement. Encore ici, il n'y a pas non plus d'attitude romantique, en raison même de la force de la communauté. Cette deuxième émission peut être considérée comme un moment de transition vers une éthique moins inquiète, moins dialectique, plus affirmative. L'art y apparaît comme le fruit d'une solitude consentie dans la communauté.

C'est ce lien, le plus profond de tous pour Gould, qui est exprimé dans le troisième volet, inspiré par la théologie des Mennonites. Cette communauté chrétienne anabaptiste remonte au XVe siècle et elle a conservé une spiritualité d'abord faite de non-violence et fondée sur la valorisation de la vie rurale, que ses membres partagent avec une autre communauté anabaptiste, les Amish de Pennsylvanie. L'isolement de ces communautés résulte des convictions religieuses de leurs membres, de la nécessité de protéger leur forme de vie. La solitude est voulue par Dieu, elle est voulue pour Lui. La phrase de la première épître aux Corinthiens de saint Paul qui accompagne ce volet interpelle aussi bien l'artiste que le solitaire ascétique : « [V]ous êtes dans le monde, mais vous n'êtes pas de ce monde », la présence dans le monde n'exclut pas le détachement. Même si cette éthique de la séparation se fonde d'abord sur la doctrine du royaume céleste, elle exprime ici une autre distance : le monde de l'art est lui aussi inscrit dans une différence qui isole. Dans l'élection de la communauté religieuse, l'isolement remplit la fonction de signe, il marque l'identité de ceux qui se réservent pour le service de Dieu. Par cette consécration, la solitude de la communauté devient à proprement parler la solitude de chacun de ses membres, qui sont seuls à proportion de l'isolement de la communauté, mais qui ne le sont jamais vraiment, puisque la communauté est une véritable communauté. Chez les Mennonites, ce n'est pas seulement le désir de servir, inscrit dans la quête du Nord, qui se trouve exaucé, mais l'inquiétude même des êtres séparés par leur croyance, de ceux que leur situation menace toujours de maintenir en reste, en retard, dans la marge de l'histoire. Dans *L'idée du Nord*, l'individu métropolitain se demandait si la vérité réside pour lui dans un ailleurs qui l'éloignerait de sa communauté pour le faire accéder à sa véritable essence ; dans *Les derniers venus*, l'insulaire savait que la vérité de la communauté est menacée par la civilisation technique, mais cela ne l'empêchait pas d'être attiré par le centre au point de vouloir y retourner. La nostalgie de la communauté parfaite du passé le pousse à accepter la solitude du présent comme une richesse, même s'il sait que le fruit est déjà pourri. Les souvenirs des uns et des autres entretiennent leur méditation, demeurer à Terre-Neuve les protégera pour un temps et sera pour eux l'occasion de la philosophie. Mais Thoreau sait qu'il est encerclé, le projet philosophique ne peut conduire qu'à l'isolement de Walden. Quand on sait l'importance de l'œuvre de Thoreau pour Gould, on comprend mieux qu'il en ait fait ici le cœur de sa réponse aux angoisses du matérialisme et de l'urbanité. Dans *Le calme du pays*, l'anxiété de la séparation est affrontée en se tournant vers l'Évangile.

Il n'est donc pas étonnant que le moment ultime de la réflexion de Gould l'ait conduit à examiner la forme la plus crispée, la moins moderne de la solitude. En incorporant une forme d'idéal cénobitique, les Mennonites, comme les Shakers ou les Amish, placent autour d'eux-mêmes une limite que la recherche de solitude du moderne déporte toujours plus loin. Ces communautés créent de nouveaux centres, loin desquels il ne sera pas nécessaire de fuir pour gagner le point de vue éthique de la philosophie. Peut-être Gould avait-il éprouvé la fatigue de l'individu métropolitain, le

caractère toujours illusoire ou problématique de la communauté à laquelle sa recherche de solitude le ramène, au point
de rêver d'une assemblée pure comme celle des Mennonites.
Ne présente-t-il pas cette assemblée réunie dans la musique de l'office, comme dans son enfance ? Peut-être avait-il
désespéré du pouvoir des communautés menacées en face
des pressions à l'uniformisation. L'artiste ne peut y être que
broyé, son pouvoir de résister pourrait ne pas être infini.

Ce portrait des Mennonites est grave et puissant, on
n'y entend aucune des inquiétudes de l'individu en quête
de la limite. Seulement la réponse, dramatique et *a capella*,
d'un chant choral dont aucun individu ne se détache. Il y
a certes un motif contrapuntique insistant, c'est la voix de
Janis Joplin, chantant «*Mercedes Benz*», une chanson tragique extraite de son album de 1971, *Pearl*, dans un espace
qui reproduit une suite pour violoncelle de Bach ; mais le
désespoir cynique qu'elle exprime à l'endroit de la société
de consommation la rapproche finalement des Mennonites.
Gould fait en sorte qu'elle chante pour eux ou qu'ils chan-
tent pour elle. Et que chante-t-elle ? Elle prie le Seigneur de
lui donner une Mercedes, tous ses amis roulent en Porsche
et ne s'occupent pas d'elle, elle trime dur et mériterait que
le Seigneur s'occupe d'elle puisque personne ne le fait. Elle
avait tort, les Mennonites priaient pour elle.

Cette réponse est-elle la réponse de Gould ? Il est difficile de l'admettre entièrement. Quand il revient sur cette
trilogie dans des entretiens et dans sa correspondance, on

le voit soucieux de valoriser le caractère polyphonique de sa recherche, la diversité des voix. Même si la sérénité n'intervient qu'avec la théologie des Mennonites, leur réponse n'était sans doute pour lui qu'une réponse particulière à l'injonction de la solitude. Haute, forte, cette réponse transforme en artistes et en philosophes tous les membres de la communauté, qu'elle fait d'une seule voix porteurs du sens ; elle conduit à sa limite la plus extrême, au point où elle pourra s'anéantir, la requête de l'individu moderne. Chacun peut en effet y accomplir la réalisation de l'artiste comme figure chrétienne : il est « *within the world* », puisqu'il y agit en résistant, mais il n'est pas « *of the world* », il s'en trouve séparé à la fois par sa quête et par l'objet de l'art. C'est en ce sens que la prédication de Paul aux Corinthiens est citée par Gould : « [V]ous devez vous séparer », cette injonction s'adresse à tous ceux pour qui la recherche d'une intériorité constitue l'essence de la vie. L'art et la religion ne représentent que deux faces de cette quête de la sainteté : il s'agit toujours de fuir la légèreté, le mal de l'extériorité, le sentiment vulgaire, les demandes absurdes de l'individualité. On peut penser que dans ce moment de sa méditation sur la solitude Gould aura voulu mettre en relief, en les renversant l'une dans l'autre, la convergence des attitudes esthétique et religieuse.

Cette convergence est illustrée par le chant du *gospel*, que Gould rapproche des motets de Schütz. On sait que la musique qui l'a accompagné toute sa vie et à laquelle il accordait un privilège absolu est un ensemble de pièces chorales d'Orlando Gibbons, un musicien de la cour des Tudor, organiste et auteur de nombreuses antiennes chorales. Le *negro spiritual*, Schütz, Gibbons, toutes ces musiques ont en commun de proposer un au-delà de l'individu, d'exprimer son aspiration à une libération. Cette préférence ne vient-elle pas contredire le choix de « sujets musicaux solitaires » ? L'aporie de la communauté habite la pensée de Gould : comment l'artiste pourrait-il consentir aux exigences de la vie communautaire, comme celle des Mennonites ? Il ne peut qu'en recueillir l'inspiration, en répercuter l'appel. Janis Joplin cesserait de souffrir si elle pouvait se fondre dans un de ces chœurs, où le sublime est d'abord la fusion des solitaires et de la communauté. Mais dans cette fusion, la solitude de l'artiste, son essentielle ouverture sur la création, est-elle encore féconde ? L'exténuation du romantisme n'a-t-elle pas aboli jusqu'aux limites de l'individu ? Il n'est pas certain que Gould ait accepté d'endosser les propos d'un de ses interlocuteurs mennonites sur les dangers de la philosophie et l'interdiction de la télévision. Dans le monde de l'abandon et de la perte, la fusion dans le chœur n'est peut-être qu'une illusion de plus. « Le Nord, dit le personnage de Wally Maclean, est un lieu où on peut être fidèle à soi-même. » Chez les Mennonites, le défi en serait peut-être impossible.

La recherche de la solitude, l'éthique sur laquelle elle se fonde, si elle doit retrouver la communauté, n'a pas pour finalité intrinsèque de s'y dissoudre. La *Trilogie de la solitude* propose de tendre cette recherche de la manière la plus extrême, elle éprouve jusqu'à la limite ce lien pour montrer qu'il n'est pas paradoxal, qu'il n'engendre aucune contradiction qui en ruinerait la fécondité, mais elle ne propose aucune réponse autre que la nécessité même de la recherche. Ici encore, l'image de l'artiste se retirant et s'avançant sur la surface glacée peut guider notre écoute : il ne reviendra jamais entièrement vers nous, il ne demeurera pas pour autant entièrement séparé. Les convictions antiromantiques de Gould ne pouvaient pas le conduire ailleurs. Je regarde cette *Terre sauvage* peinte par A. Y. Jackson, un tableau qui pourrait servir d'icône à la *Trilogie de la solitude*. J'y vois à la fois ces arbres qui pointent comme des flèches emportées vers le ciel et ces rochers s'ouvrant comme des gouffres, ces accents fauves qui sont comme la marque de l'art du Groupe des Sept. Dans cette symphonie de couleurs sauvages, j'entends presque le contrepoint de *L'idée du Nord*, je reconnais le milieu dont provenait pour Gould l'appel de la solitude, le monde auquel il l'avait associée depuis sa jeunesse. Ni la voix de Janis Joplin ni le chœur des Mennonites ne parviennent à en troubler le silence.

# VI

*Scherzo*

# Musique et forme de vie

*Partita n° 3, en la mineur*

Qu'est-ce que la forme d'une vie? Les penseurs grecs en avaient une idée si claire qu'elle constituait pour eux un modèle toujours particulier au sein d'un répertoire fini. Pourtant, nous ne sommes plus certains de pouvoir nous reconnaître dans la hiérarchie qu'ils proposaient et que Platon a résumée dans sa *République*. Pourquoi, demandons-nous, faudrait-il accepter que le choix de la vie de l'esprit soit une forme supérieure à la vie politique ou à la vie économique? Hannah Arendt qui a critiqué ce privilège de la *vita contemplativa* sur la *vita activa* pensait néanmoins qu'il n'était pas si simple de le renverser. Ceux qui se retirent pour trouver dans l'*otium*, cette sorte de libération tranquille que seul procure le retrait, sont-ils vraiment dégagés du souci politique? Peuvent-ils parvenir à oublier l'injustice et les tribulations de toute nature qui accablent ceux qui sont plongés dans l'action? Quand on réfléchit à cette hiérarchie traditionnelle des formes de vie, et quand on se demande si la forme du retrait contemplatif est la seule à pouvoir procurer un bonheur véritable, il me semble que la critique de Hannah Arendt demeure incomplète. Dans ce modèle pyramidal, comment ne pas voir que l'art et la création n'ont aucune place? Les poètes et les artistes ne sont pas vraiment bienvenus dans la cité heureuse de Platon, lui qui hésitait entre la décision de les expulser tous sans ménagement et la tentation de leur prescrire des exemples à suivre, mais Arendt aurait-elle consenti à leur retrait? Aurait-elle consenti à voir dans leur engagement d'artiste, dans leur ascèse particulière, une forme de vie qui ne contredit pas l'action dans le monde? Une forme de vie est d'abord un choix primordial et déterminant, et la brèche qui sépare ceux qui se retirent et ceux qui demeurent dans le flot était pour les Anciens un clivage quasi infranchissable: le choix du retrait signifiait une absorption entière de la vie dans la pensée. L'oubli de l'art dans ce modèle, où le politique subordonne toujours le poétique, met à nu une aporie supplémentaire, car si l'artiste se retire avec autant de volonté que le penseur, il n'en demeure pas moins actif sur l'horizon du monde. Sa solitude, j'ai essayé de le dire ici de plusieurs manières, est une solitude habitée par le monde. Le choix de la forme de vie n'est sans doute jamais aussi radical que les Anciens le pensaient; se consacrer, vouer sa vie à la pensée ou à l'art, ce ne peut être faire taire le monde au point de ne plus l'entendre et d'oublier le don qu'il attend de nous. Plus radical et plus exclusif serait, contrairement à ce que pense Arendt, le choix d'une vie hors de la pensée et hors de l'art, car l'oubli y devient constitutif.

Le choix de Glenn Gould illustre cette impossibilité d'un retrait absolu, il révèle que le retrait est en son fond une ouverture et un don. Cette dévotion à la musique, et l'ascèse qu'elle a commandée durant toute sa vie, n'ont exclu qu'une chose, c'est lui-même et ce qu'aurait été une vie ordinaire, une vie conforme. Mais encore ici, existe-t-il des vies ordinaires, des vies qui soient entièrement dans l'ordre, des vies privées de toute transcendance et qui ne soient pas troublées par des exigences venues d'un ailleurs toujours improbable, d'une extériorité qui est au-delà de la simple action? Le choix de Gould fut celui d'une forme de vie dans laquelle le renoncement à la vie est devenu avec le temps la condition même de l'art. L'improbable s'est imposé à lui aussi tôt que son talent, la nécessité d'en accepter les conséquences aussi impérativement que celle de vivre une vie solitaire.

Au cœur de la forme de la vie se tient, irradiant une lumière sombre, un foyer où se condense cettte fusion pure entre l'art et la vie. Tout artiste en est illuminé, c'est la raison de son authenticité. Pour Gould, il faut le répéter, toute la vie est dans l'art, tout l'art est dans la vie. Ces questions obsèdent tous ceux qui éprouvent la fascination de l'art de Gould. Il ne s'agit donc pas seulement de s'approcher de la forme de la vie, mais aussi, l'ayant reconnue, de regarder comment cette forme de vie, qui engage une éthique particulière, en vient à éclairer l'esthétique. Ces deux ensembles paraissent assez distincts pour qu'on les envisage séparément, ce sont des questions placées en transparence les unes sur les autres, et hors de toute hiérarchie. L'esthétique de Gould se concentre dans ce terme extatique, ce «*wonder*», que vient soutenir une lecture lumineuse de l'histoire de la musique et de la philosophie de l'art. Son propos relatif à «la part de divinité» garde les marques de la tradition transcendantale à laquelle sont liés aussi bien le contrepoint que son art radiophonique. L'éthique appartient à la forme de la vie, c'est le *bios* particulier d'un homme qui ne fut jamais tragique, malgré qu'il ait renoncé à tant de choses, et demander ce qu'était pour lui le bien, c'est revenir à la forme particulière de son ascèse, de son retrait.

Le risque est ici de mettre en question notre écoute de son art, qui est l'art d'un interprète, à compter de notre connaissance de l'artiste. Beaucoup de pianistes ont vécu des vies riches et fascinantes, mais pour la plupart le lien de leur art à leur vie nous semble indifférent : Horowitz était sans doute aussi brillant que son jeu, Pogorelich très impétueux, Richter fougueux et plein d'une juste colère, mais ces descriptions demeurent sommaires, car nous n'avons pas accès à la substance de leur éthique personnelle. En revanche, quand on entre dans l'art de Gould, et cela, Thomas Bernhard l'a montré exemplairement dans son récit, toute la vie est convoquée. Dans *Le naufragé*, il fut sans doute le premier à tenter une description morale de Glenn Gould. Même si cette description est grandement fictive, et même si elle s'alimente au répertoire des figures sévères du monde d'un écrivain souffrant, en particulier à la figure austère et crispée de Ludwig Wittgenstein, elle a le mérite important de toucher, en plein cœur, le désir de perfection de Gould et son ascétisme. J'en ai présenté plus haut l'argument, et je ne l'évoque de nouveau que pour montrer la constitution de cette figure du retrait.

De manière constante, nous rencontrons la solitude, le retrait, la difficulté de l'extériorité, la richesse de la méditation intérieure, l'approfondissement incessant de la lecture, la recherche infinie de l'interprétation absolue, le désir de l'élévation. Nous sommes, comme chez Ludwig Wittgenstein ou Joseph Beuys, en présence d'un penseur et d'un artiste dont l'existence, tendue à l'extrême, est mise toute entière au service d'un idéal de sublimation qui la transforme. Je n'ai pas hésité à parler d'une sainteté de l'art, même si je ne peux en désigner avec précision les vertus particulières. Avons-nous raison, recevant le don de cet art et le génie de ces lectures, le courage de sa constante provocation, de chercher à le comprendre par une esthétique ou une éthique dont la vie serait ultimement le fondement et l'expression ? Cette question, dans sa complexité, possède une formule inversée, qu'il ne faut jamais oublier : toute la vie peut être informée par les prescriptions de l'art, par ses hautes exigences, de telle sorte qu'elle se montre entièrement commandée par lui. Expliquer l'art par la vie ne peut s'éclairer que si, dans un même geste, on cherche aussi une source unique, une forme d'au-delà de l'art et de la vie qui, peut-être chez tous les grands artistes, a produit l'authenticité de leur recherche et formé leur existence sur des modèles qui n'ont de sens que compris à partir de leur art. La difficulté de cette question réside dans le langage qu'elle sollicite : quel langage en effet peut exprimer à la fois l'art d'un interprète et la forme de vie qu'il a privilégiée ?

Nous n'aurions pas pour la vie de Gould l'intérêt que nous avons si nous n'étions persuadés que l'essentiel de son art y est en jeu. Être en jeu, être en question, c'est d'abord se trouver dans la situation d'un risque absolu, d'une forme de péril qui, constituant toutes les exigences, révèle du même coup tous les abîmes. Fallait-il, en effet, autre chose qu'un risque de cette nature pour atteindre dès l'enregistrement de 1955 le seuil où, renouvelant la lecture des *Variations Goldberg*, Glenn Gould en livre aussi le modèle esthétique ? Qui, pouvons-nous demander dès cet instant, se tient dans cette hauteur et dans ce risque ? Reconnaissant une forme de vie, dans sa dévotion autant que dans l'excès de son ascèse, nous en attendons une lumière sur un art que le langage de l'esthétique ne peut fournir seul. Le défaut des descriptions par lesquelles on veut saisir le jeu en lui-même est aussi bien le défaut même de toutes les approximations : sublimité, légèreté, clarté, rigueur, aucun de ces prédicats n'est autre chose que l'expression de notre désir d'accéder à l'esthétique, en nous hissant sur le seuil éthique du risque de l'artiste. En nous tournant vers la forme de vie, nous pensons que ces approximations se préciseront, dans la mesure où les descriptions de l'interprétation trouveront leur assise dans un langage moral fondé sur la vie.

C'est Gould lui-même qui nous y encourage. Très attaché dans sa jeunesse à la partition des *Variations Goldberg*, il les présenta dans un premier concert à Toronto le 16 octobre 1954, juste un an avant l'enregistrement qui le rendit célèbre. Dans ses entretiens avec Jonathan Cott, il s'était déjà exprimé sur le sens de sa recherche esthétique à propos de son interprétation des *Variations*, en évoquant son écoute de Rosalyn Tureck :

> Je livrais alors une bataille pour laquelle je ne verrais jamais mon professeur me tendre un drapeau de reddition concernant la manière de jouer Bach, mais ses disques [de Rosalyn Tureck] furent la première preuve que je ne livrais pas cette bataille tout seul. C'était un jeu d'une telle droiture, si je peux en parler dans la sphère morale. Il y avait un tel sens du repos, qui n'avait rien à voir avec de la langueur, mais plutôt avec la rectitude morale au sens liturgique du terme.

Les termes de ce souvenir sont clairs : « *uprighteousness* », « *moral rectitude* ». Mais comment comprendre cette association de la droiture morale avec la signification liturgique du jeu ? C'est à cette jonction du moral et de l'esthétique que l'écriture biographique prend son point de départ, et nous n'y trouverions aucun intérêt particulier si elle n'entreprenait de livrer une description convergente. Un biographe aussi sensible que Kevin Bazzana n'a pas reculé devant cette exigence, il a montré la vie dans l'art. La vie de Gould est en effet, depuis l'enfance, captée de l'intérieur par les exigences de l'art et tous ceux qui se sont intéressés à ses aspects exceptionnels – autant à sa précocité qu'à sa singularité – se sont confrontés au fait que rien de cette vie n'était indifférent à l'art qu'elle rendait possible. Évoquer des formes névrotiques, rappeler des manies ou des phobies, mettre en relief les éléments stéréotypés d'un être d'exception, tout cela n'a de sens que si on peut le raccorder avec des descriptions de l'art où le génie est réconcilié avec la vie. Nous nous trouvons ici devant la même situation que lorsque nous regardons les nombreux portraits de Gould que nous aimons : nous cherchons les traces de l'art qui sont confirmées par la vie, mais si elles se présentent dans leur nudité, qu'il s'agisse d'une anecdote ou d'une manie, leur rapport à l'art menace de devenir opaque. Le regard de Gould, le mouvement de son corps dans le jeu, la fluidité de son geste, et jusqu'au modèle même de sa posture au piano, sont irréductibles à la manie, ils ouvrent plutôt le chemin qui mène à la question de la forme de la vie. Cela s'applique aussi au très beau film de François Girard, qui a tenté de proposer, à partir des *Variations Goldberg*, trente-deux icônes où la forme de la vie pourrait se laisser capter.

Pour que s'éclaire donc ce rapport de la vie à l'art, il faut exposer ce qui le rend possible, montrer sa cohérence intérieure. Il se pourrait en effet que malgré sa recherche constante de la transparence, autant dans son jeu que dans sa vie, Gould demeure pour nous une énigme et que cette transparence soit une forme d'illusion, un idéal inaccessible. Pour quelle raison ? Tout simplement parce que ce rapport doit prendre le risque, tout à fait nécessaire, d'introduire dans notre lecture la considération morale de l'expérience de l'artiste, et dans le cas précis de Gould, de la recherche de l'absolu et de la solitude qui ont caractérisé toute sa vie. En utilisant pour identifier cette expérience la notion de « forme de vie », je m'éloigne encore une fois de son usage wittgensteinien, qui est celui du poids de l'extériorité dans la compréhension d'un acte, d'un geste ou d'une parole. Mais je conserve l'idée que l'expérience qui dépasse le langage demeure l'horizon qui nous permet de comprendre ce qui est donné dans l'expression. Cet horizon ineffable est ce qui demeure commun à l'expression de l'art, c'est-à-dire au style et à la vie en tant que manière d'être dans le monde. Dans ses *Remarques mêlées* de 1931, Wittgenstein écrivait en ce sens : « L'indicible (ce qui m'apparaît plein de mystère et que je ne suis pas capable d'exprimer) forme peut-être la toile de fond à laquelle ce que je puis exprimer doit de recevoir une signification. »

Lire les biographies de Gould, c'est d'abord tenter d'accéder à cette forme de vie. Peter F. Ostwald, un ami qui eut l'occasion de jouer avec Gould, fut l'un de ses proches tout au long de sa vie. Les Mémoires qu'il a publiés en 1997 portent en sous-titre : *Extase et tragédie d'un génie*. Il écrit avec amitié et presque compassion, tellement cette amitié est pénétrée par la vulnérabilité de Gould, et ses souvenirs montrent un grand souci d'équilibre dans la présentation de la personnalité de l'artiste, même si, à l'occasion de plusieurs récits ou traits particuliers, il n'évite pas entièrement un souci nosographique qui finit par colorer l'ensemble de son propos. J'ai évoqué plus haut comment il en est venu à penser que Gould aurait souffert d'une maladie particulière depuis son enfance. Cette maladie de Gould porterait un nom, on pourrait la déterminer : une forme d'autisme, un syndrome particulier, celui d'Asperger. Ce nom, me suis-je demandé, a-t-il quelque importance ? Je ne crois pas. L'étiologie qu'il permet de déterminer met en relief sans doute, dans la lumière la plus crue, les idiosyncrasies d'une forme de vie d'une grande rareté. Elle n'en montre cependant que la surface, les actes particuliers et les postures étonnantes. Ostwald se montre particulièrement attentif au fait que Gould vivait dans une forme paradoxale de repli sur lui-même : il cherchait désespérément une communication dont par ailleurs il n'éprouvait aucunement le besoin. Ostwald note par exemple que Gould, en dépit d'une authentique convivialité, ne dégageait aucune chaleur, « comme si le froid dont il se plaignait si souvent physiquement l'avait pour ainsi dire glacé spirituellement ». Mais il note surtout que tout dans sa vie était porté par la recherche de cet état d'émerveillement, ce « *state of wonder* » autour duquel je me déplace encore ici, comme si toute notre approche de l'art en dépendait. Ostwald veut le retrouver jusque dans le mouvement du corps de Gould à l'instrument, jusque dans l'écoute de ces voix cachées, intérieures, qui forment le tissu du contrepoint et dont Gould semblait pouvoir absorber physiquement l'articulation.

Mais si nous voulons que cette forme de vie devienne accessible dans son lien à l'art, il faut oser un pas de plus. Tant de singularité, un destin d'une telle exception, un rapport au monde marqué par tant d'aspects phobiques, pour ne citer qu'un trait constant dans les témoignages de ceux qui l'ont connu, tout cela conduit-il à une esthétique qui était la fin de la recherche de l'artiste? Il ne faut pas craindre de l'affirmer: la rigueur de la vie de Gould est d'avoir cherché sur tous les plans une cohérence parfaite avec la finalité de son art. J'en ai parlé comme d'un perfectionnisme unique qui caractérisait tous les registres de sa vie. Évoquer à cet égard le travail de la sublimation, et rapporter ce travail de tous les instants à la sublimité même de son interprétation, c'est cela que dans un premier moment un regard esthétique sur sa vie doit nous permettre de proposer. Qu'est-ce que le sublime? Kant le rapporte au grave, la langue ordinaire le place paradoxalement dans ce rapport oblique qui nous fait regarder du bas vers le haut. Mais on pourrait aussi y entendre cette limite qui fait passer d'un état à un autre, cette sublimation des alchimistes dont Freud a fait ce que nous savons. Tout est une question de hauteur, et la recherche de l'extase ne se passe pas de cette verticalité essentielle, elle se développe sur cet axe de l'élévation où la chimie de la matière, celle-là même de l'inconscient, se transforme en idéalisation. La langue résiste à une élévation qui se couperait du sol qui la rend possible, fût-elle pure solitude, retrait absolu.

La comparaison avec l'art de Joseph Beuys peut ici nous éclairer : la recherche absolue d'une solitude parfaite réconcilie l'art avec la pauvreté et conduit au détachement. L'art de Beuys n'a cessé de poursuivre cet idéal de sublimité dans le pauvre et dans l'exténué, et sa vie dépouillée est pour nous non seulement la figure de son art, sa matrice, mais aussi son indice d'interprétation. Ce que nous voyons, et qui nous est proposé comme un langage possible de l'expérience, est cela même que l'artiste vit dans sa recherche d'une vie démunie, vulnérable, volontairement appauvrie et presque mutilée sur tous les plans. La représentation de la nudité de l'expérience, et dans certains cas, la performance de cette pauvreté dans la solitude, accomplissent donc la vie. Beuys refusait que son art et son génie soient séparés de sa vulnérabilité, il en faisait la condition de cet engagement politique et social qui porte la signature de sa générosité. Il en va de même pour Gould : s'approcher de sa forme de vie, c'est tenter d'y trouver, dans la convergence de nombreux indices, une description qui nous permette de fondre l'esthétique et la vie. Comment en effet évoquer, ensemble et d'un même tenant, l'art et la vie, sans faire intervenir séparément la position esthétique et la vie, le style et la forme de vie ? Dans l'esthétique contemporaine, ces deux questions sont rarement superposées, elles souffrent des consignes d'interdiction du sujet, et pourtant elles s'interpellent de la manière la plus profonde.

Gould a été extrêmement prolixe sur ses positions esthétiques, prolixe au point souvent de brouiller les pistes : ses préférences dans le répertoire, ses aversions, son intérêt pour la musique sérielle, ses critiques des interprétations des autres ont été l'objet d'analyses très fines. Gould a beaucoup écrit, il a beaucoup parlé, et il ne semblait jamais las du travail de la justification de ses positions ; cette prolixité connote une sorte de confiance dans l'exercice rationnel de l'esthétique qui, chez lui, se nourrissait d'une connaissance très méticuleuse de l'écriture musicale et de l'histoire du répertoire. Au bout du compte, l'ensemble de ces positions n'ont pas livré pour autant une esthétique claire, on y décèle de nombreux paradoxes et Gould lui-même ne s'est pas privé de les alimenter. J'ai cité son admiration pour la musique ambivalente de Schoenberg, et même de Richard Strauss, mais je n'ai pas parlé de son travail sur les transpositions de l'*Idylle de Siegfried*. La richesse était là, dans une proclamation idéalisante, soutenue par des contradictions vivantes et insolubles. C'est ainsi que je comprends ses déclarations d'amour pour la musique de Gibbons : un appel à suivre exclusivement une voie pourtant inséparable des autres. Autrement dit, une préférence pour l'impossible.

Solitaire et retiré, je l'ai rappelé, il a mené une grande activité de communicateur et a beaucoup travaillé dans les médias comme animateur et vulgarisateur du répertoire. Critique du concert, il a valorisé le travail en studio, mais à un point tel qu'il a multiplié le recours à la technologie pour arriver à l'interprétation parfaite. Fuyant un contact intime avec les autres, il pouvait leur parler pendant des heures au téléphone. Tout cela est bien connu, et si j'y reviens encore, c'est pour tenter, toutes choses étant placées en équilibre, de montrer une orientation constante et commune à toutes ces positions : la recherche de la sublimité, dont les aspects les plus affirmés sont sa critique sévère du romantisme et sa vénération pour une musique parfaite, idéale, dont l'œuvre pour clavier de Bach serait la réalisation la plus achevée. Cette recherche a-t-elle donné lieu chez lui à l'expression d'un idéal esthétique indépendant de prises de position morales, un idéal dont il aurait exposé clairement la formulation ? Les déclarations sur cette question sont isolées et plutôt rares, comme cette phrase que j'ai utilisée ici comme un refrain, la cantilène de cette *partita*, la reprise du motif d'une fugue. Si la recherche de l'extase est la limite de la sublimité, conduit-elle à une réalité qui est dans l'objet ou ne désigne-t-elle encore et toujours que cet « état » de celui qui, comme le peintre de Sōseki, est en chemin vers la dernière crête ? Gould a parlé d'une finalité de l'art, il n'en a pas donné la définition, mais je voudrais maintenant tenter de l'accorder à la recherche de cette voix intérieure, une forme absolue du chant qui s'établit à compter de l'harmonie et qui a toujours accompagné son jeu. Ne pourrait-on la caractériser comme une fusion de l'artiste, de son intériorité avec l'essence de la musique ? Mais cette définition demeure impuissante à capter son esthétique si elle est coupée du geste solitaire de la vie : je reconnais ici l'aporie constitutive de mon questionnement.

Certains interprètes de sa pensée esthétique ont voulu contraster, en les opposant, ce qu'ils considéraient comme le tourment de la vie de l'artiste et la sérénité transcendante de l'œuvre, mais ce tourment ne me semble pas bien décrire ce qui fut le cœur de la vie de Gould. Si l'extase, dans son retrait et son détachement, conduit à l'absolutisation de l'expérience, rien de sensible n'en étant ultimement retenu, il faut moins parler d'un tourment spécifique que d'un pathos associé de manière constante à la concentration dans la recherche de cette sublimité. Glenn Gould ne fut pas un homme tourmenté, en proie à des souffrances confuses, ou à des forces inconscientes immaîtrisables ; son génie n'a finalement pas beaucoup d'éléments saturniens, il n'est pas nocturne, et cela, son esthétique l'affirme indiscutablement. Sa correspondance donne le témoignage d'une joie constante et à moins de la supposer entièrement prisonnière d'une sorte de camouflage délibéré, il faut recevoir le témoignage de cette joie comme un élément de plus dans la recherche de la sérénité. Sa voix dans les émissions de radio, ses gestes à la télévision vont dans le même sens. Glenn Gould était un ascète, un vrai renonçant, captif d'un idéal très élevé de sublimité et résolu à y consacrer sa vie. Quand il se décrit comme un ermite expérimenté, nous devons le croire. Cette sublimité affectait autant sa vie, dont elle fut l'indice, que son art. C'est donc sur l'horizon d'un même silence, d'une même ineffabilité que se projettent la recherche esthétique de la sublimité et la recherche d'une vie extatique.

Si on devait tenter d'exposer les principes de cette esthétique sur le seul plan du répertoire, on pourrait le faire à partir de deux affirmations, à la fois singulières et extrêmes : la détestation de la musique de Schumann et la vénération de maîtres virginalistes anglais comme Gibbons ou Byrd. Les lettres et les entretiens de Gould le montrent : ces choix furent constants, précis, méticuleusement argumentés. Nous connaissons la virtuosité pédagogique qui accompagna son travail radiophonique et télévisuel. Il ne s'agissait pas de simples opinions, ou même de goûts, mais de positions stylistiques qui ont trouvé dans le renouvellement de la lecture de Bach une forme d'achèvement. En introduisant la notion d'une perfection dans les privilèges de l'œuvre musicale interprétée, Gould insistait sur le fait que l'esthétique pianistique réside tout autant dans le choix du répertoire que dans la lecture. Une analyse minutieuse du choix de ses programmes, tant pour les concerts que pour la discographie, montre un souci exceptionnel de rigueur. Nous devons à Otto Friedrich et à P. F. Ostwald de les avoir reconstitués, dans le détail, presque tous. La présence de Webern et Schoenberg dans les premiers concerts de soliste montre assez comment, dès le point de départ, Gould avait choisi de tracer dans l'histoire de la musique de piano une ligne bien particulière conduisant jusqu'à lui et informant son désir de composer, même s'il ne s'y consacra pas autant qu'il aurait voulu. Cette analyse montre que l'idéalité de ses choix résidait d'abord dans une lecture de l'histoire de la forme.

Cette ligne privilégie en tout temps la structure, que le jeu cherche à rendre transparente, d'une visibilité parfaite ; elle cherche également à isoler les qualités de clarté et de légèreté qui sont seules capables de mettre en valeur la pureté du chant, au-delà du travail du contrepoint. Elle montre enfin que cette ligne doit mettre à l'écart tout ce qui est émotion inutile, toute sentimentalité trop directement pianistique. Souvent, Gould fut écartelé entre ses jugements et son jeu. C'est le cas de sa lecture de Brahms, une lecture impossible sur le plan de la fidélité, mais parfaitement rigoureuse sur le plan de l'histoire abstraite et idéalisée qu'il travaillait toujours à reconstituer. Sa connaissance de l'écriture musicale était prodigieuse, elle atteignait un point de sophistication qui lui permettait de réécrire les œuvres, de citer toutes les mesures de mémoire et de justifier à leur sujet des positions radicalement critiques.

Quand il jugeait nécessaire de s'écarter d'une partition, c'était l'effet d'une décision qui substituait à l'autorité de l'œuvre celle d'une lecture qui se justifiait par une interprétation générale de l'histoire de la musique. Il s'y sentait pleinement autorisé. Sa critique de l'ornement va de pair avec sa critique du romantisme, et c'est ce qui rendit son rapport à Beethoven si ambigu : tout ce qui de Beethoven pouvait recevoir une lecture classique trouva chez Gould un interprète lumineux, tout ce qui y résistait reçut une interprétation qui équivalait à une réécriture. C'est le cas par exemple de la *Sonate 29, opus 106, Hammerklavier*, dont Gould n'acceptait pas que son mouvement lent fut autre chose qu'un prélude à sa conclusion fuguée. Il le jouait donc sans émotion aucune et il affirmait ne pas l'aimer. Un exemple remarquable des tensions où ces choix le conduisirent est son enregistrement des *Lieder* de Schoenberg. Ce qui restait de romantique chez le jeune Schoenberg, Gould le rend avec beaucoup de respect, mais avec une sorte de résistance qui donne à son interprétation une force intérieure bouleversante. Il acceptait son ambivalence comme le reflet de sa propre hésitation à l'égard d'un lyrisme trop affirmé.

La mise à l'écart du romantisme n'implique aucunement le renoncement au chant, c'est-à-dire à ce qui dans le répertoire qu'il privilégiait rendait possible l'accès à un lyrisme purifié. On apprend de ses biographes, on l'a vu, que la technique particulière qui lui fut inculquée dans sa jeunesse par Alberto Guerrero nécessitait une forme de martèlement du bout des doigts, appelée « *tapping* », qui explique peut-être pourquoi ses interprétations de Bach trouvèrent si rapidement leur achèvement esthétique : renonçant à toute forme de *legato*, Gould apprit à privilégier le travail du rythme. Il découvrit rapidement une forme de touche frappée qui isolait chaque note dans une suite où la clarté était d'une transparence jamais entendue avant lui. Un détail souvent remarqué s'explique aussi par cette formation spéciale : le port des gants et des mitaines. Gould croyait avoir développé une sorte de sensibilité tactile aux extrémités de ses doigts qui servait de base à son jeu et il craignait continuellement de la perdre. Pour lui, cette sensibilité était la condition de sa mémoire du jeu : la perdre, c'était renoncer à ce rythme intérieur qui a été identifié à son esthétique spécifique. Sa ponctuation très particulière lui servit en effet de support pour isoler ce chant très pur, un chant intérieur et quasi matériel, envahissant tout son corps lors de l'exécution, et jusqu'à sa voix.

Je ne rappelle tous ces traits, évoqués longuement dans les pièces précédentes de cet essai, que parce qu'ils nous aident à comprendre la portée esthétique du refus du romantisme et la recherche de la sublimité : cette position n'a rien de paradoxal, contrairement à ce qu'on a souvent affirmé. Je voudrais avoir montré que ces paradoxes peuvent être surmontés. On s'est étonné, par exemple, qu'avant Rolf Buchbinder Glenn Gould n'ait pas réinventé l'interprétation des sonates de Haydn, qu'il joua pourtant de manière magnifique, surtout durant ses dernières années, alors même que Haydn était l'exemple en quelque sorte idéal d'une musique non romantique. Mais il manque justement à Haydn ce que Gould avait trouvé chez Bach, et qui place son interprétation dans une relation de connaturalité : c'est le rapport d'un chant sublime avec une clarté de contrepoint parfaite. Haydn demeure souvent prisonnier d'une esthétique du divertissement, là où Bach n'est jamais éloigné de cet état d'émerveillement que Gould recherchait. Je voudrais rappeler ici la description que donne P. F. Ostwald du premier concert de Gould auquel il assista en 1957, alors qu'il joua le *Concerto en fa majeur* de Bach, un témoignage qui nous permet de nous approcher de ce lien si profond de son jeu à ses positions esthétiques :

> Son jeu était exceptionnel, sculpté, tridimensionnel, chaque phrase paraissait avoir sa vie propre. Gould était devenu extatique, son expression était celle d'un ravissement, ses yeux étaient fermés ou tournés vers l'intérieur. Son interprétation du mouvement lent fut une révélation. Il projetait la mélodie remplie d'âme comme un fil d'argent, articulant chaque phrase avec une délibération immense. Le résultat était si proche du chant qu'il était difficile de croire qu'on écoutait du piano.

Sommes-nous en mesure maintenant de proposer un lien plus clair entre le style et la forme de la vie, s'agit-il de ce fil d'argent évoqué par Peter Ostwald? Dans cette description, j'aime l'insistance sur la délibération comme condition essentielle du chant. Toutes ces variations autour de son art et de sa vie trouvent-elles enfin leur foyer? Pouvons-nous relier les prédicats de l'œuvre qui peuvent engager un rapport avec la vie avec le travail sur l'œuvre? Si la critique du romantisme doit laisser entendre une recherche de la clarté pour elle-même, cette critique peut demeurer creuse ou abstraite. Comparons, par exemple, la lecture de Schoenberg et la lecture de Bach : dans les termes extrêmes du spectre musical, tristesse et joie sont rendues sans attaches au sujet qui les porte, l'émotion musicale est au contraire détachée et confiée à un registre absolu et idéalisé.

Le choix des termes est difficile, si je veux à mon tour maintenir une certaine rigueur : il faut à la fois la clarté, qui est un prédicat de la lecture dans le jeu, et une forme de sublimité, qui est un prédicat de l'œuvre en tant que telle, lorsqu'elle est interprétée dans un propos de transfiguration. L'extase est l'effet de la sublimité atteinte et accueillie, elle est aussi son lieu, sa destination. Mais la sublimité est en un sens l'idéal abstrait de la musique, sa transcendance est d'abord dans l'écriture et dans l'harmonie immatérielle que la philosophie du contrepoint cherchait à atteindre ; le dépassement de l'expression dans la beauté correspond à cet état d'extase, qui détache l'artiste de son point de départ, de l'ensemble de ses contraintes matérielles pour le transporter dans une forme d'au-delà qui est hors langage, hors limite. Le franchissement de l'expérience qui est attendu de la musique pourrait aussi en effet être attendu de la vie. Peut-être faut-il trouver ici l'interprétation ultime de notre *aria da capo*, qui devient presque une maxime pour la vie : une édification qui occupe toute la vie, qui en imprègne chaque instant sur cet horizon attendu et transcendant d'émerveillement et de sérénité.

Le rapport avec la vie ne deviendrait donc pensable que si l'on fait intervenir la dimension éthique, c'est-à-dire la considération des choix moraux qui ont engagé le travail d'interprète de Gould au-delà d'une position purement esthétique. Là où l'esthétique se limite au travail du style en vue de l'interprétation parfaite, l'introduction d'une position morale transforme l'interprétation parce qu'elle affecte le rapport au corps et à la vie. Les pianistes de l'excès, Sviatoslav Richter ou Ugo Pogorelich par exemple, sont certes très différents des pianistes discrets et modestes comme Alfred Brendel; leur travail, comme celui de Gould, exige qu'on expose comment le style peut être touché par la forme de vie et comment il se détermine par sa finalité extatique. Kevin Bazzana a rappelé que Gould admirait surtout les interprètes extatiques, ceux pour qui l'engagement « idiosyncratique » à l'égard de la musique était garant d'une interprétation transcendante et spirituelle. On a beaucoup célébré l'interprétation si limpide de Scarlatti de Pogorelich, et pourtant nous ne pouvons que chercher à deviner ce qui dans la forme de vie de ce pianiste exalté, dans son rapport à la joie en particulier, rend possible un dégagement aussi léger de l'instrument et le transforme en idéal d'interprétation. De même, chez Mitsuko Ushida, et en particulier dans sa lecture de Schubert, la connaturalité avec la mélancolie des dernières sonates laisse entendre la position de la retenue et du désir de progresser, dans leur tension particulière, telle qu'on la retrouve dans son interprétation des *Impromptus*. Mais ici encore, et malgré plusieurs efforts pour le préciser, ce rapport demeure inexprimé, la question même de l'expressivité dans son rapport à l'éthique se tient en retrait. Dans le cas de Gould, nous en savons presque déjà trop. Non que chaque détail ne puisse trouver sa place dans notre réception de son jeu et de son esthétique comme transcription d'une forme de vie, ou de sa vie comme soumission entière aux exigences d'un art sublime, mais tout simplement parce que le modèle même de la convergence qui rend cela possible s'offre à nous comme son don le plus généreux.

Pour s'engager sur le chemin de la compréhension de ce don, il faut revenir aux figures les plus simples de l'éthique : la figure de la solitude comme condition essentielle, comme terme de l'interprétation, et la figure de l'extase comme recherche de sublimité. Sur cet horizon, la biographie m'a moins intéressé que la constance de la décision morale, mais cette décision est elle-même biographique, elle informe chaque geste, elle est l'inscription de la forme de la vie dans la vie. Je m'y engage donc d'une autre manière, en regardant notamment comment ce don a d'abord été reçu avant d'être retourné au monde à compter du retrait. La biographie nous met en présence d'un artiste qui souffre d'un manque qu'il cherche infiniment à combler, et si ce manque découle de conditions de son enfance où les demandes de sa mère et une vulnérabilité excessive l'isolent, le mettent à part, ce n'est pas nécessairement cette vulnérabilité qui rend possible l'expression de son génie. Je n'exclus pas la réalité des génies sereins ; m'intéresse plutôt la coïncidence dont j'ai parlé plus haut entre un art de sublimité et une existence vécue dans un retrait, un repli solitaire pour tout ce qui est communément conçu comme l'essentiel de la vie, et pour quoi on pourrait choisir le terme amour. De quel amour, peut-on demander, le don de l'interprète est-il le signe, la preuve irréfutable ?

Gould voulait donner, mais il ne donna pas pour se consti-tuer. Il vécut une vie concentrée dans la solitude, tout l'espace étant occupé par la recherche de son art et le seul amour qu'on puisse lui attribuer fut l'amour de son art, l'amour de la musique et, à travers cet amour, un amour indubitable du monde, auquel il en fit le don constant. La jonction entre l'idéal esthétique de sublimité et l'idéal éthique de la solitude nous conduit donc aux figures de sa vie que nous pouvons maintenant tenter de reconstruire sur l'horizon de son esthétique. De la sublimité à la sublimation, le chemin à parcourir n'est cependant pas si simple, je l'ai évité jusqu'à maintenant, mais il est temps de m'y engager. En introduisant ici, au cœur d'une sorte de récapitulation de mon parcours, ce qui se présente comme don et amour, je ne veux plus m'éloigner, en la contournant, de cette aporie de l'éthique. Je désire au contraire m'en approcher le plus possible. La notion de forme de vie prend ici en effet un relief très déterminé, où le lien à l'expérience particulière de Gould doit être éclairé de manière concrète. Solitude et recherche de l'extase constituent les figures les plus nettes de cette forme de vie et elles inspirent l'esthétique à compter d'une position morale constante dans la vie. Mais si je propose de les reprendre en y introduisant ce don, don reçu, don offert, c'est que la forme de vie que je cherche à exprimer peut y trouver une résolution achevée. Il en va de même pour l'amour.

Ce don fut d'abord un don reçu, immense, aux dimensions d'une enfance enveloppée dans l'art. Sans m'engager dans une approche précipitée de la psychanalyse, je crois possible néanmoins de dire quelque chose de la relation maternelle. Parce qu'elle avait reconnu ses « dons » précoces, la mère de Glenn Gould, elle-même musicienne et professeure de piano, avait pris la décision de le mener le plus loin possible. Mais le dire de cette manière risque de cacher le don que fut la naissance de Glenn pour sa mère. Florence Greig avait eu beaucoup de mal à avoir un enfant, elle avait subi plusieurs fausses couches et, durant cette ultime grossesse, à l'âge de 41 ans, elle avait fait le pari d'exposer le bébé à naître à un flot constant de musique, ou bien en jouant elle-même, ou bien par la radio. Dès les premiers mois, elle nota que Glenn ne pleurait ni ne criait jamais, il ne faisait que murmurer en chantonnant. Son désir d'enfant et son désir que cet enfant soit un musicien parfait étaient le même désir. Sur une photographie, on voit Gould encore bébé porté par sa grand-mère maternelle sur le clavier du piano familial. Dans son effort pour associer la solitude de Gould à ses comportements d'enfant retiré, P. F. Ostwald nous aide à prendre toute la mesure du don qu'il représenta pour sa mère. Sa jeunesse fut vécue en symbiose avec elle et la pâleur de la figure paternelle ne fait que le confirmer. Robert Fulford, un ami d'enfance très proche de Gould et sensible lui aussi à la précocité de ses talents musicaux, rapporte que le père avait accepté de céder à son fils sa place dans le lit conjugal, dans leur chalet du lac Simcoe, un jour sur deux. Cet arrangement, confie encore cet ami, dura plusieurs années. Gould aurait lui-même confié à un proche qu'il croyait avoir déçu son père, n'étant pas le fils qu'un homme ordinaire attend.

Que son père l'ait déçu, lui, est une autre histoire, qui atteindra un point critique après la mort de sa mère. Je ne m'engagerai pas dans l'analyse de ce triangle œdipien trop clair pour être vrai ; je le dispose simplement là où il s'est formé, sur les genoux de la mère lui montrant à jouer.

On peut sur cette question de la mère, suivant le récit de P. F. Ostwald, évoquer le travail analytique qui traverse la vie de Gould et auquel il ne cessa d'opposer la plus vive résistance. Ses rapports avec ses médecins étaient marqués par une forme d'ironie qui rend inaccessible sa souffrance en lui faisant systématiquement écran. On peut néanmoins faire observer que tous les traits relevés par ceux qui l'ont connu mettent en relief une composante morale que Glenn Gould pourrait avoir choisi de pleinement assumer par la suite, comme un destin d'artiste, et non comme une névrose, voire une maladie. Les frayeurs à l'endroit de certains objets, l'amour des animaux, la crainte du froid, le retrait des conventions sociales, les gestes très ritualisés, la conversation autocentrée, la vie nocturne et jusqu'à la fascination pour la voix radiophonique et l'intimité du studio, tout cela dérive sans doute d'une absorption quasi entière dans le corps de la mère. P. F. Ostwald ne craint pas de l'affirmer en parlant d'une vie dans un cocon. Son récit est confirmé par celui de son collègue et ami psychiatre, Joseph Stephens, qui devint un ami très proche de Gould, mais qui n'a pas écrit sur lui. Ostwald a recueilli son témoignage et il en parle comme de quelqu'un que Gould aimait particulièrement. Ce témoignage m'a intéressé, sachant que Ostwald avait confié à Stephens la tâche redoutable d'orienter Gould vers une cure analytique.

Gould lui-même, comme il le confia à Geoffrey Payzant, aimait comparer le studio où il passa plus de temps que partout ailleurs au sein maternel. Charles Riley qui a écrit sur Gould de belles pages suggère que ce studio était comme la bulle de verre nécessaire pour reproduire sa vie devant un écran destiné à le protéger de la présence des autres. C'est une formule intéressante, encore qu'un peu exagérée. N'oublions pas que ce corps fut aussi celui de la musique elle-même, que sa mère lui transmit à la fois une musicalité et une discipline très rigoureuses, et qu'elle avait observé qu'il possédait dès l'âge de trois ans l'oreille absolue. Elle avait elle-même développé à son sujet une identification entière avec la famille de Mozart, à laquelle son mari, un homme de peu de relief, ne s'opposait pas. S'y opposer eut voulu dire chercher pour Glenn une vie plus ordinaire, plus équilibrée et le forcer à un cursus scolaire conventionnel. Au contraire, le jeune Glenn fut rapidement extrait de l'école et confié à des maîtres qui, dès qu'il eut été admis au Conservatoire de Toronto, lui promirent une carrière brillante. Le corps de la mère fut donc pour ainsi dire entièrement transposé dans le corps de la musique qui l'habitait dès son enfance. Le studio n'en fut qu'une enveloppe transparente, comme cette cabine de verre d'où il observa extatiquement Herbert von Karajan diriger la *Cinquième Symphonie* de Sibelius. Il aurait pu s'asseoir dans la salle, il était à Berlin ; il choisit de mettre entre lui et Karajan une paroi, toujours la même.

Quand Florence Greig Gould mourut le 26 juillet 1975, à l'âge de quatre-vingts ans, ce fut pour Gould un choc très douloureux. Il était demeuré très près d'elle au cours des ans, beaucoup plus que de son père. Le témoignage de sa cousine, Jessie Greig, qui devint sa confidente dans les années qui suivirent, est clair : cette mort fut une sorte de traumatisme, il en fut dévasté, d'autant plus peut-être que, malgré son affection, et peut-être même en raison du caractère abyssal de cet amour filial, il ne réussit pas à rendre visite à sa mère à l'hôpital durant les jours où elle s'y trouva dans le coma avant de mourir. Pour Peter Ostwald, la mort de la mère de Gould, et la culpabilité qu'il en éprouva, pourraient expliquer la crise dont il fit la chronique deux ans plus tard en 1977-1978, après qu'il eut noté des difficultés dans son jeu. C'est peu probable, l'écart semblerait un peu long, ce qui n'exclut pas que le soutien constant de sa mère lui ait fourni durant toute sa vie une sorte de protection indispensable contre l'anxiété, en particulier contre la perte de cette image qui contrôlait de l'intérieur son jeu. Une fois qu'elle fut partie, il se retrouva dans une forme de solitude affective qu'il n'avait jamais connue. La suite n'allait que durcir la situation : son père se remaria avec une femme que Gould n'accepta jamais, au point qu'il s'opposa de manière très puérile à ce mariage et n'assista pas à la cérémonie.

Solitude et recherche de l'extase nous conduisent également au modèle du dernier puritain que j'ai esquissé plus haut. Le don reçu devait se transformer en une générosité dirigée de l'intérieur par des exigences si élevées qu'elles réglaient tous les rapports que Gould entretenait avec les autres. P. F. Ostwald a insisté sur la difficulté de la conversation de Gould, toujours très prolixe, mais pour ainsi dire toujours autocentrée, «*self-involved*», presque indifférente à l'interlocuteur. Privé jeune du contact naturel des enfants, compte tenu du nombre d'heures passées à travailler son instrument, Gould avait développé une manière spécifique de communiquer d'abord avec lui-même. Ostwald note aussi que derrière une jovialité et une courtoisie à toute épreuve, Gould avait très tôt privilégié une forme de détachement, qui l'isolait. Kevin Bazzana parle de narcissisme, de défaut d'empathie, mais c'est pour aussitôt équilibrer ce portrait par une générosité de tous les instants à l'endroit de tous. Gould n'attendait rien et était sans doute vite ennuyé, mais il voulait pourtant toujours irrésistiblement faire et offrir. Ses manies et son hypocondrie remontent à sa toute première jeunesse, son ami Robert Fulford pouvait en témoigner, mais elles n'expliquent pas ce retrait qui ne manquait d'apparaître à ses proches derrière sa constante jovialité. Une générosité privée de demande invite souvent au soupçon et pourtant Gould ne se privait pas d'appeler, même en pleine nuit, ceux à qui il voulait, encore et encore, parler : chacun comprenait qu'il demandait que derrière ces projets, ces lectures, ces discussions une autre demande puisse être entendue.

On peut par exemple citer le témoignage du producteur avec lequel il travailla si longtemps et qu'il estimait sans réserves, Andrew Kazdin. Des tensions, inévitables dans une collaboration aussi étroite que la préparation d'enregistrements, avaient marqué cette relation à plusieurs moments au cours des ans, mais Kazdin a rappelé dans son livre de souvenirs qu'il n'eut jamais avec Gould un rapport vraiment amical et chaleureux. Quand la compagnie CBS mit fin au contrat de Kazdin, Gould s'éloigna de lui comme si ces quinze années n'avaient jamais existé, sans témoigner de regret ou de reconnaissance. Son biographe Kevin Bazzana relie sa résistance à des amitiés trop intimes à son puritanisme et il pense qu'il désirait le contact physique, mais que son anxiété l'en empêchait. Gould était persuadé de la nécessité de la solitude et convaincu qu'elle représentait la forme de vie qui était la seule susceptible de lui faire atteindre les buts qu'ils s'était fixés. Ce que pouvaient lui apporter les autres, il savait le reconnaître, mais il n'aimait ni en dépendre ni à le considérer en dehors de ce don éperdu de la musique qui l'occupait de manière absolue. Ce que pouvait représenter l'amitié pour lui, nous le comprenons dans les limites du présent, de l'instant : le témoignage de Kazdin nous montre qu'il ne se plaçait pas dans la durée.

Cette résistance peut sans doute être illustrée par un épisode très complexe, dont j'ai retenu l'analyse jusqu'ici. J'aurais pu en parler à l'occasion des maladies de Gould et du rapport à son corps, mais cela aurait été prendre le risque de confiner cet incident dans l'espace de son hypocondrie, alors qu'il s'agit de beaucoup plus. Le banaliser serait cacher quelque chose d'essentiel, l'exagérer serait trahir une éthique de solitude qui pouvait exiger d'aller jusque-là. Je le présente donc avec précaution. Cet épisode est peut-être, dans la vie de Gould, le seul événement comparable en importance à sa décision de quitter le concert, le seul qui mette en jeu son éthique de manière aussi nue ; il ne saurait être compris en effet qu'au sein de ce monde d'austérité morale qu'il s'était construit, mais il révèle surtout les contraintes de cette austérité, autant que ses déterminations. Un autre don y est en jeu, un autre amour peut-être, et aussi un rejet, qui ne se comprennent que dans le cadre d'un rapport au corps construit sur un refus de toute proximité, sur une résistance à tout contact physique, à toute intimité. L'importance que lui accorde Gould dans sa correspondance montre qu'il ne s'agit pas pour lui d'un épisode anodin, banal. C'est au contraire presque un drame.

Il s'agit de cette rencontre avec le chef technicien de la maison Steinway, William Hupfer, le 8 décembre 1959. Lors de cette rencontre, le technicien salua Gould en lui mettant la main sur l'épaule, plus probablement en lui donnant une tape amicale, peut-être même vigoureuse et virile. La suite est connue : dans les jours et mois qui suivirent, Gould se plaint de maux graves, consulte quantité de médecins et physiothérapeutes et accuse Hupfer de l'avoir gravement blessé. Il dépose même une plainte par l'intermédiaire de ses avocats contre la maison Steinway, une plainte déjà envisagée par lui dans une lettre du 21 janvier 1960 à Edith Boecker, où il confie qu'il a du mal «à en parler de sang-froid». Très inquiet, il évoque la possibilité de «séquelles permanentes», mais il a la candeur de confier que personne ne semble y croire. Le 5 février, il annonce qu'il a annulé tous ses concerts et prend ensuite conseil auprès du docteur Sherbok de Denver au Colorado sur la qualité d'une clinique de Boston, l'hôpital Brigham, sans doute dans l'espoir d'une chirurgie. Le 10 mars, après avoir un reçu un traitement de cortisone, il note un progrès «foudroyant». Mais le 7 juin, on apprend qu'il rentre de Philadelphie où il a été soigné par un chirurgien orthopédiste réputé, le docteur Epstein, qui lui a notamment posé un plâtre pendant quatre semaines. Les résultats furent très décevants et Gould renonça ensuite à chercher des solutions chirurgicales.

Comme je l'ai rappelé en parlant de ses mains et de son rapport à son corps comme artiste, Gould avait sans doute gardé de sa blessure de jeunesse sur le lac Simcoe une fragilité du dos. Cette blessure fut soignée, mais Gould ne cessait d'en raviver le souvenir comme si les conséquences en étaient définitives. À la suite de l'incident Hupfer, il était, comme le serait peut-être un chirurgien cherchant à conserver la précision de ses procédures et subissant un choc de ce genre, très anxieux à l'égard de tout ce qui pourrait rompre l'équilibre auquel il était parvenu, en particulier concernant ses capacités au clavier. Personne ne voudra sous-estimer l'anxiété de l'artiste devant son corps ; son ami Peter Ostwald a confié que celle-ci était chez Gould « massive ». Mais au-delà d'un conflit, sans doute latent depuis longtemps, avec un technicien auquel il reprochait une familiarité déplacée, il faut peut-être rappeler que cet incident vient s'inscrire dans la suite des difficultés de tournée qui vont le conduire à la décision de 1964. On a pu le soupçonner d'avoir mis à profit, en les exagérant, ces difficultés musculaires pour s'excuser de devoir annuler des concerts, mais, comme le rappelle Kevin Bazzana, ces troubles disparaissaient par magie s'il s'agissait d'engagements d'une autre nature, comme par exemple un récital pour la télévision américaine le 31 janvier 1960. La blessure fut-elle réelle ou imaginaire ? Quelle était sa gravité ? Gould, comme d'habitude, consulta encore nombre de médecins et de physiothérapeutes, il était certainement dou-loureux et il était, à n'en pas douter, très inquiet à l'idée que cette blessure puisse stimuler de nouveaux troubles. Bref, il somatisait de la manière la plus claire un trouble réel, sans doute léger, et lui donnait des proportions sans commune mesure avec la réalité.

Raconté en détail par tous ses biographes, cet épisode rappelle une rencontre dans sa jeunesse, alors qu'il faisait de la musique avec ses amis et avait demandé à chacun de lui tâter les épaules en se plaignant de problèmes dans ses omo-plates. L'anxiété relative à son corps, notée par P. F. Ostwald, atteint dans l'épisode Hupfer une dimension phobique qui touche tout le rapport humain. Je n'exclus pas que son rapport avec Hupfer ait résulté d'une forme de désir refoulé d'un contact physique, dans la mesure où, dans le texte de la poursuite, Gould rappelle une suite de «serrements de main inutilement forts et d'autres actes physiques démonstratifs». Pour quelqu'un qui se sentait facilement menacé, voire agressé, la familiarité était rapidement «excessive» et le contact physique «démonstratif», mais de quelle démonstration s'agit-il, puisque l'intention de Hupfer, comme il en témoigna, n'était après tout que l'expression d'une camaraderie de travail? Il est arrivé que des journalistes cherchent à éveiller l'attention sur la présence de son masseur, Cornelius Dees, qui l'accompagna dans plusieurs tournées, et fassent l'hypothèse de sa probable homosexualité. Ostwald rapporte qu'entre le 8 janvier et le 22 octobre 1960, Gould le reçut chez lui, où il avait une table de massage, cent dix-sept fois, presque chaque jour. Joseph Stephens, cet ami d'Ostwald et qui voyait Gould de temps en temps, fut témoin de plusieurs de ces séances et il a confié que Gould, «une personne sexuellement inhibée, en tirait un plaisir érotique».

Je ne crois pas que cette lecture soit la bonne ou la seule: ce que l'épisode Hupfer révèle, ce n'est pas d'abord un désir homosexuel refoulé – il n'est pas nécessaire de l'exclure par ailleurs –, c'est plutôt le refoulement absolu de tout désir de cette nature, qu'il soit homosexuel ou non. Comme de tout acte «démonstratif», quoi que Gould ait entendu par cette formule si typiquement puritaine, si critique de l'excès dans l'expression. Qu'on regarde la photo où on le voit encastré dans son plâtre, elle ne ressemble à aucune photo de Gould : pour une fois, il a l'air de n'importe quel jeune Canadien après une partie de hockey un peu rude. Son regard est celui de quelqu'un qui nous dit : vous ne me verrez jamais plus comme ça. Cette blessure, réelle ou imaginaire, fut ensuite pour lui l'excuse rêvée pour ne pas avoir à subir le contact physique de plusieurs personnes. Ces épaules crispées ne devaient appartenir qu'à son art, personne ne devait y toucher. On peut penser que Hupfer ou Kazdin aient souhaité souvent l'embrasser, qui ne l'aurait voulu ? Il poursuivit le premier en justice et n'exprima aucune reconnaissance à celui qui avait été son plus fidèle complice dans le travail d'enregistrement. Entre eux et lui, il y avait la paroi de verre du studio, il n'était pas question de la briser.

Le rapport au corps n'est lui-même que la forme la plus visible du rapport à l'émotion et en général à la vie affective. Embarrassé par toute forme d'expression excessive, Gould ne donne aucun témoignage qu'il ait souffert de son isolement. Peut-être, comme je viens de le suggérer, aurait-il souhaité plus de contact, mais il ne pouvait le tolérer. Son ami Robert Fulford associe ce sentiment à la crainte, intériorisée à partir de son rapport à sa mère, de tout ce qui était érotique et sexuel. Mis à part le témoignage unique d'une lettre à une fiancée idéalisée – lettre sans doute fictive, mais qui constitue l'expression d'un rêve, d'un désir d'amour absolu –, nous ne connaissons à Gould aucune relation intime, ni féminine ni masculine. Recopiée dans le journal de Gould, les éditeurs la datent de 1980. Elle pourrait provenir d'une source non identifiée et s'adresse en fait à un destinataire inconnu, au sujet d'une bien-aimée absente, un titre déjà marqué par le cycle de six *Lieder* de Beethoven, sur des poèmes d'Aloys Jeitteles, *À la bien-aimée absente, opus 98*. En voici le texte:

> Tu sais.
>
> Je suis profondément amoureux d'une belle jeune fille que je n'ai pas besoin de nommer. Je lui ai demandé de m'épouser et elle m'a repoussé, mais je ne peux m'empêcher de l'aimer plus que tout au monde et une seule minute passée auprès d'elle me comble de bonheur. Je ne veux pas lasser sa patience, mais si elle me disait au moins quand je peux la voir, cela m'ôterait un grand poids. Je lui ai maintes fois dit que si elle le voulait, je l'emmènerais n'importe où, n'importe quand, mais il semble qu'elle n'ait jamais de temps à me consacrer. S'il te plaît, si tu la vois, demande-lui de me faire savoir quand je peux la voir et quand je peux...

Le texte amoureux s'interrompt sur ce «je peux» privé d'objet. Je ne m'engagerai pas ici dans l'analyse complexe de cette page recopiée, je pense très simplement que ce morceau de prose appartient à une forme de désir rêvé, mais refoulé, et que cette lettre ne recouvre aucune relation réelle. Otto Friedrich écrit comme s'il avait rencontré cette femme, mais il ne prend pas la peine de donner son nom. Kevin Bazzana cite également un passage d'un carnet de cette même année 1980, qui expose les tourments d'une relation confuse. Comme pour cette lettre, je crois qu'il s'agit là aussi d'une conversation imaginaire, d'une idéalisation conduisant à une justification du refoulement. Très tardif, ce texte explore les dangers d'une affectivité incontrôlée pour l'artiste et ne peut être relié à personne, surtout à cette date. Anxieux de la fin de sa carrière de pianiste, qu'il craignait de voir se terminer avec son cinquantième anniversaire au point de répéter qu'il le prévoyait et l'avait presque décidé, Gould envisageait un renouvellement de sa vie. Mais comme le montre son jugement très dur sur le remariage de son père, il n'était jamais possible de recommencer, il n'était même pas question d'en rêver. Cette lettre est ce rêve impossible d'un recommencement, de ce qui n'a pas eu lieu et dont Gould sait désormais que cela n'aura jamais lieu.

Gould demeura célibataire et il s'irritait aisément qu'on veuille l'interroger sur sa vie privée. Il était sans doute facile de penser qu'il était homosexuel, mais, comme je l'ai dit, il ne s'agira jamais que de suppositions, toujours assez gratuites. La règne de la rumeur ne pouvait que lui déplaire, tout comme les insinuations fréquentes associant son jeu à une sorte de grâce féminine et à l'absence de puissance. Même si personne aujourd'hui n'accorderait la moindre attention à ce genre de critiques, on peut néanmoins penser qu'elles blessèrent l'artiste et il y a des raisons pour le croire : ces insinuations se fondaient sur un présupposé dont la négation était au fondement même de l'éthique de Gould. L'art, pensait-il, est une forme de dégagement, de liberté et cette liberté peut exiger un retrait absolu, même de la vie sexuelle et affective. Le don qui devait en résulter pourrait être impossible autrement. Personne ne peut dire jusqu'à quelles limites Gould aurait voulu exposer ce principe, mais il est certain qu'il vécut en pleine conformité avec lui et que cela seulement disqualifie *a priori* les effets de la rumeur. En particulier, les rumeurs concernant ses relations avec une femme mariée, au cours des années 1950, qu'il aurait voulu épouser, demeurent invérifiables et Gould aurait certainement jugé tout à fait disgracieux qu'on s'y intéresse comme s'il fallait le sauver par là d'un destin malheureux, celui de la solitude qu'il avait précisément élue.

Que ses biographes jugent nécessaire, ou tout simplement possible, de repérer des indices d'une vie sexuelle alors que tout le témoignage de sa vie montre que même si cette vie a existé, elle n'a eu aucune importance, me semble le symptôme d'une résistance très complexe à la personnalité de Gould. Tout se passe comme si son éthique du don à l'art devait trouver chez ses critiques une adhésion sans réserves, mais ne pas avoir sur le plan spirituel des conséquences concrètes, notamment en ce qui concerne le caractère absolu du retrait et la virginité. La vérité de ce retrait me semble plus évidente et surtout plus déterminante que toute forme d'indice de relations supposées, fussent-elles même réelles. Je préfère parler d'une forme d'abstention, d'austérité commandée par l'engagement dans l'art et presque d'une abstinence morale. On ne peut que s'interroger à cet égard sur le jugement de Leonard Bernstein, dont on rapporte le propos suivant. Après un concert avec Gould, il lui aurait dit à peu près ceci : « Tu as joué si magnifiquement la cadence que j'ai presque éjaculé dans mon pantalon. » Rapportée notamment par Peter Ostwald, qui n'hésite pas à évoquer les sentiments homosexuels de Bernstein pour cette figure angélique, cette remarque nous fait mesurer sur quelles planètes différentes de grands artistes se trouvent parfois sans le savoir. Sachant en effet qui était Leonard Bernstein, connaissant son exubérance et son manque consternant de réserve, on ne peut que deviner comment Gould reçut ce qui s'apparentait à une proposition. Bernstein, ce n'est certes pas Salzbourg et ses rituels, mais c'est une autre forme de vie et si Gould détesta le cirque bourgeois de Salzbourg, il n'est pas certain qu'il ait aimé davantage les vulgarités de New York.

Nous ne disposons pas non plus d'aucun témoignage direct ou même personnel sur les amitiés épisodiques que Gould entretint avec plusieurs femmes dans son entourage, comme s'il ne vivait tout simplement pas sur ce registre-là, un registre que sa mère avait occupé durant son enfance, elle qui l'avait attendu durant tant d'années, et aussi durant sa jeunesse, et qu'il avait lui-même sublimé ensuite entièrement dans sa musique. La retraite sexuelle de Gould, qu'on pourrait décrire comme une forme de virginité spirituelle, devient dès lors l'emblème de son éthique : c'est une virginité plus consentie que recherchée ascétiquement, et qui sert le projet de solitude dont son esthétique se nourrit. Que cette éthique ait été soutenue ou motivée par une anxiété qui lui interdisait toute proximité, on ne peut que le supposer : tous les passages de sa correspondance relatifs à des relations compliquées montrent qu'il les craignait et qu'il préférait toujours la distance, voire la rupture, à des relations qui auraient exigé de lui intimité et engagement. Il pouvait parler d'une femme avec passion, comme le rapporte Peter Ostwald, mais il n'aurait fait aucun pas pour s'en rapprocher. Ce n'est pas sans sagesse que, dans cette note de 1980, l'année même où il recopia la lettre concernant la bien-aimée absente, Gould observe que les relations humaines exigent clarté et rigueur. À cette occasion, comme s'il se remémorait une décision ancienne et profonde, si profonde qu'elle commande tous ses gestes, il évoque le mode de vie qu'il a choisi pour lui-même : « Des années de préparation en vue de cette forme de vie. Un changement serait destructeur et produirait ce type de ressentiment qui pourrait rapidement causer l'effondrement de notre relation. C'est pourquoi aucun changement n'est envisagé. » Ce monologue intérieur emprunte la forme d'un dialogue avec un amour imaginaire, à qui Gould veut donner des arguments pour respecter sa décision de solitude et pour assumer le défi psychique que cette décision représente. Peut-être, comme Bazzana le suggère, s'agit-il d'une esquisse mise par écrit en vue d'une conversation difficile, que l'artiste appréhendait parce que la relation était engagée vers une forme de sexualité et qu'il y résistait de toutes ses forces.

Je ne pense pas qu'il soit nécessaire d'aller jusque-là : Gould note ici la forme la plus claire pour lui des effets destructeurs de la sexualité. Il écrit schématiquement, comme s'il s'agissait d'une consigne à mémoriser : « *Theories of physical relations = psychic deterioration* », et sur le mode de l'exercice ascétique, il s'adresse à lui-même un rappel, il réitère une exigence venue d'un passé lointain. Quand il note par ailleurs que la plupart des gens échouent dans le passage à la relation physique intense, c'est comme s'il en exorcisait pour lui-même par avance la réalité ou la menace. Je voudrais citer ici le témoignage, rappelé par Otto Friedrich, d'une amie de Gould, Margaret Pacsu, qui travaillait avec lui à la CBC et qui aurait dit que Gould était « le genre de personne à s'engager par des vœux ». « Comme les bouddhistes, poursuit-elle, Glenn aurait pris une décision réfléchie de se concentrer entièrement sur son art. » Voici le commentaire de Kevin Bazzana :

> Il ne s'engageait pas nécessairement dans des vœux pour des raisons morales, pour demeurer pur dans un monde impur ; plus vraisemblablement, il cherchait à éviter les problèmes qu'apparemment il ne pouvait éviter dans les relations sexuelles. Compte tenu de sa rigidité et de son « *self-involvment* », mais aussi de son désir sincère de ne pas blesser les autres, les exigences de son art, et son unique relation sérieuse, qui avait échoué, il a dû être conduit, dans la quarantaine, à abandonner toutes ces histoires de romance.

Ce jugement est certes de bon sens, mais il laisse à la marge, de manière encore une fois symptomatique, les exigences mêmes que Gould n'a cessé de revendiquer et de mettre de l'avant et, sauf à consentir à les considérer comme des idéalisations inacceptables, je préfère penser que Gould s'est montré sur ce plan aussi libre et souverain qu'ailleurs. Parler de «*self-involvment*», c'est inévitablement placer le repli narcissique poursuivi dans le retrait avant le don. Il est peut-être possible, voyant l'ensemble de la vie de Gould, de penser qu'il voyait cet équilibre autrement. Le don était premier et devait le demeurer.

On trouverait confirmation de cette attitude, qui confine au principe, dans les rapports qu'il entretint avec son père après la mort de sa mère. Alors que son père s'était engagé dans une nouvelle relation avec une femme nommée Vera Dobson, Gould entreprit de l'en dissuader et on a trouvé dans ses notes un agenda de conversation où il consigne quelques arguments dans ce but. Ces notes datent du début de l'été 1979. Gould y exprime d'abord une sorte de condamnation morale d'un remariage, surtout à un âge aussi avancé; cela lui paraît inconvenant. Il voudrait lui suggérer une vie tranquille. Dans ces notes, on trouve alors une consigne qu'il s'adressait sans doute depuis longtemps à lui-même: toutes les histoires amoureuses produisent de la dépendance, elles induisent le besoin d'être avec l'autre; elles exigent une communication insupportable, même si l'exercice doit en constituer un riche défi. Il écrit alors ceci: « [C]et exercice de communication est épuisant et révèle un autre inconvénient majeur, il nous détourne de la contemplation, du regard vers l'intérieur.» Dans un ajout ultérieur, on peut encore lire: «[D]e méditer réellement sur la forme de notre vie, on ne le fait pas, parce qu'on pense qu'on commence notre vie.»

Mais justement, on ne peut recommencer sa vie, on ne peut que chercher à être fidèle aux exigences de la forme de vie qu'on a choisie et Gould ne pouvait que penser à la rigueur qu'il s'était lui-même imposée. Il est étonnant qu'il ait pu croire, ne serait-ce qu'un instant, qu'il pouvait en faire un précepte pour son père, et qu'il ait eu même l'idée de lui parler sur ce ton moralisateur. Mais ce serait oublier la profondeur du lien qui l'avait toujours uni à sa mère et qu'il n'avait pu déplacer, encore moins transgresser pour aller lui-même vers cette équation troublante qu'il identifiait à l'amour. Que son père ait voulu remplacer sa mère par une autre, cela devait lui sembler aussi impossible que s'il avait dû le faire lui-même. On peut lire le brouillon d'une lettre, sans doute jamais envoyée, mais datée du 2 décembre 1979 et recopiée dans le journal de Gould : dans cette lettre, le fils refuse d'être le témoin de son père lors de son remariage et lorsqu'il la recopie en janvier 1980, il raye la salutation finale, «*Love*» pour la remplacer par «*Sincerely*». Rien n'est plus clair, rien n'est plus douloureux que cet adieu à son père. Il lui en voulait certainement déjà beaucoup d'avoir vendu la maison du lac Simcoe au début de l'année 1975, il pensait même que cette décision avait joué un rôle dans le déclin de la santé de sa mère et il le lui avait reproché. Cette rupture finale venait signer une sorte de non-lieu depuis son enfance, une absence indicible.

Il faut cependant attirer l'attention sur un élément qui a peu intéressé ses biographes, tiré de ses lectures. Un de ses livres préférés, peut-être le seul qu'il ait lu en y adhérant absolument, est l'autobiographie du philosophe platonicien américain George Santayana, *Le dernier puritain*. Dans ce roman qui raconte l'éducation d'un jeune fils de famille américain de Nouvelle-Angleterre, élevé à l'écart des normes conventionnelles de la bourgeoisie industrielle, le philosophe expose l'idéal d'une formation ascétique et d'une solitude créatrice mise au service de la communauté. La définition du puritanisme qu'on y trouve est une définition austère, exigeante, d'une moralité très élevée, et quand nous lisons que Gould affirma à plusieurs personnes s'y être reconnu, et adhérer pleinement à cette éthique, nous avons de bonnes raisons de penser que l'effort de sublimation qu'il poursuivait dans son art trouvait chez Santayana une expression qu'il jugeait adéquate. Peter Ostwald rappelle qu'il se moquait du « santayanisme » de Gould et qu'il fit quelques efforts pour l'en divertir. Selon cette expression, fuir le commerce du monde, détester les mondanités, accepter la chasteté et la virginité comme des conditions de l'art, et non comme des pathologies, transformer la solitude en espace intérieur de création et d'autonomie, tout cela appartenait à une forme de sagesse supérieure. L'évocation du protestantisme de son enfance vient soutenir ce regard sur son éthique. Le platonisme de Santayana apportait à ces positions un fondement métaphysique élaboré, mais à ma connaissance Gould ne s'est jamais exprimé sur ce sujet. Peut-être associait-il la métaphysique au sentiment et préférait-il éviter d'avoir à s'engager sur un chemin où des convictions autres que morales ou esthétiques auraient pu être sollicitées. La lecture des œuvres de Thoreau, qu'il évoque dans sa correspondance, vient renforcer la signification pour lui de cet idéal d'une vie simple, accordée à la nature et la proximité spirituelle de Santayana et de Thoreau ne fait que l'accentuer. Ostwald lui suggéra de lire Emerson, il le fit certainement.

Ces deux figures constitutives d'une forme de vie, le rapport de symbiose à sa mère et un puritanisme qui pouvait exiger la chasteté, non seulement Gould ne les a jamais évoquées comme des situations problématiques pour lui, mais il n'a jamais envisagé de les considérer comme des obstacles sur le chemin de son art. La totalité de son expérience était assujettie à la transformation de la musique, et cela, sa biographie l'établit avec force. Quand l'hypocondrie de Gould commença à nuire à sa carrière de soliste, le moindre malaise conduisant à une annulation, ses amis comme P. F. Ostwald ou Joseph Stephens lui recommandèrent en douceur d'envisager une analyse. Gould s'en moqua toujours. La somme des malaises physiques dont il se plaignait dérivait peut-être des défauts de posture qu'il avait hérités de ses premiers maîtres, je l'ai mentionné déjà. Pour lui, ces troubles étaient identifiables, localisables, et ne requéraient aucune explication psychosomatique. Très rapidement, je l'ai dit, Gould entreprit, tout en consultant des dizaines de spécialistes, de se guérir lui-même ; il abusait des ordonnances, les tempérait les unes par les autres et jouait les médecins les uns contre les autres, dans une forme d'autosuggestion tragique qui fut un facteur non négligeable dans les causes de sa mort.

Comment expliquer, l'époque s'y engageant de la manière la plus spontanée, que Gould ait résisté à toute forme d'approche analytique? Non seulement il n'y croyait pas, ce qui n'est cependant aux yeux du psychanalyste que la forme la plus simple de la résistance, mais on peut penser qu'aucun des faits observés par tous ceux qui vinrent à son contact ne constituait pour lui un problème. Il n'en souffrait pas. De toute façon, quand cela aurait été possible, il était sans doute trop tard, il avait depuis longtemps développé toute une pharmacopée qu'il croyait maîtriser. Ce refus ou cette indifférence à la cure analytique ne signifient pas que Gould était privé de toute forme de connaissance de lui-même comme artiste engagé sur un chemin de solitude qui l'isolait du contact ordinaire avec le monde et le privait de toute sexualité. Sa cordialité et sa recherche de l'écoute, surtout la nuit avec ses interlocuteurs téléphoniques, montrent que sa vie intérieure et sa méditation constante étaient habitées par les formes de la musique qu'il suivait dans leur pureté, et à personne, il faut y insister, il ne s'est plaint d'être seul. Son langage, comme tout son amour, était envahi par la musique. Il avait toujours quelque chose à dire aux autres, à leur donner, à leur faire découvrir dans et par la musique, toutes les musiques. La considération de ces figures de solitude, autant le rapport à la mère que la non-sexualité, ne sont donc que l'expression de sa détermination à assumer comme destin d'artiste des contraintes dont il voulut faire des choix moraux. L'épisode d'anxiété qu'il a consigné dans un journal conservé secret, et dont rien n'a filtré dans sa correspondance ou dans les témoignages recueillis sur lui, montre aussi la maîtrise qu'il exerçait sur sa vie intérieure. Quand Bruno Monsaingeon l'édita en 2002, il remarqua que la vie torturée racontée dans ce journal était demeurée imperceptible de tous ceux qui le fréquentaient.

Plusieurs éléments repris de sa vie d'après l'abandon du concert nous confirment dans cette direction. Le choix de la sphère morale et l'idéalisation de la vie puritaine – dont Gould connut certainement les derniers représentants américains et même en Ontario, ne serait-ce que par la radio et les journaux – devinrent pour lui le paradigme de sa recherche musicale, le cadre éthique de toute sa vie et la condition même de l'art. Cela, nous pouvons le retracer dans son propre témoignage : c'est d'abord dans le langage même de l'éthique qu'il proposa de comprendre son interprétation de 1955 des *Variations Goldberg*, en parlant de rectitude morale, de hauteur et de sens liturgique. Cette position se rapproche de celle de Wittgenstein et elle impose un rapport très étroit de l'esthétique de la sublimité et de l'éthique de la solitude qui est précisément celui que je souhaite dégager dans son art d'interprète. C'est aussi dans ce langage qu'il produisit et présenta sa célèbre *Trilogie de la solitude* pour la radio de Radio-Canada, certainement la série d'émissions musicales la plus extraordinaire de la radio publique canadienne. J'ai dit plus haut leur importance sur tous les plans, musical, formel et moral. Il suffira de rappeler comment ces trois émissions associent la pureté de l'écoute et du chant à l'existence de communautés puritaines, saintes, très ritualisées ou de groupes protégés par leur insularité de la corruption de la modernité et comment Gould y transposa, à l'intention de la grande communauté du Canada et des États-Unis ce qui était devenu la formulation de son expérience solitaire du lac Simcoe. Dans cet idéal nordique, partagé par trois communautés marginales et représentant un idéal de vie purifiée et protégée, il retrouvait en effet une figure angélique, privée d'obligations et de sentiments, mais entièrement vouée au salut de la communauté par la musique. Lui-même se concevait comme profondément nordique, et cela va de son amour des forêts évoquées par Sibelius aux tonalités de la campagne entourant la Baie Géorgienne. Avec le temps, avec la vie du studio et de la radio, c'était comme cela qu'il avait lui-même choisi de concevoir la fonction de son art et le destin de sa vie: un don absolu de la musique comme forme élevée de la vie pour le salut de la communauté et le monde. L'idéal puritain de Santayana trouvait là, à travers une consécration de tous les instants à la communication technique autant qu'à la recherche de la forme idéalisée de l'œuvre, sa réalisation la plus exemplaire.

Seule l'adoption d'un langage éthique, convoquant des notions comme celle de forme de vie, d'exigence, d'authenticité, et ultimement de don inconditionnel et d'amour, me

semble susceptible de nous aider à réconcilier chez Glenn
Gould l'art et la vie, à surmonter l'aporie ou les paradoxes
de ce que serait l'écart du retrait et de la communication, du
sublime et du trivial, de l'ascèse et de l'excentricité. Trop de
discussions sur l'excentricité la rapportent à la névrose, ce
n'est pas nécessaire ; trop de descriptions de ses manies et de
ses symptômes sont oublieuses du fait central qui détermina
son existence et son art, et que nous percevons pourtant
de manière immédiate dans son jeu et dans chacune de ses
photographies : l'absorption dans la musique et le désir, la
volonté de redonner le plus possible ce qui avait été atteint.

Je reviens une dernière fois à cette phrase sur l'émerveillement et la sérénité : n'est-elle pas présentée comme
un idéal « d'édification » ? Je m'en voudrais de suivre de trop
près un philosophe comme Richard Rorty sur la portée de
l'édification dans la construction de soi-même, le modèle
édifiant n'étant pas toujours à l'extérieur et l'édification ne
résultant pas toujours non plus de l'entretien infini de l'amitié humaine. Si édifier c'est d'abord élever et construire, l'art
appartient cependant à cette édification qui transporte. Telle
est la définition que pouvait donner Gould de son éthique.
Parce que le destin de l'artiste est de s'isoler pour créer,
l'interprète n'assume la solitude de sa création que pour la
dépasser vers une communauté qui reçoit son art et qui, par
ce don, se trouve à son tour « édifiée ».

Peter Ostwald écrit que Gould était soucieux que
son public soit conscient de son génie autant que de sa

vulnérabilité. Quand je relis cette phrase, je pense au renard de Joseph Beuys, je pense à l'amour de Gould pour les animaux, je pense à tout ce qui en lui appelait la protection, à tout ce qui suppliait sans voix pour l'affection. Gould n'a pas cherché à occulter les difficultés héritées de son enfance, il n'a camouflé rien de ce qui pouvait aux yeux de la société ordinaire passer pour une pathologie ou représenter une forme de folie, pas plus qu'il n'a soigné son apparence ; il a au contraire travaillé à les intégrer dans un projet moral continu, infini, et à ce projet moral il a donné le nom d'émerveillement, de sérénité, d'extase. Il en a fait la forme même du don de son art. Il a fait confiance à la synthèse qu'allaient représenter, à travers son art, tous ces éléments qui convergeaient dans sa forme de vie. Ceux qui n'aiment pas l'art de Gould, ou pas assez, lui reprochent de s'être placé en travers de son art, de s'être maintenu trop visible en favorisant l'extravagance ; je voudrais avoir montré qu'au contraire, pour ceux qui continuent de l'aimer, cette visibilité, cette transparence de sa vie illumine son art comme destin spirituel pleinement assumé et comme idéal moral proposé dans et par la musique. Le langage moral et spirituel qui nous donne accès à son expérience est le seul qui puisse nous permettre de décrire son art, et c'est de cette manière que l'éthique illumine l'esthétique.

# VII

*Gigue*

# Sur la route,
# au bord du lac, dans la forêt

*Partita n° 6, en mi mineur*

D ANS UN ESSAI AUTOBIOGRAPHIQUE rédigé à la fin de
sa vie, Gould raconte un rêve. Il évoque les arbres qui
hantent ses premiers souvenirs d'enfance. Immenses, généreux, innombrables. Des arbres habitent ce rêve, rien que des
arbres et le rêve n'est lui-même que le reflet insistant de l'enfance et de toutes les musiques qui l'habitèrent dès le début.
Couronnant la nature grandiose des lacs de l'Ontario, les
forêts centenaires d'érables rougissant à l'automne n'ont cessé
d'abriter cette enfance et de la protéger. Ce souvenir n'est pas
un souvenir parmi d'autres, il recueille toutes les images de la
nature où l'artiste a ensuite cherché refuge, où il a voulu trouver la paix. On la voit dans le film de François Girard, on la
retrouve dans le dernier hommage que lui rend Bruno
Monsaingeon, alors qu'il parcourt à nouveau, sur les traces de
Gould, les routes enchantées de la campagne au nord de
Toronto. Les parents de Gould possédaient une maison d'été
sur les rives du lac Simcoe, dans sa partie nord-est, près du

petit village d'Uptergrove. Ce lac, comme tous les lacs de la forêt boréale canadienne, offre à ceux qui l'approchent un espace enclos, un lieu de paix, une occasion de méditer. Je voudrais confier à une courte gigue le soin de parcourir un sentier qui nous y ramène, d'imaginer une journée d'été, de suivre une route. La pensée de Thoreau habite le paysage, elle invite à cette brève randonnée. Mais il faut aussi laisser pénétrer d'autres voix.

Glenn était un enfant joyeux et il a souvent raconté comment il aimait se promener en bateau sur le lac, seul ou avec son chien. Son père aimait rappeler qu'il n'était jamais aussi heureux que dans l'eau et qu'il nageait comme un poisson. À travers les fenêtres à carreaux de ce petit cottage en bois filtre la lumière de la fin de la journée, le lac s'est calmé. C'est la paix de cinq heures. Sa mère l'a appelé du quai, elle prépare des hamburgers. Autour du lac, toutes les familles se rassemblent. Sur le piano, le jeune Glenn a posé un cahier, les *Inventions* peut-être, ou alors il a ouvert la radio. Il s'est épuisé à nager, mais sa fatigue est légère.

Cet amour immédiat et constant de la nature, telle qu'elle s'offre dans cette campagne tranquille, c'est le rêve de tous les Canadiens industrieux, comme si elle leur était offerte en récompense de leur effort, comme si elle était la vérité de l'existence au Canada. Dans sa petite chronique d'Orillia et d'Uptergrove, Stephen Leacock a décrit ces rencontres improbables entre une population rurale innocente et les citadins qui l'observent. Une galerie de personnages pittoresques s'agitent, mais doucement, sans histoires. On entend leurs voix, on les voit cirant leurs voitures le samedi, se rendre à l'église le lendemain. Je ne sais comment l'expliquer, j'ai souvent pensé en imaginant ces étés du lac Simcoe aux souvenirs de Gabrielle Roy, peut-être parce qu'elle évoque le Manitoba, peut-être surtout à cause de ce refuge qu'elle avait élu à Petite-Rivière-Saint-François, où elle avait quelques amis et où elle trouvait la paix de l'écriture. Une conversation sur la véranda, une promenade à la lisière d'un champ en friche. La succession des saisons, si marquée dans le paysage, l'irruption du froid faisant suite aux couleurs de l'automne, le silence des espaces neigeux, tout cela fait partie du climat qui a marqué la pensée de Gould et l'éclosion de son art. Rien n'est plus loin de lui que ces plages des Bahamas où sa mère se réjouissait de le voir partir lors d'un voyage qu'il y fit avec Jock Carroll. Quand nous regardons les portraits que Carroll en a rapportés, on voit une crispation légère et déjà un retrait. Au clavier, Gould est emporté, ailleurs il semble gauche, replié. La vigueur ne pouvait venir que d'ailleurs, de cette retraite au cottage, endroit béni d'une enfance dans la musique, alors que sa mère le fait progresser dans la lecture des œuvres et annote avec lui les partitions.

C'est tout naturellement que Gould, au sortir de l'adolescence, alors qu'il venait de donner congé à son professeur Alberto Guerrero et avait décidé de continuer désormais seul, prit l'habitude de résider dans le chalet du lac Simcoe. Il y trouvait la solitude et la retraite nécessaires à son travail, il pouvait y renouer avec son enfance et son piano, et ses voisins se souviennent qu'il jouait souvent tard dans la nuit. Prendre la route pour s'y rendre était chaque fois une joie. Avec le temps, la maison de son enfance s'était transformée en une sorte de sanctuaire et le témoignage des gens du lieu, recueilli par ses biographes, est unanime : Gould aimait parler avec eux, il appréciait la compagnie des enfants et fréquentait les restaurants les plus ordinaires où, sans se lier, il se montrait cordial. S'il devait quitter la ville, mais il le fit de moins en moins avec les années, c'était pour retrouver les lieux de son adolescence : l'Île Manitoulin dans la Baie Géorgienne, où il rêvait d'établir une sorte de refuge pour les animaux abandonnés, et tant d'autres petites localités dispersées au nord de Toronto. Sur les routes qui sillonnaient ces contrées encore peu habitées, Gould aimait conduire, surtout de grosses voitures américaines. J'aime particulièrement, parmi les films brefs de François Girard, celui où il nous montre Gould en client habitué d'un relais routier, où il écoute les conversations ordinaires des gens du lieu et tend l'oreille pour mieux entendre une chanson de Petula Clark. Gould n'est déjà plus un adolescent, c'est un adulte qui revient sur la scène de sa jeunesse. En écoutant les chansons de Petula, il arrive qu'il y reconnaisse quelque chose, mais le temps a passé.

Quelles chansons ? Probablement « *Downtown* », dont il parle avec tant d'affection dans son essai de 1967, « À la recherche de Petula Clark ». Évoquant la route 17 qui remonte la rive nord-est du lac Supérieur, il imagine l'ensemble de cet espace immense qui va des banlieues de Montréal aux prairies du Manitoba : le Bouclier canadien, tout ce pays peint par les artistes du Groupe des Sept. Alexander Jackson, *Première Neige sur Algoma*, un tableau peint en 1919. Les villages de pêcheurs, les camps de drave, des noms : Michipicocen, Batchawana, les Indiens refoulés par la colonisation. Ce monde simple avait la vertu de le calmer, peut-être d'abord parce qu'il était celui de son enfance, et je ne peux résister à l'idée qu'il fut aussi celui de tant de ceux qui aimèrent Gould, à Toronto comme à Montréal. Ce monde laurentien était celui où n'était pas encore apparu le monstre du luxe, où tout respirait les galeries de planches, les moustiquaires de juillet, les plongeons de sept heures. Mais ce monde gardait aussi les traces d'un autre monde refoulé, et de même qu'en préparant *L'idée du Nord* il avait pris toute la mesure des effets du quadrillage territorial introduit par le chemin de fer, Gould ne pouvait s'empêcher de lire ici d'autres traces, d'autres solitudes. Comment ne pas entendre dans sa description caustique de la petite localité de Marathon, où s'accumulaient la pulpe et les petites ruines de l'industrie, le rêve de Thoreau d'une nature intacte ? Contempler le lac Cognashene, imaginer le pays avant son entrée dans la modernité.

C'est dans un des relais routiers qui longent la route 17 que Gould entendit les chansons de Petula Clark, d'abord « *Who am I ?* », ensuite « *Sign of the Times* », « *My Love* » et finalement « *Downtown* ». Il prit une chambre dans un motel de Marathon et entreprit de les écouter toutes. Je m'attache à ce souvenir de Gould, parce que cette chanson était dans le juke-box de la Terrasse Foisy où ma famille passait l'été sur le bord de la Rivière-des-Prairies. Cette chanson tournait sans arrêt, le matin comme le soir et on l'entendait de partout. Gould avait rencontré un touriste néerlandais qui lui avait confié que «My Love» lui rappelait le chant de la congrégation réunie à l'église. Mais qu'est-ce que Gould en pensait lui-même? De quel amour pouvait-il rêver?

> Once I thought that love was meant
> for anyone else but me
> Once I thought you'd never come my way
> Now it only goes to show
> how wrong we all can be
> For now I have to tell you every day

Ce n'est pas seulement ou même d'abord la culture populaire que ces chansons ravivaient chez lui, et encore moins le souvenir évangélique de l'amour dans la communauté, c'était leur message, et ce message était le suivant: la «nécessité du détachement» et la «circonspection sexuelle», ce sont ses mots. Mais de quel détachement Petula Clark pouvait-elle vouloir faire l'apologie, elle qui était une idole de la banlieue moderne, de la nouvelle culture de masse des années glorieuses qui permettaient justement à cette classe moyenne de réaliser son rêve d'un chalet «up North»? Pourquoi ce rêve d'un amour toujours à venir serait-il une erreur? «Downtown», écrit Gould, est une rêverie diurne d'adolescent, c'est une chanson qui intoxique, précisément parce qu'elle fait rêver à la disponibilité de l'amour au cœur de la ville. À son habitude, il exagère dans l'explication compliquée, dans l'exégèse savante, il propose une structure en abyme des quatre chansons, mais en fait, il résiste tellement à ce qu'il a perçu qu'il se démène comme un diable pour, encore une fois, le contrôler. Mais cela ne lui suffit pas, le puritain en lui s'irrite :

> Avec son mouvement implacable en direction des expériences de l'âge adulte, ou vers un facsimile acceptable de ces expériences, ce quatuor de chansons présente quelque chose d'inévitable. À son public d'adolescents, eux dont l'éveil socio-sexuel coïncidait avec la sortie de ses chansons, Petula fournissait dans son propre style de nymphette l'assurance réconfortante qu'ils survivraient à leur adolescence.

Survivre à l'adolescence, Gould n'était peut-être pas certain d'y être parvenu lui-même. Mais « nymphette » ? Gould emploie l'expression « *well turned-out Gidgetry* », un terme qui résulte d'une contraction de *girl* et de *midget*, et qui provient d'un roman de Frederick Kohner très populaire dans les années 1960. Qui ne se souvient de Sally Field dans Gidget, le *sitcom* télévisé de 1965 qui était alors visible partout ? Le paysage de la route 17 n'était pas seulement habité par les mineurs et les routiers, il exhalait un parfum que Gould, alors âgé de trente-trois ans, ne pouvait encore parvenir à respirer. Dans cette musique, il croit percevoir une tension entre une forme de rébellion et la pression au conformisme de la classe moyenne. Son analyse tourne court, le sujet est devenu trop chargé, il le déplace vers l'analyse de la musique populaire tonale et redevient savant. Malgré ce détournement, ce texte nous dit quelque chose d'essentiel : même dans cette campagne idyllique où il cherchait la paix, Gould ne la trouvait pas si facilement. Il suffisait que Petula Clark, écoutée pourtant à travers le filtre de la musique de Schoenberg et de Webern, se mette à chanter, et quelque chose se détraquait. « *Who am I ?* », demandait avec insistance Petula, et Gould ne savait quoi répondre. Qui était-il, en effet, lui qui revenait sur la scène de sa jeunesse et se laissait emporter par le souvenir d'un rêve ? Il le savait pourtant. La chanson lui suggérait une réponse : « *I close my eyes, and I can fly, and I escape from all this wordly strife...* »

La réponse ultime appartenait à l'immensité de cet espace envahi par la musique où il aimait venir se fondre et où il ne désirait rien moins peut-être que de retrouver Gidget. Mais Gidget était aussi inaccessible que la bien-aimée, absente et lointaine, dont il parla dans sa lettre rêvée en 1980. Sur ces mêmes tables pour quatre en formica vert qu'on trouvait partout, cerclées d'aluminium et avec banquette en cuirette assortie, il y avait ces petits juke-box individuels où on pouvait appeler pour trois sous l'air du temps, les derniers succès du *hit parade*. Dans sa Chevrolet Monte Carlo, Gould les écoutait aussi à tue-tête. S'il devenait urgent de s'en protéger, on pouvait reprendre la route, fermer la radio et se rendre à cet endroit de la route 17 où elle rejoint un sommet, quelque part au nord du lac Supérieur. De là, note Gould, toutes les eaux dévalent vers la Baie d'Hudson et l'océan Arctique, comme si on pouvait y dominer tout l'espace nordique, toute la forêt boréale. Sur ce promontoire, on pouvait méditer, rêver, penser l'idée du Nord, imaginer la limite. Greffer sur l'horizon infini la demande d'un dépouillement. C'est là que la réception de la radio est la meilleure :

> Tous les accents du continent sont distribués sur la bande sonore, et lorsqu'on fait tourner la roulette pour syntoniser toute la diversité de cette rencontre, les impressions auditives de la journée, dans leur insularité hypnotisante, refluent, pour ressurgir ensuite au sein d'une perspective en équilibre et qui résiste.

On aurait aimé que Gould y prenne une photo, mais François Girard s'en est chargé, lui qui a si bien montré cette rencontre avec les routiers, les gens simples de la route 17.

On ne peut que relier à cet amour de la campagne et à tout ce qu'elle offrait d'apaisant, même quand elle provoquait aussi des frayeurs simples par quelques chansons pourtant bien inoffensives, une sorte de sentiment mystique pour la musique qui exigeait d'abord le silence. Petula n'était pas partout, on pouvait lui échapper, on pouvait fuir le bruit, tenter de retrouver une musique moins envoûtante et Gould n'a pas cessé de le réclamer. Si l'expérience de la musique doit conduire à une contemplation du genre de celle que la fusion avec la nature peut seule produire, elle doit alors se détacher de tout ce qui, au concert et ailleurs, la rend impossible. Même Petula Clark invitait selon lui au détachement et Gould pensait que son exhortation à la circonspection sexuelle était une leçon qui s'adressait sans doute à une génération désireuse de se libérer trop vite des contraintes du puritanisme. Mais était-ce bien le cas? Quand on écoute «*Downtown*» et sa ritournelle, il me semble que c'est autre chose qu'on entend: «Si tu te sens seul, tu peux toujours descendre en ville», ce n'est pas une invitation à se retirer. Gould l'entendait autrement, il l'entendait comme un refus ironique du rêve sexuel de la ville, de la rencontre impromptue, de la fin des soucis. Rien de cela n'allait se produire, il fallait apprendre à y renoncer. C'est le vrai détachement qu'il fallait poursuivre, celui qui faisait laisser la ville derrière soi, et ce chemin, c'était pour lui la route 17 et le silence de la forêt.

Cette campagne était bien tranquille, même si plusieurs voix pouvaient s'y affronter. Mais pour Gould, il n'y avait pas de véritable concurrence. Dès sa jeunesse, les antiennes de Gibbons et la musique pour clavier de Bach s'étaient imposées à lui comme les «sujets» de ces paysages solitaires et silencieux, elles leur appartenaient. Les chansons de Petula n'étaient certes pas encore là dans les années 1940, mais Gould en entendit certainement bien d'autres, il leur fit une place sur ce registre où il allait ensuite accueillir aussi les autres, toutes les autres, jusqu'à les reprendre comme celles

de Janis Joplin, désespérée, dans son travail radiophonique :
« *Oh Lord, won't you buy me...* » Comment la musique des
compositeurs spirituels de l'époque Tudor, pour ne parler
que d'eux, pouvait accueillir ce qui en semble la contradiction
bruyante, il est pourtant facile de le concevoir : le pays silencieux du lac Simcoe ressemble à beaucoup d'égards à ce
que Gould évoquera dans sa *Trilogie de la solitude*, et toute
musique trouve son prix dans la possibilité d'accéder au
monde de manière contemplative. Gould avait dû, alors qu'il
pénétrait dans l'univers immense de la musique savante,
accepter l'isolement que cet engagement exigeait de lui, et il
entendait dans ces autres musiques cela à quoi il renonçait
sans même poser la question. Pouvait-il même être question d'aller « *downtown* » ? Son essai sur Petula Clark est la
réponse à cette question : il fallait l'éviter à tout prix.

On a peine à croire que les émissions de radio contrapuntique que Gould prépara avec tant de soin furent diffusées
sur la même chaîne que Petula Clark, mais Gould le remarque en riant : grâce à Radio-Canada, grâce à son « ministère », les routiers peuvent écouter Pierre Boulez. Ce souci
de l'égalité, cette passion démocratique qui allait s'emparer
du Gould communicateur n'était peut-être pas perceptible
pour tous, il faisait peut-être lui aussi l'effet d'un Boulez
égaré sur la radio d'un camion de campagne. J'essaie d'imaginer l'impression que laissèrent aux habitants des contrées
qu'il avait visitées pour les préparer les trois émissions de sa
trilogie : comment cette réflexion complexe, fondée sur une

recherche spirituelle raffinée, pouvait-elle faire concurrence aux chansons de Petula? Car, il faut le noter, elles furent diffusées les mêmes années.

Parler ici de spiritualité, c'est d'abord rappeler tous ces passages dans les écrits de Gould où il fait l'éloge d'une intériorité qui s'élève vers un monde de sublimité. Dans le roman de Natsume Sōseki, *L'oreiller d'herbes*, Gould retrouvait cette invitation à penser l'art comme une sorte d'itinéraire spirituel vers le monde, un voyage qui n'atteint son terme que par le moyen d'un détachement absolu. De la même manière que le peintre de ce roman part à la recherche de lui-même dans un monastère isolé, Gould n'a cessé de chercher, dans la campagne de la Baie Géorgienne comme dans la solitude du Nord qu'il imaginait, un espace dont il attendait ce détachement. S'il mentionna la peinture de Jackson, c'est moins sans doute parce qu'elle représentait la campagne de la Baie Géorgienne qu'il aimait tant que parce qu'elle venait soutenir son rêve d'une nature idéalisée. Il devait lutter, comme sa rencontre avec Petula le montre. Il ne cessa de le faire. Comme tous les artistes, il privilégiait une forme de contemplation qui était pour lui la condition de cette extase spirituelle: s'extraire des contraintes de l'action et de la routine, se délivrer du désir n'était pas pour lui une fuite, mais un engagement sur un autre chemin. Qu'est-ce en effet que contempler, sinon donner au regard sur le monde une intensité et une concentration qui nous identifient entièrement à ce regard, qui nous détachent de tout le reste? Qu'il y soit parvenu aussi sur la table en formica du relais de Marathon sur la route 17, je ne veux pas en douter. On pouvait s'y recueillir en écoutant les musiques choisies par les autres, on pouvait aussi y passer toute une soirée sans un bruit.

Dans un article de 1962, Gould avait affirmé que les applaudissements ruinaient l'expérience musicale et, à l'occasion d'un concert-conférence au Festival de Stratford, il avait demandé après une écoute de l'*Art de la fugue*, que les lumières demeurent tamisées et que personne n'applaudisse. C'est dans ce texte qu'il formule sa conception de la finalité de l'art comme recherche infinie d'un état de sérénité et d'émerveillement, comme une édification, comme la libération de cette part de divinité en chacun. Ces demandes ascétiques n'eurent jamais beaucoup de suites, et après avoir quitté le concert en 1964, il n'eut plus à les réitérer. Il pouvait trouver le silence dans son studio, il pouvait le retrouver au lac Simcoe. Ces demandes nous instruisent cependant de cette communauté de l'art et de la vie dans la nature, qui est la libération de l'esprit dans le silence. L'exemple de l'*Art de la fugue* est sans doute plus probant que tout autre, dans la mesure où Bach y inscrit une forme de testament poétique et religieux que Gould aimait commenter et dans lequel il avait reconnu, le jouant notamment à l'orgue, les liens qui unissaient l'œuvre à l'église de son enfance. Je ne sais pas s'il joua de l'orgue ou de l'harmonium dans l'église de campagne de son village, peut-être. On peut imaginer Petula dans cette église, on peut même l'imaginer priant ; le visiteur néerlandais avait peut-être raison. C'est ce que Gould rend possible en parlant d'elle avec tant d'affection, bien que de manière si défensive. Chacun attend cet amour qui lui rendra sa définition de lui-même et qui lui permettra de répondre à la question « *Who am I ?* ». Devant son cahier des *Inventions*, Gould put très jeune répondre à cette question. Sur la galerie, son père range ses agrès de pêche, Glenn n'a cessé de lui dire qu'il ne fallait pas martyriser les poissons. Le soir tombe, on entend les premiers grillons.

Je me suis souvent demandé comment expliquer que Gould ait si peu commenté les œuvres religieuses de Bach, les *Passions*, les cantates, la *Messe en si mineur*. Une des raisons est sans doute qu'il ne goûtait pas particulièrement la musique vocale, mais cela contredit sa prédilection pour Gibbons. Peut-être le passage du contrepoint pur, sévère, à l'expression du drame ou de la prière était-il pour lui, déjà, un obstacle à une contemplation transparente ? Là aussi, Petula peut nous aider à comprendre : les voix font écran, elles peuvent intoxiquer, surtout s'il faut prier. S'il faut vraiment parler de théologie, ce ne saurait être, le concernant, qu'une sorte de mystique de la nature qui s'accorde avec l'horizon de grâce du contrepoint, et non pas ce qui dans la musique chrétienne se fonde sur un symbolisme. La seule exception notable me semble être son travail sur les Mennonites dans la *Trilogie de la solitude* : comment ne pas reconnaître en écoutant la reprise de l'hymne ce même souvenir d'enfance qui hante son *Art de la fugue*, ce souvenir des vitraux de l'église dominicale? Ici, et peut-être seulement ici, le christianisme a laissé chez lui une trace.

Dans une lettre datée du 19 avril 1962, à Miss Harriet Ingham qui avait été sa professeure d'anglais, il montre cependant que cette perspective ne représente pas l'essentiel de ses convictions. À sa correspondante qui semble lui avoir reproché de ne pas avoir, dans une émission consacrée à la musique de Bach, fait assez de place à la musique religieuse – et pourtant, il y avait présenté une cantate religieuse, la *Cantate 54, Wiederstehe doch der Sünde* –, il répond en évoquant le lien fondamental entre cette musique et l'expérience de la foi du compositeur dans un siècle d'incroyance. Bach, écrit-il, se dressait contre la «brillante théâtralité» de la musique de ses fils et il était profondément pénétré des valeurs spirituelles de la Réforme, «dans un monde de plus en plus hostile au sacré». Dans une parenthèse qui ne laisse d'intriguer, il explique que s'il n'en pas parlé davantage, c'est parce que l'émission allait aussi être diffusée en langue française au Québec. Cette remarque fait sourire, tant elle semble présumer de l'hostilité des catholiques à l'égard de la spiritualité protestante. Mais je ne veux pas y accorder trop d'importance, sauf pour faire voir que Gould assumait son protestantisme, qu'il en revendiquait les valeurs jusqu'à épouser la résistance de Bach à la théâtralité mondaine. Dans la banlieue de Toronto, plus de musique religieuse réformée eut été acceptable, à Montréal non.

Quand Gould évoque le processus par lequel chaque être humain est appelé à libérer en lui-même la part de divinité, il ne fait que reprendre l'héritage spirituel qui imprégnait la tradition transcendantaliste américaine : se purifier, sortir de soi-même, accéder à une pure transcendance dont la nature est à la fois l'image et le signe indéfectible. Mais cette tradition, qui est celle d'Emerson et de Thoreau, est indissociable d'une mystique de la nature et on peut penser que Gould s'en sentait aussi très proche. Son écoute de la chanson de Petula invite à ce détachement, elle expose avec tendresse la difficulté de rompre avec le conformisme des banlieues qui étaient alors en plein essor, toutes ces « *suburbia* » qui croyaient trouver leur salut sur les routes de la Baie Géorgienne. La purification exigeait autre chose, une ouverture sur un espace plus vaste et cela, Gould le savait depuis son enfance, seul l'art pouvait le donner.

Bien des paysages viennent se fondre dans le paysage boréal du lac Simcoe, tous ceux de la peinture du Groupe des Sept, tous ceux du Canada rêvé et imaginé, mais aussi tous ceux de la forêt scandinave avec son réservoir de mythologies, tous ceux qui sans doute résonnaient pour lui dans le nom de sa mère : Greig. Florence Gould était en effet née Greig, et elle était apparentée, de très loin puisque son arrière grand-père était le cousin du compositeur, au grand musicien norvégien Edward Grieg. Gould intégra très tôt la musique de Grieg dans ses récitals, et il en enregistra aussi beaucoup, en hommage à cette filiation mystérieuse qui avait traversé les continents jusqu'à lui. Gould ne pouvait cacher sa vénération pour des artistes qui, comme Grieg et Sibelius, avaient réussi à intégrer l'espace du Nord dans leur musique. Quand nous relisons ses lettres, nous rencontrons à quelques reprises une figure énigmatique : Fartein Valen, que Gould appelle affectueusement « l'ermite de Norvège ». Sa musique est peu connue, elle comprend cependant deux très belles sonates pour piano et, dès 1971, Gould entreprit de les mettre au programme de ses enregistrements pour la radio. C'est ainsi que le 18 juillet 1972 il joua sa *Sonate pour piano n° 2, opus 32*, en même temps que la *Sonate en si mineur, opus 7* de Grieg pour l'émission *Tuesday Night* de la CBC. En les jouant, Gould pense sans doute à la retraite de cet ermite sur le bord d'un fjord à Sunnhordland, où il vécut de 1936 à sa mort en 1952 dans une solitude protégée par la présence de sa sœur. Sa biographie nous apprend qu'il était fils de missionnaires, qu'il passa une partie de son enfance à Madagascar, qu'il demeura célibataire, qu'il parlait neuf langues, qu'il composa des milliers d'exercices pour le piano et un concerto magnifique pour violon, et qu'il cultivait les roses. Dans la galerie de personnages que Gould pouvait rencontrer dans ses promenades au lac Simcoe, s'en trouve-t-il un seul qui pouvait lui ressembler davantage ?

Le mystère des fjords, leur profondeur, leur silence mystique, tout cela que la *Cinquième Symphonie* de Sibelius, dans la succession de ses métamorphoses, représentait pour lui, Gould n'a cessé d'y recourir comme métaphore ultime du

Nord. Mais ce Nord n'est plus alors celui de la *Trilogie de la solitude*, c'est celui à la fois plus proche et plus spirituel de la Baie Géorgienne, de la route 17, de la scène de l'enfance. Un horizon accessible, moins rugueux et moins sauvage, d'où s'élève avec force, comme ces grandes vagues symphoniques qui font la beauté de la musique de Sibelius, un appel incessant vers l'infini, mais d'où peuvent surgir aussi à tout moment ces autres voix qu'il aimait et dont il avait appris à se détacher.

# Note bibliographique

J' ai rassemblé dans cette note toutes les indications relatives aux sources que j'ai utilisées directement ou citées. Beaucoup d'études méritent qu'on les lise, je l'ai fait sans réserve au cours des ans. On ne doit pas inférer du fait que je ne les mentionne pas ici qu'elles ne présentent pas d'intérêt; je me suis limité à l'essentiel. Dans leur article de la *Canadian Encyclopedia*, Kevin Bazzana, Geoffrey Payzant et John Beckwith ont fourni toutes les références utiles aux enregistrements, aux écrits et aux films, ainsi qu'une importante bibliographie de recherche. On pourra s'y référer, c'est un point de départ indispensable. Mon essai doit beaucoup aux recherches de ces savants attentifs et je les remercie chaleureusement.

Parmi les sources essentielles, il faut compter d'abord les entretiens publiés de Glenn Gould: par exemple, les entretiens avec Jonathan Cott (1977, tr. fr. 1983) et ceux recueillis par Bruno Monsaingeon (1986) et par John P. L. Roberts (1999) et les écrits divers, recueillis par Bruno Monsaingeon en deux volumes (1983 et 1985), Tim Page (1984) et John P. L. Roberts (1999). Ces textes sont les sources directes les plus accessibles pour la connaissance de la vie et de la pensée de Glenn Gould. Il faut aussi compter la correspondance dont nous ne connaissons encore qu'une partie, éditée par Ghyslaine Guertin et John P. L. Roberts (1992) et par Bruno Monsaingeon (2002). Le journal de la crise que traversa Gould en 1977-1978 est également une source intéressante (Monsaingeon, 2002). Un recueil d'entretiens avec des personnes qui ont connu Gould a été préparé par Rhona Bergman (1999).

La discographie de Gould a été compilée par Nancy Canning (1992). Bibliothèque et Archives Canada sont dépositaires des archives de Glenn Gould. On peut y accéder par le site internet suivant : <www.collectionscanada.ca/glenn-gould/index>. Un inventaire des documents répertoriés a été préparé par Ruth Pincoe et Stephen C. Willis et publié en 1992. On trouvera également plusieurs renseignements sur le site de la Fondation Glenn Gould, <www.glenngould.com>, ainsi que dans le magazine qu'elle a édité depuis 1995.

Les biographies disponibles à ce jour sont différentes et complémentaires. Elles puisent à des sources très diversifiées. Je m'appuie ici d'abord sur le travail de Kevin Bazzana (2003), qui a exploité toute la documentation disponible et qui propose une lecture esthétique et morale très nuancée.

Cet ouvrage est indispensable pour toute étude de Gould. Même si ses notes bibliographiques ne permettent pas toujours de retracer les documents sur lesquels il s'appuie, j'ai choisi de lui faire confiance. J'estime aussi beaucoup le travail de Peter F. Ostwald (1997). Décédé en 1996, Peter F. Ostwald a fréquenté Gould de manière presque ininterrompue après l'avoir rencontré après un concert en Californie en février 1957; cette longue fréquentation fait de son livre un témoignage d'une grande richesse. La biographie, dite officielle, d'Otto Friedrich (1989) fut commandée par la Fondation Glenn Gould; elle est précieuse pour l'information factuelle; elle contient notamment une chronologie détaillée des concerts et une discographie.

Les émissions radiophoniques et les films réalisés pour la télévision sont partiellement disponibles sur support DVD, et on doit regretter qu'il n'en existe aucun répertoire complet codifié. La *Trilogie de la Solitude*, une série de trois émissions radiophoniques réalisées en 1967, 1969 et 1977 par Glenn Gould et produites pour Radio-Canada par Janet Somerville sont disponibles sur disque compact: *Glenn Gould's Solitude Trilogy, Three Sound Documentaries* (CBC Records, PSCD 2003-3, coffret de trois disques, avec un livret contenant les textes introductifs de Glenn Gould). Un film a été tiré de la première émission par Judith Pearlman, une entreprise conjointe de CBC et de PBS, mais malgré qu'on le dise restauré, je n'ai pas réussi à le voir. Les films de Bruno Monsaingeon comptent parmi les réalisations les plus importantes, ils représentent des témoignages essentiels, surtout celui qu'il a consacré à l'enregistrement des *Variations Goldberg*, en raison de sa valeur quasi testamentaire. Parmi les autres films disponibles, un des plus intéressants est celui de Yosef Feyginberg, *The Russian Journey*, réalisé en 2003 à partir de documents relatifs à la tournée de Gould en Russie en 1957. On verra aussi l'émission de David Langer, *Glenn Gould: Life and Times*, réalisée pour la CBC en 1998. L'hommage réalisé par l'ONF sous la direction de Jocelyn Barnabé et présenté en 1994 sous le titre *Extasis* est également intéressant : il s'agit d'un montage d'extraits du livre de Michel Schneider. Le film de François Girard, *Trente-deux Films brefs sur Glenn Gould*, maintenant disponible sur support DVD, est un hommage vivant et inspiré. On peut entendre Gould réciter un extrait du roman de Natsume Sōseki en 1981, sur les ondes de la CBC ; cet extrait est accessible sur le site Ubuweb. Le site des archives de Radio-Canada présente quelques extraits d'entretiens et d'émissions de Gould <http://archives.cbc.ca/IDD-1-74-320/people/glenn_gould/>.

Le jeu de Gould dans son rapport à certaines œuvres qui furent pour lui à la fois les exemples de ce qu'il privilégiait dans le répertoire et l'occasion d'illustrer son approche a été peu analysé de manière formelle ; on doit noter cependant une exception importante, le livre essentiel de Kevin Bazzana (1997), qui contient une étude détaillée et des exemples recueillis sur un disque d'accompagnement.

## Note bibliographique

Les albums photographiques présentant des portraits de Glenn Gould sont nombreux; on consultera, entre autres, l'album de Tim Page (2002) qui reproduit un grand nombre de photographies de l'enfance de Gould et de la période du concert. Le recueil photographique de Jock Carroll (1995) contient un ensemble exceptionnel de portraits de jeunesse ainsi qu'un récit très vivant du voyage qu'ils firent ensemble aux Bahamas en 1956. Don Hunstein a rassemblé plusieurs de ses portraits de Glenn Gould dans une exposition, *The Hunstein Variations. A Photographic Record of Glenn Gould, 1957-1999.* On peut en voir quelques-uns sur son site personnel.

Depuis mon premier essai publié sur Gould, à l'occasion du colloque *Glenn Gould pluriel* organisé par Ghyslaine Guertin à l'Université du Québec à Montréal en octobre 1987, jusqu'à cette année, j'ai fait paraître quatre textes. Je les ai depuis entièrement réécrits, et ils forment le point de départ des chapitres II, III, V et VI du présent livre. Je remercie les éditeurs qui les avaient accueillis dans leur première version. J'ai très souvent modifié la traduction des textes que je cite, je n'ai pas jugé nécessaire d'en prévenir le lecteur à chaque fois. Le roman de George Santayana n'est pas encore traduit en langue française et l'extrait que j'en donne est traduit par moi. Les textes originaux en langue anglaise demeurent la seule source, malgré la richesse des traductions disponibles.

# Éléments bibliographiques

## 1. Écrits de Glenn Gould

GOULD, Glenn, *Entretiens avec Jonathan Cott*, traduit et présenté par Jacques Drillon, Paris, Jean-Claude Lattès, 1983 (Première publication en 1977 dans la revue *Rolling Stone* et réédité ensuite par Jonathan Cott, *Conversations with Glenn Gould*, Boston, Little & Brown, 1984).

GOULD, Glenn, *et al.*, *Glenn Gould: Variations*, edited by John McGreevy, Toronto, Doubleday, 1983.

GOULD, Glenn, *The Glenn Gould Reader*, edited with an Introduction by Tim Page, Toronto, Lester & Orpen Dennys, 1984.

GOULD, Glenn, *Écrits. Tome I. Le dernier puritain; Tome II. Contrepoint à la ligne*, réunis, présentés et traduits de l'anglais par Bruno Monsaingeon, Paris, Fayard, 1983-1985.

GOULD, Glenn, *Non, je ne suis pas du tout un excentrique. Un montage de Bruno Monsaingeon*, Paris, Fayard, 1986.

GOULD, Glenn, *Lettres*, Lettres réunies, présentées et annotées par Ghyslaine Guertin et John P. L. Roberts, avec la collaboration de Valerie Verity et Jean-Jacques Nattiez, traduction de l'anglais par Annick Duchâtel, Paris, Christian Bourgois éditeur, «Musique/Passé/Présent», 1992.

GOULD, Glenn, *La série Schönberg*, texte établi et présenté par Ghyslaine Guertin, tr. de l'anglais par Caroline Guindon, notes de Ghyslaine Guertin et Stéphane Roy, Paris, Christian Bourgois, « Musiques », 1998.

GOULD, Glenn, *Journal d'une crise*, suivi de *Correspondance de concert*, présenté par Bruno Monsaingeon. Paris, Fayard, 2002.

## 2. Biographies et études

BAZZANA, Kevin, *Glenn Gould: The Performer in the Work*, Oxford, Clarendon Press, 1997.

BAZZANA, Kevin, *Wondrous Strange. The Life and Art of Glenn Gould*, Toronto, McLelland and Stewart, 2003 (tr. fr. par Rachel Martinez, Montréal, Éditions du Boréal, 2004).

BAZZANA, Kevin, PAYZANT, Geoffrey et BECKWITH, John, « Gould, Glenn », *Encyclopedia of Music in Canada/ Encyclopédie de la musique au Canada*, publié par la *Canadian Encyclopedia/ Encyclopédie canadienne*, 2ᵉ édition, 2002; nouvelle édition revue et disponible en ligne, 2007.

BERGMAN, Rhona, *The Idea of Gould*, Philadelphie, Lev Publishing, 1999.

CANNING, Nancy, *A Glenn Gould Catalog*, Westport (CT), Greenwood Press, « Discographies, vol. 50 », 1992.

CARROLL, Jock, *Glenn Gould. Some Portraits of the Artist as a Young Man*, Toronto, Stoddart, 1995.

FRIEDRICH, Otto, *Glenn Gould. A Life and Variations*, New York, Random House, 1989.

GUERTIN, Ghyslaine (dir.), *Glenn Gould pluriel*, Montréal, Louise Courteau éditrice, 1988.

HJARTARSON, Paul, « Of Inward Journey and Interior Landscapes: Glenn Gould, Lawren Harris and the "Idea of the North" », *Essays on Canadian Writing*, 59, 1996, p. 65-86.

## Élements bibliographiques

KAZDIN, Andrew, *Glenn Gould at Work: Creative Lying*, New York, E. P. Dutton, 1989.

LEROUX, Georges, «La représentation du génie», dans GUERTIN, Ghyslaine (dir.), *Glenn Gould pluriel*, Montréal, Louise Courteau éditrice, 1988, p. 23-39.

LEROUX, Georges, «La nécessité d'être seul. À propos de la *Trilogie de la solitude* de Glenn Gould», dans MELANÇON, Benoit et POPOVIC, Pierre (dir.), *Miscellanées en l'honneur de Gilles Marcotte*, Montréal, Éditions Fides, 1995, p. 197-210.

LEROUX, Georges, «Les mains de Glenn Gould», dans CALABRESE, Giovanni (dir.), *Prodige de la main*, Montréal, Éditions Liber, 2006, p. 135-140.

LEROUX, Georges, «Musique et forme de vie. L'art de Glenn Gould dans sa vie même», dans GUERTIN, Ghyslaine (dir.), *Variations sur des thèmes de Gould*, Montréal, Louise Courteau éditrice, 2007, sous presse.

MARCOTTE, Gilles, «Glenn Gould, la grandeur, le Canada», *Liberté*, nº 168, décembre 1986, p. 32-37.

McNEILLY, Kevin, «Listening, Nordicity, Community: Glenn Gould's " The Idea of the North "», *Essays on Canadian Writing*, 59, 1996, p. 87-104.

NATTIEZ, Jean-Jacques, «Gould singulier: structure et atemporalité dans la pensée gouldienne», dans GUERTIN, Ghyslaine (1988), *op. cit.*, p. 57-82.

OSTWALD, Peter F., *Glenn Gould. The Ecstasy and Tragedy of Genius*, With a Foreword by Oliver Sacks, New York et Londres, W.W. Norton and Company, 1997. (tr. fr. par Christian Dumais-Lvowski et Lise Deschamps Ostwald, Arles, Actes Sud, 2003).

PAGE, Tim, *Glenn Gould. Une vie en images*, Préface de Yo Yo Ma, tr. de l'anglais par Robert Macia, Montréal et Paris, Éditions Flammarion, 2002.

PAYZANT, Geoffrey, *Glenn Gould. Music and Mind*, Toronto, Van Nostrand Reinhold, 1978 (tr. fr. par Laurence Minard et Th. Shipiatchev, Paris, Fayard, 1985).

ROBERTS, John P. L. (dir.), *The Art of Glenn Gould: Reflections on a Musical Genius*, Toronto, Malcolm Lester Books, 1999.

SCHNEIDER, Michel, *Glenn Gould. Piano solo. Aria et trente variations*, Paris, Gallimard, « L'un et l'autre », 1988.

## 3. Autres références

BEACH, David W., *Aspects of Unity in Bach's Partitas and Suites. An Analytical Study*, Rochester, (NY), Rochester University Press, « Eastman Studies in Music », 2005.

BERNHARD, Thomas, *Le naufragé*, tr. de l'allemand par Bernard Kreiss, Paris, Gallimard, « Du monde entier », 1986.

BLUMENGERG, Hans, *La Passion selon saint Mathieu*, tr. fr. par Henri-Alexis Baatsch et Laurent Cassagnau, Paris, L'Arche, 1996.

BRENDEL, Alfred, *Le voile de l'ordre. Entretiens avec Martin Meyer*, tr. de l'allemand par O. Mannoni, Paris, Christian Bourgois, 2002.

DAVIS, Ann, *The Logic of Ecstasy. Canadian Mystical Painting 1920-1940*, Toronto, University of Toronto Press, 1992.

GIRARD, François, *Trente-deux Films brefs sur Glenn Gould*, 1994.

HOUSSER, Frederick B., *A Canadian Art Movement. The Story of the Group of Seven*, Toronto, Macmillan, 1926.

KIVY, Peter, *Music Alone. Philosophical Reflections on the Purely Musical Experience*, Ithaca, Cornell University Press, 1990.

MENUHIN, Yehudi, *Unfinished Journey*, Londres, MacDonald and Janies, 1976.

RILEY, Charles A., *The Saints of Modern Art. The Ascetic Ideal in Contemporary Painting, Sculpture, Architecture, Music, Dance, Literature and Philosophy*, Hanover, New England University Press, 1998.

# Élements bibliographiques

SANTAYANA, George, *The Last Puritan. A Memoir in the Form of a Novel*, New York, Scribner's Sons, 1936.

SCHELER, Max, *Le saint, le génie, le héros*, tr. de l'allemand par E. Marmy, Lyon et Paris, Emmanuel Vitte, 1958.

SŌSEKI, Natsume, *The Three Cornered World*, translated by Alan Turney, Washington, Regnery Gateway, UNESCO Collection of Representative Works. Japanese series, 1970 (*Kusa Makura*, 1906; *L'oreiller d'herbes*, tr. fr. par René de Ceccaty et Ryōji Nakamura, Paris, Éditions Rivages, 1987).

SPITTA, Philipp, *Johann Sebastian Bach. His Work and Influence on the Music of Germany, 1685-1750*, transl. from the german by Clara Bell and J. A. Fuller Maitland, New York, Dover, 1951; édition allemande originale en 2 volumes, Leipzig, 1873-1879.

WITTGENSTEIN, Ludwig, *Remarques mêlées*, tr. fr. de Gérard Granel, Paris, Flammarion, «Collection GF», 2002.

YEARDSLEY, *Bach and the Meaning of Counterpoint*, Cambridge, Cambridge University Press, 2002.

# Table des matières

Ce livre a été imprimé au Québec en septembre 2007
sur du papier entièrement recyclé.